公路甩挂运输发展典型案例

交通运输部运输服务司 审定
长安大学区域与城市运输经济研究所 编著

人民交通出版社股份有限公司
China Communications Press Co.,Ltd.

内 容 提 要

本书分上下两篇,上篇从国内开展公路甩挂运输的企业中选取了24个典型案例,分为零担网络型、集装箱"双重"型、干支衔接型、两业联动型、多式联运型5部分;每个案例从企业高管致辞、企业发展概况、甩挂运输开展情况、取得的成效以及发展设想等方面,详尽地展示了国内公路甩挂运输的发展情况,并通过案例评析进一步加强对国内公路甩挂运输发展现状的认识;下篇对美国公路甩挂运输总体发展情况进行了介绍,同时还选编了美国6个甩挂运输典型案例,供我国相关企业学习、借鉴。

本书可供交通运输管理部门管理人员、货运与物流企业管理人员、运输与物流研究人员和相关专业大中专师生学习参考。

图书在版编目(CIP)数据

公路甩挂运输发展典型案例 / 长安大学区域与城市运输经济研究所编著. — 北京 : 人民交通出版社股份有限公司, 2019.3

ISBN 978-7-114-14440-0

Ⅰ.①公… Ⅱ.①长… Ⅲ.①公路运输—拖挂运输—案例 Ⅳ.①U492.3

中国版本图书馆CIP数据核字(2017)第312286号

Gonglu Shuaigua Yunshu Fazhan Dianxing Anli

书 名: 公路甩挂运输发展典型案例
著 作 者: 长安大学区域与城市运输经济研究所
责任编辑: 董 倩
责任校对: 尹 静
责任印制: 张 凯
出版发行: 人民交通出版社股份有限公司
地 址: (100011)北京市朝阳区安定门外外馆斜街3号
网 址: http://www.ccpress.com.cn
销售电话: (010)59757973
总 经 销: 人民交通出版社股份有限公司发行部
经 销: 各地新华书店
印 刷: 北京鑫正大印刷有限公司
开 本: 787×960 1/16
印 张: 18
字 数: 299千
版 次: 2019年3月 第1版
印 次: 2019年3月 第1次印刷
书 号: ISBN 978-7-114-14440-0
定 价: 58.00元

审定委员会

Shending Weiyuanhui

组　　长：徐亚华

副 组 长：高建立　谢家举

委　　员：余兴源　柴晓军　胡奕军　谭小平　殷国祥

　　　　　龚全武　付新平　周志成

编写组

Bianxiezu

主　　编：王建伟

副 主 编：颜　飞

主要成员：黄泽滨　刘瑞娟　张诗青　郑文龙　陈文龙

　　　　　吴廖杰　折　锴　陈海蓉　张立鹤　常雪燕

　　　　　马　琳　李　弢　王　浩　张晋姝　董　娜

　　　　　张改平

前言

Qianyan

物流业是国民经济的基础性、战略性产业，更是一个国家竞争力的重要体现。道路货运业是物流业发展的基础支撑和重要依托，在物流服务体系中，创造的增加值、衔接的环节最多，服务的范围最广。公路甩挂运输作为一种集约高效的道路货物运输组织方式，在提升运输效率、降低物流成本、支撑多式联运、促进节能减排方面具有显著优势，对于促进道路货运行业转型升级、物流业降本增效具有重要意义。

2009 年以来，为加快推进公路甩挂运输发展，提升道路货运运输组织效率，促进道路货运行业转型升级，交通运输部联合国家发展和改革委员会、公安部、海关总署、保险监督管理委员会等下发了《关于促进甩挂运输发展的通知》；会同公安部、保险监督管理委员会等部门积极推动修订《机动车交通事故责任强制保险条例》，破解了制约甩挂运输发展的挂车二级维护、综合性能检测、交强险、报废年限等制度障碍。为进一步促进公路甩挂运输发展，自 2011 年开始，交通运输部联合国家发展和改革委员会、财政部加大对公路甩挂运输发展的政策支持，在全国范围内组织开展了四批 209 个公路甩挂运输试点项目。通过试点示范引导，加快甩挂运输的推广应用。

公路甩挂运输试点工作的开展，不仅培育了一大批物流龙头企业，更完善了甩挂运输相关法制制度和标准规范，更重要的是，通过多个批次甩挂运输试点工作的推动和试点企业的示范带动，甩挂运输促进货运物流行业提质增效的理念，得到了全行业和社会的广泛认同，对于优化货运市场格局、推动行业转型升级、降低全社会物流成本和节能减排、推进综合运输体系发展起到了极大的促进作用。

甩挂运输已经逐步从一个模糊的概念，变成了一种全行业一致认同的模式，已逐步成为物流企业提高竞争实力、实现自身转型发展的重要突破口。各试点企业积极探索和创新甩挂运输新模式，将试点工作与企业转型发展紧密结合，积极调整企业发展战略，转变经营理念，加大投入力度，探索合作共赢，加快向现代物流企业转型发展。

为深入总结公路甩挂运输试点工作开展以来的典型经验做法，发挥示范引领和典型带动作用，我司委托长安大学组织编著了《公路甩挂运输发展典型案例》一书。本书系统梳理分析了当前我国典型公路运输企业甩挂运输的开展状况，挖掘和提炼出它们独特的模式举措，并从其中选取了具有示范意义的24个甩挂运输案例，分别从零担网络、集装箱“双重”、干支衔接、两业联动和多式联运五个方面，详细介绍了企业甩挂运输的推进历程、组织模式、组织特点、取得的成效及先进技术应用等情况，并对每个案例进行了逐一评析。同时，为了学习国际先进经验，本书专门选编了甩挂运输发展已经成熟的6个美国物流企业案例，对他们悠久的发展历程，成熟的甩挂运输模式，显著的甩挂运输特色做了较为系统的介绍。

希望本书能为我国甩挂运输的实践与发展提供可借鉴的经验，促进甩挂运输的普及，提高物流企业的运输效率和市场竞争力，降低全社会物流成本和能耗排放，实现经济效益和社会效益的相统一；同时为交通运输部门有效把握甩挂运输试点成效，进一步完善政策措施，为甩挂运输试点项目的后期开展提供参考依据，以达到加快推进公路甩挂运输发展，促进道路货运行业转型升级、物流业降本增效的效果。

交通运输部运输服务司

2019年2月

目 录

Mulu

上篇　国内公路甩挂运输

下篇　美国公路甩挂运输

上篇

国内公路甩挂运输

随着我国社会经济的发展和道路运输基础设施的不断完善，传统的交通运输方式已经无法满足现代社会经济发展的需求，寻求一种更加高效的、资源节约型的道路运输方式已经成为道路运输业转型发展的必然趋势。甩挂运输作为一种先进的道路运输生产方式，在降低运营成本、集约利用资源、提高运输效率等方面具有显著的优势，已经成为欧美、日本等发达国家地区和部分发展中国家地区的主流运输方式，代表着道路货运业的发展方向。通过运输资源的集约配置，甩挂运输能够有效提升运输组织化水平。

近年来，我国部分物流企业已经开始进行甩挂运输组织模式的创新，相继出现了多种甩挂运输的创新模式，并取得了初步成效，为我国甩挂运输的发展提供了新思路。另外，基于对甩挂运输技术优势的科学认识，国家对甩挂运输发展高度重视，并已将其列为国家一项重要的战略举措。我国从 2010 年 11 月开始，启动公路甩挂运输试点工作，各级主管部门在甩挂运输试点的实施中起到了很好的引导和配合作用，相继出台了一些政策支持文件，其中部分甩挂运输企业的试点工作正是在政府主管部门的倡导下实施的。

总体来讲，甩挂运输在我国的发展仍然处于起步阶段，和西方发达国家相比，还有很大差距。在运输组织化程度方面仍有所欠缺，由于道路运输业缺乏行业规模化、网络化经营的龙头货运企业，甩挂运输无法得到充足而稳定的货源保证，导致运输组织程度低；作为甩挂运输发展的重要支撑，先进的信息网络平台依然是甩挂运输发展的弱点，由于信息系统不完善，难以满足甩挂运输快速进行电子单据、数据交换的需要，影响了甩挂运输的整体效率；作为先进的运输组织模式，甩挂运输对车辆配置具有较高的要求，现阶段，由于我国标准化程度不高，挂车数量与牵引车数量比例较低，导致“挂不上、拖不了”问题的产生，运力结构不合理。在本篇，我们从国内开展甩挂运输的企业中选取了24个典型实例，这些实例在不同的组织模式、甩挂类型以及运作模式等方面进行了一系列尝试。

第一章　零担网络型甩挂运输

零担货物运输(Less-Than-Carload Freight Transportation)是指当一批货物的重量或容积不够装一车箱的货物(不够整车运输条件)时,与其他几批甚至上百批货物共享一辆货车的运输方式。托运一批次货物数量较少时,装载不足或者占用一节货车车皮(或一辆运输汽车)进行运输在经济上不合算,而由运输部门安排和其他托运货物拼装后进行运输,运输部门按托运货物的吨公里数和运价率计费。零担货运灵活机动、方便简捷,适合数量小、品种杂、批量多的货物运输,适应商品经济发展的需要。

网络型甩挂运输组织模式是在现有的干线运输网络基础之上,利用先进的信息系统对各节点甩挂站场进行合理布局,在多个节点之间进行分拨或循环甩挂。主要通过在现有的运输网络基础上设立各个转运中心(分拨中心),将长途或超长途的线路“分割”成短途线路,在转运中心和线路的端点之间进行甩挂作业和货物的集散,从而实现服务质量和效率的提高。网络型甩挂运输模式适用于车辆标准化程度较高、网络基础良好、信息系统功能完善的企业运作,实施主体应具备广泛的运输网络,且枢纽地区应有自由或租赁的甩挂作业站场,该站场能够满足各分支线路货物的集散;同时,还应具备功能较为完善的信息系统,能够在运输网络内对牵引车实施灵活调度。

本章案例介绍的德邦物流股份有限公司、福建盛辉物流集团有限公司、上海佳吉快运有限公司、山东佳怡物流有限公司、河南长通运输有限公司、武汉市大道物流有限责任公司,它们专注公路“零担”物流领域,运用信息技术优势开展网络型运输,以遍布全国的营业网点为依托,开展零担网络型甩挂运输业务,实现运输资源充分整合,积极引进先进甩挂运输技术、完善甩挂运输基础设施,不断丰富和完善自身的甩挂运输服务体系,提高了运输效率。

案例1：德邦物流——全网络集中化甩挂运输组织调度模式

德邦物流股份有限公司（以下简称“德邦物流”）以客户为中心，为了满足客户日益变化的需求，保证货物能够准点安全地送达客户手中，不断探索高效的运输组织模式，依托大规模运输网络，实施全网络、集中化组织调度，充分发挥甩挂运输优势。甩挂运输是支撑德邦物流全国运输网络的核心举措，是经过时间检验，能够优化资源配置、降低运输成本、提高组织效率的先进模式。

一、企业高管致辞

从2006年最早的“广州—上海”甩挂运输线路，到2016年年底，德邦物流经过不断发展，已在国内开通400余条甩挂运输线路，依托信息化调度系统，各层级管理人员精心部署、统一指挥、全国联动，打造出一张遍布全国的高效甩挂运输网络。

德邦物流股份有限公司董事长　崔维星

德邦物流借鉴国内外先进经验，积极推进甩挂运输发展，总结了很多宝贵的经验教训，为企业的发展奠定了基础。未来行业的竞争会更加激烈，德邦物流会紧紧把握甩挂运输这一高效组织模式，结合自身业务发展不断调整，以期探寻出一条降本增效、转型升级的新模式，助力企业在未来的竞争中不断发展。

二、企业发展概况

德邦物流创始于1996年，致力成为以客户为中心，覆盖快递、快运、整车、仓储与供应链等多元业务的综合性物流供应商。公司凭借坚实的网络基础、强大的人才储备、深刻的市场洞悉，为跨行业的客户创造多元、灵活、高效的物流选择，让物流赋予企业更大的商业价值，赋予消费者更卓越的体验。

德邦物流始终紧随客户需求而持续创新，坚持自营门店与事业合伙人相结合的网络拓展模式，搭建优选线路，优化运力成本，为客户提供快速高效、便捷及时、安全可靠的服务。2016年操作货量466万吨，营业收入170亿元，资产总计57亿元，纳税额5370万元。截至2017年9月，公司的网点近10000家，服务网络覆盖全国，自有运输车辆9600余台，全国转运中心总面积超过120万平方米。2017年，德邦物流从国际快递、跨境电商、国际货代三大方向切入跨境市场，已开通韩国、日本、泰国等多条国际线路，全球员工人数超过12万名。

德邦物流的主营业务有：(1)零担物流，其中主要产品有精准卡航服务、精准城运服务、精准汽运服务、整车运输服务和精准空运服务。(2)快递业务，其中主要产品有3.60特惠件服务、德邦物流专业快递服务、特准快件服务和电商尊享快递服务。

三、甩挂运输开展情况

(一)推进甩挂运输的历程

德邦物流于2006年成立自有长途运输车队，依托“广州—上海”甩挂运输线路，在同行业间率先开展甩挂运输业务，并以此优势业务使德邦物流逐步成为全国零担运输行业领头羊。

截至2016年年底，德邦物流长途甩挂运输规模已发展到拥有沃尔沃、斯堪尼亚、奔驰等进口牵引车头600余台，拥有货柜1000余个，甩挂运输线路400余条，中转站场面积110余万平方米，运输网络铺至全国。

(二)甩挂运输组织模式

开展甩挂运输业务必要前提就是中转站场货量充足且稳定，因此，德邦物流甩挂运输模式主要有两种：对点甩挂和大循环甩挂。

1.对点甩挂运输模式

两个站场间对发甩挂，车辆到达站场卸柜、挂柜发车，充分节约装车卸车等待时间,中途间歇时间大大缩短,提升效率。以“顺德—重庆”线路举例说明,车辆配置为2车4挂,两个站场各停靠一个挂车用于装车,两个车头带挂分别往对方站场行驶,到达对方站场后,甩挂卸货,同时带上已装好挂车返回,达到一个对点循环甩挂模式。该模式将1600公里的线路时效缩短至近23小时,这种模式的前提是两场地货量、设施、高速直达等条件满足甩挂需求(表1)。

“顺德—重庆”线路甩挂运输模式　　表1

线路	里程（公里）	发车时间	运行时效（小时）	到达时间	场地停留时长（小时）
顺德—重庆	1600	3:30	23	次日2:30	0.5
重庆—顺德	1600	3:00	23	次日2:00	1.5

该线路其他物流企业配置资源普遍为4车4挂或5车5挂,相应驾驶员配置达到8~10人,德邦物流优化为2车4挂6名驾驶员,较其他物流企业节约2个车头及车头产生的运输成本和2名驾驶员,该线路每月成本支出较其他企业节约了近40%。

2. 大循环闭合甩挂运输模式

德邦物流拥有完善的线路网络,针对货量零散不对等的单条线路,采用大循环闭合甩挂运输模式,达到单边货量稳定充足的线路实现降本增效的目的。以“武汉—贵阳—遵义—武汉”循环线举例说明,车辆配置为2车4挂6名驾驶员的最优模式,此循环起点为武汉,贵阳和遵义各有一个挂车用于装车,第一天早上A车带挂从武汉出发,到达贵阳后甩挂带挂发往遵义,到达遵义后甩挂带挂发往武汉,第二天晚上返回武汉,卸货装货第三天早上发车;第二天是由B车带挂从武汉出发,运营模式与A车一致,返回武汉后第四天早上发车(表2)。该循环甩挂模式将三条独立线路搭建为长2200多公里的循环线路,节省人、车、挂的同时时效缩短至约39小时,实现2天内运行一循环,在成本实现下降的情况下,时效提升1天。

“武汉—贵阳—遵义—武汉”线路甩挂运输模式　　表2

线路	里程（公里）	发车时间	运行时效（小时）	到达时间	中途停留时长（小时）
武汉—贵阳	1080	5:00	19.5	次日2:00	5
贵阳—遵义	133	7:00	3	当日10:00	0.5
遵义—武汉	1023	10:30	16.5	次日3:00	2

3. 招标合同车参与德邦物流甩挂业务

德邦物流结合自身甩挂业务发展规划及社会责任，开放招入社会优秀物流企业参与德邦物流甩挂业务，既实现公司降本，又带动物流领域其他企业实现甩挂运输，实现德邦物流社会责任。举例说明："苏州—顺德"对发线，货量达到甩挂运输要求，根据公司自身业务发展规划，将该线路纳入招标行列当中，招标社会优质物流企业，中标后的物流企业借鉴德邦物流甩挂模式，实现了最少资源投入最优时效运输，该线路节约成本 12%（表 3）。

"苏州—顺德"线路甩挂运输模式 表 3

线路	里程（公里）	发车时间	运行时效（小时）	到达时间	场地停留时长（小时）
苏州—顺德	1505	7:30	22.5	次日 6:00	1
顺德—苏州	1505	7:00	22.5	次日 5:50	2

（三）开展甩挂运输的特点

1. 全面的信息系统，对甩挂运输实时监控

德邦物流自主研发的第四代运营信息系统（FOSS 系统），可全面监控线路网络、时效节点及支撑全国车辆高效统调；引进的 GPS 车辆管理系统，可以全面监控全国线路网（车辆、驾驶员）运行状态，同时可对线路路径不断优化，确保为车辆运行提供有力支撑。以上两个信息系统最大效率地对全国运行的车辆进行实时监控，也为不断优化全国线路网路提供有力保障。

（1）FOSS 系统。

车辆在途跟踪：可实时查看每个站场每日的到达车辆信息，包括始发站场，车辆台数，货物重量与明细，预计到达时间等，便于到达站场合理安排时间装卸车，保证甩挂流程节点对接完善，避免车辆等待时间过长。

（2）GPS 系统。

可以实时查看车辆所在位置，便于对车辆进行实时调配，也可对运行车辆进行实时跟踪（包括车辆位置，时速，路况等），保障车辆能够安全、准时到达。

2. 充足的硬件资源，保证甩挂运输不脱节

德邦物流在全国拥有 5000 多家直营网点，5000 多家加盟网点，月均操作货量达 200 万吨，为甩挂运输前端的货物来源提供稳固基础；德邦物流拥有 121 中转站场，面积达 130 万多平方米，为全国货物存放与中转提供有力的仓储保障；德邦物流拥有

1.1 万辆自有车辆和1200 多条公路货运线路,已织成一张遍布全国的公路货运网络图,经过多年的不断优化,线路衔接与分布日趋完善,车辆运营日趋高效与稳健,为德邦物流开展全网络、集中化组织调度提供了有力支持。

3. 高效的管理团队,保障甩挂运输高效有序

德邦物流的使命是“物畅其流,人尽其才”,以人为本是德邦物流生存与发展的重要基础,独特的内部人才选拔模式,让每个管理层,包括德邦物流的车队管理层,对公司的每一项业务都有一个扎实的了解。从2006 年第一条长途甩挂线路开始,德邦物流就成立了一个专门的管理部门——长途车队,车队管理层全部是从基层成长起来的,对车辆相关的业务都有一个很深的了解,对甩挂业务的开展也有一定的指导作用,制定出德邦物流现有的甩挂模式——对点甩挂运输模式和大循环闭合甩挂运输模式。

德邦物流属于直营模式,包括门店、车辆、站场、人员都是统一标准、统一管理,为每一个员工提供统一的管理模式,统一的文化氛围、统一的规章制度,正所谓牵一发而动全身,在很大程度上降低了沟通成本,这为德邦物流甩挂业务的开展提供了人力保障,让甩挂运输在德邦物流可以更加高效地开展,能更好地体现出甩挂运输的效益点。

四、甩挂运输取得的成效

1. 降低物流成本

一是降低运营成本,甩挂运输要求“一拖”配“多挂”,能有效减少牵引车和驾驶员的配置数量,节省牵引车购置费、人工费和管理费等运营成本。二是降低仓储成本,甩挂运输创造的时间效益使得材料随订随到变为可能,有效地增强货物的流动性,为实现零库存创造了条件,节省了货物仓储成本。

2. 提高运输效率

甩挂运输使牵引车和挂车能够自由分离,减少货物装卸的等待时间,加速牵引车周转,相比传统单车运输,牵引车车辆出勤率由80%提高到98%,同时单车年载重行驶里程则提高了143.44%。甩挂模式比传统模式单车年完成周转量高出92.73%,提高接近一倍,由此可见,采用甩挂模式可以大幅提高车辆运输效率。

3. 提高集约化程度

甩挂运输客观上需要建立一个较为完善的全国性或地区性运输网络,在不断满足

市场运输服务需求的同时，对物流资源进行有效整合，保证供应链达到整体最佳，而这些客观要求能够有效地促使道路运输资源不断集中，推进道路货运业的集约化经营。

4. 实现节能减排

一方面，运输同等重量的货物，相比传统单车运输，甩挂模式下牵引车百吨公里油耗可降低4%。另一方面，利用甩挂模式能够减少车辆空驶和无效运输，从整体上降低能耗和减少废气排放。

传统单车运输模式下，车辆的核定载质量为30吨，车辆平均里程利用率为0.95，平均油耗为43升/百公里。甩挂运输模式下的车辆均为核定载质量30吨的厢式车，车辆平均里程利用率为0.95，平均油耗为32升/百公里。由此可知，与传统运输模式相比，甩挂运输模式下单车百吨公里可节油0.23升，节油率为11.62%。柴油的比例为0.86千克/升，柴油的碳排放因子为2.72千克/升，柴油折算标煤的系数为1.4571，由此计算甩挂运输模式下碳排放可降低11.7%，二氧化硫排放可降低13.2%。

五、甩挂运输发展设想

鉴于甩挂运输的优势和发展甩挂运输的要求，德邦物流在下一步的发展中，除了在长途干线上进一步推进甩挂运输的辐射范围和适用深度，并加大对甩挂运输车辆、站场等基础设施的投入外，同时在常规的中短途运输上引入“30尺小甩挂”模式，利用新型的牵引车头和挂车替换现有的9.6米载货车，进一步实现运输网络的降本增效。另外，下一步德邦物流甩挂线路规划主要以优化现有甩挂线路为基础，开展社会合同甩挂线路，实现公司降本增效的同时带动物流同行参与德邦物流甩挂运输业务，实现共赢。德邦物流将进一步加强与政府相关部门的沟通协调，一同推动物流行业的健康发展，走资源节约型环境友好型企业发展之路，成为同行业中低能耗、重环保的企业典范，为建设美丽中国做贡献。

评　　析

德邦物流作为我国零担运输的龙头企业，始终坚持自建营业网点、自购进口车辆、搭建最优线路，优化运力成本，为客户提供快速高效、便捷及时、安全可靠的服务体验。

德邦物流最开始开展的甩挂运输主要是单条线路上的“一线两点”专线甩挂,每条线路单独运营,相互之间没有交叉和整合。随着德邦物流甩挂运输的进一步发展,逐步从专线甩挂向网络甩挂转变,开展甩挂运输线路400多条,中转站场面积110余万平方米,运输网络铺至全国。

德邦物流作为国内零担货运的领导者,以密集的运输网络和稳定充足的货源条件为基础,以区域性转运中心为支撑,通过货运站场的升级改造、甩挂车辆的标准化配备以及信息系统的更新完善,在条件成熟的区域先行试点网络化甩挂。在取得成效之后,再推广到其他区域,在较大程度上提高运输效率,从而进一步降低公路运输成本,更加体现甩挂运输技术经济的优越性。

案例2:福建盛辉物流——精细化区域化甩挂运输模式

盛辉物流集团有限公司(以下简称“盛辉物流”)依托自身甩挂运输线路优势,积极引进先进甩挂运输技术、研发轻量化车型、完善甩挂运输基础设施。与此同时,积极拓展物流业务范围,深入发掘物流营利模式,形成了独具特色的集供应链服务、汽车物流、金融质押于一身的物流服务体系,通过多业融合创新,发现物流营利新思路。盛辉物流以甩挂运输为依托,开创接驳式甩挂运输新模式,已经成为行业内甩挂运输开展和物流服务创新的旗帜标杆。

一、企业高管致辞

2007年,盛辉物流在国内率先探索并引入甩挂运输作业技术,截至2016年年底,已在国内开通70余条甩挂线路。从实际运行情况来看,甩挂运输能提高经济效率,降低能耗,并进一步降低物流成本,增强市场竞争力,对企业、对客户、对社会都有益处,甩挂运输是转变物流发展方式的重要举措。

近年来,各级政府相继加大对甩挂技术的支持力度,在政策、资金等方面给予支持,营造出了适宜甩挂运输健康发展的大环境。盛辉物流在甩挂运输方面尝试早,起步早,做出了一些成绩,受到了各级政府部门的肯定。盛辉物流将在现有的基础上,及时总结经验教训,进一步完善甩挂作业的配套设施,提升物流装备水平和管理水平,为同行树立典范。

盛辉物流集团有限公司董事长　刘用辉

二、企业发展概况

盛辉物流诞生于 1992 年，从创业之初的“一辆车、两张桌、三个人”，发展成为 AAAAA 级第三方物流企业集团，经营网络遍布全国，公司自有运输车 1500 余辆，经营场所超过 100 万平方米，在职员工 7300 余人，经营网络覆盖全国。

盛辉物流以“建设现代物流，成就百年基业”为发展愿景，积极探索精益物流发展之路，在同行中率先通过 ISO 9001 认证、对运输车辆安装行车记录仪、开发使用 ERP 资源管理系统、引入北斗导航系统、使用智能调度管理系统，为对接物联网、实现智能化物流奠定了坚实的技术基础，车辆运行数据已接入福建省运管局监测平台。

盛辉物流以发达的运营网络为支撑、以甩挂作业为优势，向合作伙伴提供专业的供应链物流服务、公路干线运输服务、仓储与配送服务、汽车后市场服务、金融质押服务。

三、甩挂运输开展情况

（一）推进甩挂运输的历程

“十一五”期间，随着燃油价格的快速上涨，以及车辆零配件价格和劳动力成本的上升，普通单车的传统运输组织方式固有的实载率和车辆运营效率降低。而市场宏观环境的急剧变化，导致生产要素价格持续上涨，比如油料成本上涨 17%，车辆维修、配件等上涨 20% ~25%，人力资源成本增加 20%，物流办公及经营场地成本增长

10% ~20%。在巨大的成本上涨压力面前,盛辉物流的物流效益明显下滑,有的线路已处于保本或微亏状态。但是,由于各中小型企业客户同样面临企业经营成本上涨压力,运费提价难度大,盛辉物流无法通过提高运费方式来维持效益。

为在成本急剧上涨的压力下稳住阵脚,盛辉物流应对的总体思路是:从内部整合资源入手,加强成本核算,降低内部消耗,尽力拓展货源,发挥规模优势,培植新的利润增长点,力求变被动为主动,不断探索寻求有效降低运输成本,提高运输效率和效益的途径。

2007 年,交通运输部提出的"鼓励发展甩挂运输、厢式运输等先进运输组织方式,提高运输效率"给盛辉物流的发展提供了新的思路。在福建省交通运输管理部门的鼓励支持下,盛辉物流率先引进甩挂运输这一先进的运输组织方式。2011 年,盛辉物流入选我国首批甩挂运输试点项目。通过精心培育甩挂线路、改造甩挂运输站场、投入甩挂运输车辆等举措(图 1),盛辉物流的甩挂运输已初具规模。截至 2015 年 12 月,甩挂运输线路已达 71 条,自有甩挂运输站场已超过 100 万平方米。

图 1　盛辉物流甩挂车队

(二)甩挂运输组织模式

从 2007 年开始,盛辉物流购置了沃尔沃、斯堪尼亚等一批吨位大、运载能力强、能源消耗低的牵引车和挂车,并在部分线路上先行先试甩挂作业,取得了一定的成效。2009 年,在局部试运行取得明显成效的基础上,盛辉物流扩大了甩挂运输规模,建立了以福州、上海、无锡、广州、东莞五个城市为中心,辐射长三角、珠三角、海西经济区三大经济区域的甩挂网络,开通了 25 条甩挂线路,并取得了良好的经济和社会效益。

自此,盛辉物流将发展甩挂运输作为转变增长方式、提高车辆运营效率、调整物流结构的重中之重，凝聚上下合力，协同推进实施。2011 年盛辉物流完成了《甩挂运输项目试点实施方案》，在福州、厦门、漳州和三明四个点、五条线路上开展甩挂运输试点建设。选择这几个城市，主要基于以下几个原因：

一是上述线路的货源充足且稳定，而且还在持续快速增长中，甩挂运输有货源保障；

二是福州与厦门、漳州、三明之间都有高速公路直达，其距离分别在 260 公里、298 公里、231 公里，三明至厦门、漳州距离分别为 333 公里、367 公里，是开展甩挂运输作业的较为理想的距离；

三是盛辉物流有条件根据甩挂运输的要求，对这四个城市的站场进行改造升级，设施条件完全可以满足要求。

具体做法是，盛辉物流首先针对各地片区场地及货源货量情况，在凡是适合开展甩挂运输的线路，创造条件实行甩挂作业。盛辉物流分管领导带领指导小组，深入各地现场调研和指导，引领有条件的片区公司配合，开展甩挂运输的组织实施工作，盛辉物流甩挂运输的具体组织模式如图 2 所示。

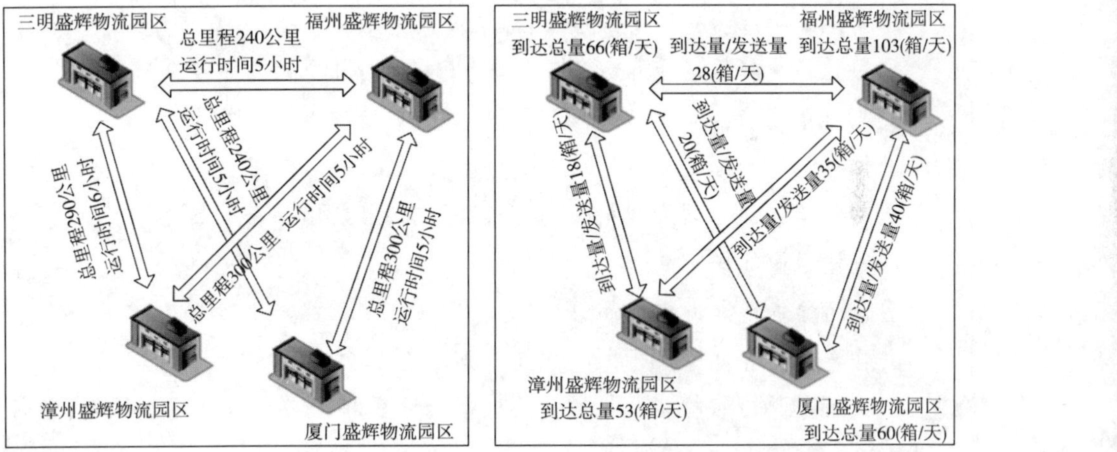

图 2　甩挂运输组织示意图

其次，盛辉物流对甩挂作业场所进行改造，创造甩挂场地条件，相继在福清、南安、长乐、郑州、青岛、上海、东莞、武汉、沈阳等地征用土地建设甩挂作业场所，同时对广州、厦门、泉州物流园区进行进一步改扩建并投入使用，运输站场改扩建如图 3 所示。甩挂运输线路从 2010 年年底的 25 条增加到 2015 年年底的 71 条线路。

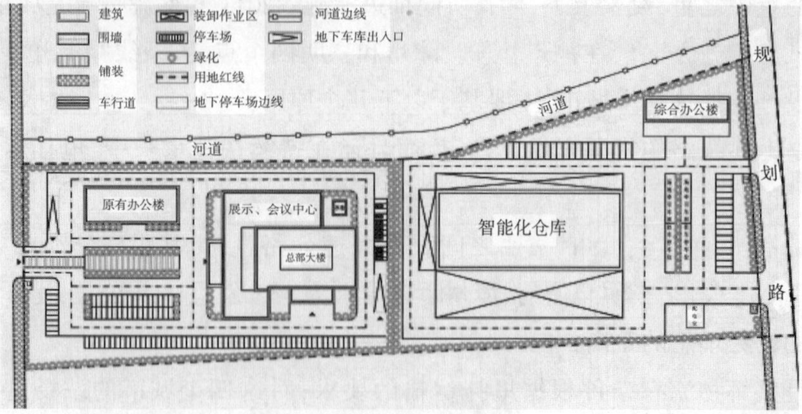

图3　甩挂运输站场改扩建工程空间示意图

道路甩挂运输站场设施设备配置要求

(JT/T 1048—2016)(节选)

1. 甩挂集装箱堆场

甩挂集装箱堆场建设要求如下:

a)甩挂集装箱堆场应靠近集装箱甩挂作业区,并与站内主要通道衔接;

b)场地强度应满足集装箱堆码需要,并有一定坡度以利排水;

c)堆存量较大的集装箱堆场应划分空、重箱及冷藏箱堆存区;

d)甩挂集装箱堆场内供电设施应符合 GB/T 13145 的技术要求。

2. 甩挂运输货场

甩挂运输货场建设要求如下:

a)应与甩挂仓储库位于同一仓储作业区内;

b)地面结构应根据货物性质、荷载、水文地质等因素和就地取材原则,通过技术经济比较确定;

c)排水应与站场总体排水系统衔接,货场应采用有组织排水。

3. 甩挂装卸(作业)场

甩挂装卸(作业)场建设要求如下:

a)各类仓库、货场、铁路专用线一侧或两侧应设置装卸(作业)场,并与主要道路衔接;

b)铁路专用线装卸(作业)场宽度不宜小于13.5米,甩挂车辆装卸(作业)场应满足甩挂车辆调头、装卸作业要求。

4. 挂车停车场

挂车停车场建设要求如下:

a)可根据需要划分成重挂停车场和空挂停车场;

b)宜临近甩挂仓库或货棚。

5. 道路设施

甩挂运输站场道路设施建设要求如下:

a)站场道路宜人、车分行,机动车与非机动车交通分道设置,并依据GB 5768的技术要求设置道路标志标线;

b)站场内主要道路宽度应不小于15米,以15~30米较为适宜;其他次要道路宽度不小于9米,以9~15米较为适宜;

c)甩挂运输站场道路内缘转弯半径不小于16米。

第三,继续淘汰高能耗车型,优化运力构成。盛辉物流对老旧的车型逐一梳理淘汰,新购节能型牵引车、挂车、节能型配送车(图4),从运力构成上优化组合,尽量降低能源消耗,节省油耗成本。

图4　盛辉物流节能型甩挂车辆

(三)开展甩挂运输的特点

1. 实行精细化的车队管理

盛辉物流从提升运输综合效能出发,制定了《甩挂运输管理办法》,主要包括以下五个方面:

一是运输调度做到四定。即定人、定车、定线路、定时间。

二是车辆管理坚持五检。即车辆交接时驾驶员自检、车辆到站后车队长督检、每周2次不定期的安办抽检、车辆进站后进修理厂强制趟检、对接近或达到规定里程车辆进行二级维护竣工检测。

三是安全防范坚持七制。即车管部主任、车队长、驾驶员安全责任制,运用GPS监管制,每周安全分析会议制,驾驶员家属座谈制,新驾驶员指导考核制,经常性安全教育制,禁止赌博制。

四是应急备有三案。即设立线路机动车,以便甩挂车头出故障后的及时调整案;设立机动驾驶员,防范驾驶员不能正常出车时有人顶岗案;设立事故应急措施,保证公司安全人员第一时间奔赴现场处理案。

五是考核针对四员。即按出车趟次、安全、节能三项指标考核驾驶员,按装卸时效、服务质量考核装卸员,按集团年安全管理指标考核车管员,按集团维修费用指标及车辆返修率、抛锚率考核车辆维修员。

2. 与生产厂家共同研发轻量化车辆

为提供强大的运力保障,自开展甩挂运输以来,盛辉物流不断优化运力资源,在2011年采购了36部斯堪尼亚牵引车投入到甩挂运输线路,同时与生产厂家共同研发轻量化车型,推进甩挂运输稳步发展。通过更新牵引车和挂车,有效改善了甩挂运输作业的运力构成,大大降低了车辆抛锚率。

3. 接驳式甩挂运输模式

盛辉物流通过辐射全国各地的营运线路,不仅实现了辐射区域内的资源整合,而且在其先进的甩挂运输信息化技术的支撑下,实现了运输车辆、货运信息的网络化运作。通过接驳式甩挂运输模式的实施,助推了物流服务水平的提高和社会物流成本降低,对于物流行业的规范化发展起到了良好的模范带动作用。

四、甩挂运输取得的成效

1. 减少车辆等待,提高货物运达时效性

以福州至南京为例,未实行甩挂运输前,盛辉物流承诺货主的送达时限为24小时,开展甩挂运输后该时间缩短为16小时,整整缩短了8小时。

2. 提高实载率,降低平均运输成本

采用单车运输时,为了尽量提高车辆的运行效率,减少装卸等待时间,实载率多在70% ~75%。而采用甩挂运输方式后,车辆的实载率有了较大的提高,基本能达到90%以上。

3. 降低劳动强度,减少货损货差

采用甩挂运输方式的货物,可以直接由城市配送车装到干线运输挂车上,不用进入仓库后再倒装到货车上,减少了一次装卸环节。同时,甩挂运输方式与单车运输方式相比,货损货差降低了20%,节约了大量的理赔金,还提高了客户的满意度。

4. 降低平均油耗,实现企业、社会效益双赢

实施甩挂运输方案4年多时间内,盛辉物流累计节省了购车资金3360万元,甩挂运输每月节约燃料3.8万升,每月减少碳排放105吨。

五、甩挂运输发展设想

鉴于甩挂运输的优势,盛辉物流将进一步推进甩挂运输的发展,扩大辐射范围和适用深度,加大对甩挂运输车辆、站场等基础设施建设的投入,同时拓展甩挂运输的运营线路,进一步发挥甩挂运输提高组织效率、降低运营成本、提升管理信息化程度的优势,为资源节约型、环境友好型社会的建设做出贡献。盛辉物流将进一步加强与政府相关部门的沟通协调,推进甩挂运输健康发展,促进中国公路货运现代化目标实现。

评　　析

零担甩挂运输是甩挂运输组织模式中最基础、最典型的模式之一,欧美等发达国家70%以上的公路运输是采用零担甩挂运输模式。但零担甩挂运输模式在我国公路运输中起步相对较晚,盛辉物流是我国较早探索零担甩挂运输组织模式的优秀企业之一。

盛辉物流甩挂运输试点项目依托其在福建省内的公路运输货运站场网络,选择在福州、厦门、漳州、三明等货源稳定的四个点、五条线路上开展零担甩挂运输试点,从实际运行效果来看,取得了良好的经济效益和社会效益。

一是缩短了等待时间,提高运达时效性。以福州—南京为例,未实行甩挂运输前,公司向客户承诺的送达时限为24小时,开展甩挂运输后,仅需16小时,整整缩短了8小时。二是加快车辆周转,节约运营成本。以福州—广州为例,完成6240吨货运量,若采用两地每天四班甩挂对发模式,需要8部车20名驾驶

员。若采用普通运输模式，则需要17部车34名驾驶员。三是降低劳动强度，减少货损货差。据统计，甩挂运输方式与单车运输方式相比，货损货差降低了40%，企业由此节约了大量的理赔资金，而且相关人员的工作强度也下降了。四是节省油料消耗，实现效益双赢。据统计，与普通单车运输相比，甩挂运输月单车毛利增加2万多元，月单车节约燃料1100升，车辆利用率提高了85%，货物周转率提高了85%。

由此可见，采用零担甩挂运输模式，可以大幅提升货运时效、车辆使用率，并降低货损货差及人工成本。盛辉物流在零担甩挂运输的积极探索及取得的实实在在的效益，对我国众多传统公路货运企业转型升级具有较高的借鉴意义。

案例3：上海佳吉快运——车队加盟统一调度甩挂运输模式

上海佳吉快运有限公司（以下简称“佳吉快运”）依托自身的网络优势、信息化优势，整合社会运输资源，通过自有的吉卡在线平台引导其他运输企业向集约化、网络化方向发展。佳吉快运采用“两点一线”运输组织模式，在运输线路两端的节点进行甩挂，并依托于多个网点和甩挂运输试点线路，与第三方企业联营合作，建立长久性合作车队，逐步扩大企业甩挂运输的辐射范围；通过资源（站场、线路、车辆）的整合，构建起网络型的零担甩挂运输体系，实现从专线甩挂向网络型甩挂的转型，全面提升整体运作效率，促进公路甩挂运输的发展。

一、企业高管致辞

佳吉快运一贯秉承“快”与时俱进，“运”一片真情的服务理念，始终专注于客户服务品质的持续提升，公司不断优化网络运作的模式与效率，以信息技术创新为支撑，为客户提供集物流、信息流、资金流三者统一的，高效、安全、精准的现代公路零担快运品牌服务。佳吉快运愿意为行业推行先进的运营模式先行先试做出贡献！

上海佳吉快运有限公司总经理　钱荣卿

二、企业发展概况

佳吉快运创立于1993年，注册资金人民币6060万元，总部设在上海市，是一家主要从事公路零担货物运输、兼营快递的民营企业。佳吉快运自有车辆3000多台，其中95%以上是标准厢式货车，长途车1200余台、市内配送货车1800台。

佳吉快运运输网络以高速公路和国家高等级公路为依托，发展建成了以上海、天津、广州、武汉、杭州、西安、沈阳、淮安、成都、郑州、宁波、北京、石家庄、南昌、无锡、南京、济南十七地为中枢的覆盖全国运输网络，拥有遍布全国货运服务网点1700多个。

佳吉快运始终注重以信息技术提升企业的服务水平，公司研发的第三代运营支撑系统、GPS车辆定位系统、IPS市内配送系统、400呼叫中心集中调度系统、网上营业厅等系统的使用，支撑佳吉快运运营与管理的高效运行，保障公司与客户的信息沟通更加通畅。

佳吉快运主要向企业型客户提供公路零担快运服务，兼营小件包裹的快递服务；核心产品有零担快运、红色快车、特色运输、ARD速运；增值服务提供代收货款24小时回款、保价运输、包装服务、短信通知、签单服务、临时仓储服务等。

三、甩挂运输开展情况

（一）推进甩挂运输的历程

佳吉快运自2012年10月被交通运输部批准为第二批甩挂运输试点企业以来，开展了甩挂运输试点线路13条，投入牵引车55台（图1），半挂车110台（图2），完成甩挂站场建设面积37720平方米，同时对信息系统进行了适应性改进，产生了良好的效益。

图 1　上海佳吉快运甩挂运输牵引车

图 2　上海佳吉快运甩挂运输半挂车

（二）甩挂运输组织模式

佳吉快运主要沿用传统的“两点一线”道路运输模式，在线路两端的节点进行甩挂，即先将牵引车挂上预先装载好的重挂，从站场 A 运输到站场 B 并甩下重挂等待卸载，然后在站场 B 装上已预先装载好的重挂回到站场 A，“两点一线”甩挂作业组织模式如图 3 所示。

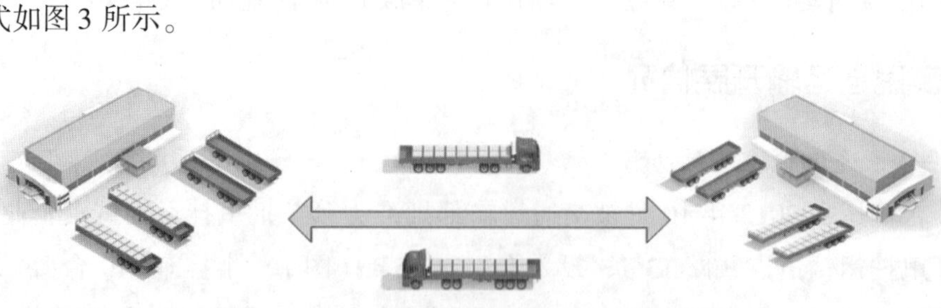

图 3　佳吉快运甩挂运输组织模式

依据甩挂运输的组织方式：牵引车按照预定的运行计划，在货物装卸作业点甩下所拖的挂车，换上其他挂车继续运行。牵引车与挂车的组合不受地区、企业、号牌不同的限制，但牵引车的准牵引总质量应与挂车的总质量相匹配。佳吉快运甩挂运输共有13个站场，以上海分公司为货物的主要集散地，向全国辐射。

（三）开展甩挂运输的特点

甩挂运输是佳吉快运的新业务，在此背景之下，要充分发挥以往物流营运经验，更要在运作模式、调度运输监管、智能化配送运营中心与信息化建设中不断开拓创新。

1. 建立长久性合作车队

佳吉快运本着互惠共赢的原则，与互利汽车、互玥汽车等车队建立长久性合作关系，依托全国性网络系统和信息化的技术水平，整合各地区的零担货运资源，合理地设计甩挂线路，分配各线路上的车辆，不仅很好地实现了业务网向全国的覆盖，还通过其网络化运作，整合社会物流资源，引导其他运输企业向集约化、网络化发展。借助统一的信息化平台，做到车辆利用最大化，实现业务与服务的最优匹配。

佳吉快运与车队签订长期运输合同，要求签约车队必须有相应的道路运输资质，必须有相应的运力资源，即车队自有车辆可以满足要承运的线路数量要求。车辆要求是两年内的新车，挂车车厢要符合国家运输标准；每个车辆配备2名驾驶员，要求遵照佳吉快运的相关要求和制度。在每年年初佳吉快运招标时按照流程参与竞标，最后由佳吉快运评标团根据各大车队的整体实力，报价情况等综合评定，确认一年的合作车队及线路。

2. 统一调度运输监管

无论哪家车队与佳吉快运合作，都必须安装GPS车辆定位系统，接入佳吉快运统一调度系统。佳吉快运每日会将用车计划及线路告知车队，车队必须在当日协调，调配所需车辆。如有特殊原因，车辆无法到达承运，则提前准备其他运力完成运输任务。甩挂管理部直属运营管理中心管理，分别下设调度组、装备组、开发组、成本核算组4个小组。

（1）调度组：负责佳吉快运甩挂运输的总体指挥调度，保证车辆、站场、货源之间有序衔接，最大限度地发挥甩挂作业效率。依托信息化手段，对甩挂作业运营管理进行实时监控，并对各条线路上运营的牵引车、挂车，以及站场运营等进行合理地调度指挥，发挥整体效率。

（2）装备组：负责牵引车车头及车厢的日常维修工作。

(3)开发组:负责佳吉快运甩挂运输相关的对外协调工作,主要包括与客户的沟通、与其他运输企业的协调、为试点工作的开展营造良好的外部环境,提供货源支撑和网络支撑。

(4)成本核算组:负责所有甩挂线路的运输费用和管理费用的核算和报表统计工作。

同时专项人员将对车辆进行发车后的实时跟踪,通过 GPS 车辆定位系统掌握车辆在途信息,4 个小组要与公司其他部门之间做好充分对接。各专线运营分公司作为具体生产单位统一接受运营甩挂管理部的指挥,在 4 个小组的安排和协助下进行甩挂运输作业。

3. 信息化建设

佳吉快运注重以信息技术提升企业的服务水平,研发了第三代运营支撑系统、GPS 车辆定位系统、IPS 市内配送系统、400 呼叫中心集中调度系统、网上营业厅等系统的使用,支撑佳吉快运运营与管理的高效运行,保障公司与客户的信息沟通更加通畅。佳吉快运已形成了较为完善的企业信息系统,包括订单管理系统、运输信息管理系统、立体业务查询系统、企业内部决策与管理系统等多个子系统。能够采用多种形式接受和处理订单、实时跟踪各种车辆信息,实时监控各个仓储信息、合理规划车辆运行线路、科学决策企业内部财务及人事事务,能够较好地适应物流企业的信息化发展趋势。信息系统进行三次研发并升级改造,形成了从订单的受理、货件的作业操作、线路的合理规划、信息追踪、财务结算及科学决策等体系,完全满足和支持开展甩挂运输运行和管理的需要。在开展甩挂运输试点工作中,为进一步完善企业信息系统,加强在甩挂运输调度、仓库管理、市场管理等方面的信息系统建设。

4. 智能化运输配送运营中心

为开展甩挂运输业务,佳吉快运新建智能化运输配送营运中心甩挂运输站场。按照甩挂运输作业要求,甩挂作业站场划分为仓储区、甩挂作业区、甩挂停车区、配套服务区等功能区,已于 2013 年底建设完成。该项目区位对内外交通十分便利,地理位置基本符合物流中心甩挂作业站场的条件和要求,建筑总面积 37720 平方米。按照甩挂运输作业要求,佳吉快运甩挂作业站场划分为仓储区、甩挂作业区、甩挂停车区、配套服务区等分区。

零担专线甩挂是佳吉快运试点项目主要的甩挂作业模式,随着上海佳吉快运智能化运输配送营运中心的建成营运,佳吉快运在上海的甩挂站场将能够承担更大的货运量，能为更多的企业服务，佳吉快运依托于多个网点和甩挂运输试点线路，通过与企业联营合作的模式，逐步扩大了企业甩挂运输的辐射范围，通过资源（站场、线路、车辆）的整合，构建起网络型的零担甩挂运输体系，实现从专线甩挂向网络型甩挂的转型，全面提升整体的运作效率。

四、甩挂运输取得的成效

佳吉快运采用甩挂运输方式后，运输效率的提升主要体现在减少牵引车的装卸等待时间，减少牵引车的使用数量，增加单车载重行驶里程，增加总周转量，降低了成本，提高了利润，同时还减少能源消耗，减少尾气排放，达到节能减排的效果。

1. 运输效率

采用甩挂运输模式，牵引车单车年总行程提高了 100%，单车载重行驶里程上升了 104.49%，单车完成周转量提高了 104.49%。

2. 节约成本

从单位运输成本看：传统运输方式成本为 0.283 元/（吨公里），甩挂运输方式成本为 0.261 元/（吨公里），甩挂运输方式成本节约了 0.022 元/（吨公里），下降了 7.77%。以单车年完成周转量 9724260 吨公里测算，则单车年节约成本 21.39 万元，所有线路年节约成本 1176.45 万元。

3. 节能

采用甩挂运输模式，车辆百吨公里油耗下降 2.23%，按照甩挂运输模式下，单车年完成周转量 9724260 吨公里测算，单车年节约燃油 3889.7 升，按照佳吉快运共 55 台牵引车计算，2014 年以后，甩挂运输模式下每年共可节约燃油 21.39 万升（1 升柴油 =1.25 千克煤）。

4. 减排

根据相关统计指标，每升柴油的二氧化碳排放量为 2.72 千克/升，按照试点线路每年节约 21.39 万升燃油测算，折合标准煤 267.38 吨，共可减少二氧化碳排放581.81吨。

五、甩挂运输发展设想

未来佳吉快运将充分发挥以往物流营运经验，巩固与以往长期战略合作伙伴的关系，同时跟随国家政策，牢牢把握市场脉搏，不断开拓新的货源，努力争取到与更多的企业合作，丰富企业的货源结构，占取更大的市场份额，提高甩挂运输作业规模。作为国家甩挂运输试点企业,佳吉快运要充分发挥先动带动后动、先进带动后进的精神,发挥好试点作用,利用自身的网络优势、信息化优势,引导整合社会运输资源,通过自有的吉卡在线平台引导其他运输企业向集约化、网络化方向发展,促进道路运输行业的转型发展。

评　析

甩挂运输作为一种先进的运输组织方式,最直观的效益就是减少装卸等待时间、提高运输效率。近年来,随着货物运达时效性要求的显著提高,开展甩挂运输成为许多公路零担运输企业的必然选择。

佳吉快运依托公司公路零担快运品牌,突出其运输网络面广点多的优势,开通了以上海为中心辐射至全国其他分公司的13条甩挂专线,将"一线两点,两端甩挂"模式在各专线成功推行。为开展甩挂运输业务,公司加强管理制度建设,实现统一调度运输监管;进一步完善企业信息系统,加强在甩挂运输调度、仓库管理、市场管理等方面的信息系统建设;新建智能化运输配送营运中心甩挂运输站场,建成仓储区、甩挂作业区、甩挂停车区、配套服务区等功能区;通过与企业联营合作的模式,建立长久性合作车队。这些举措逐步扩大了公司甩挂运输的辐射范围,为公司从专线甩挂向网络型甩挂发展奠定了基础。

今后一段时期,公司应利用自身的网络优势、信息化优势,整合社会运输资源,通过自有的吉卡在线平台引导其他运输企业向集约化、网络化方向发展,促进道路运输行业的转型发展。

案例4:山东佳怡物流——"互联网+甩挂运输"模式

山东佳怡物流有限公司(以下简称"佳怡物流")甩挂运输试点项目依托零担运输的经验优势和公司客户业务资源及网点资源,积极开展信息化甩挂运输的实践探索,根据区域经济发展、市场需求和佳怡物流自身经营发展的内在要求,开展"互联网+甩挂运输"的循环甩挂模式。通过信息化发展的方式,提高了甩挂运输货物品质,实现了甩挂运输货物的无缝连接、甩挂运输过程轨迹的可视化管理和物流与供应链的完美结合;通过管理信息系统的建立,加强甩挂运输的细节管理,降低车辆投入及人力成本,努力创建"互联网+甩挂运输"的标杆典范。

一、企业高管致辞

佳怡物流于2012年8月入选成为“公路甩挂运输第二批试点项目”。项目以零担甩挂运输为主营业务，依托公司客户业务资源及网点资源，依托互联网和信息化技术，对零担运输的甩挂运输模式、运作流程、实时控制、站场安全管理等方面进行探索，创造了“互联网+甩挂运输”的新商业模式。项目致力于提升甩挂运输全程的组织化、透明化程度，以及提高甩挂运输运作效率，提升企业竞争力，创建互联网+甩挂运输的标杆典范。

山东佳怡物流有限公司董事长　孙倩

二、企业发展概况

佳怡物流是孙倩女士以1.08万元创始资金，于1999年成立于山东省济南市的物流企业，公司最开始将发展方向定位于快速崛起的电商业务，在进行业务调研过程中，创始人孙倩女士凭借敏锐的商业洞察力发现，与电子商务匹配的物流行业潜力巨大，因此，以B2B电商物流为切入点成立企业，为众多中小型企业提供仓储及运输服务，并将企业发展方向定位于最终能够为企业提供综合供应链服务。

佳怡物流凭借多年物流行业丰富的服务经验积累，发展并创新出以供应链物流为核心，供应链信息流、商流、资金流以及基础配套设施为支撑的独具特色的商业模式，成为一家现代化、综合型供应链服务企业集团，形成以物流与供应链和网络化公路货物运输为核心产品，以物流园区、物流信息技术、供应链金融为支撑产品的互补性立体化产品结构，可为生产制造企业、商贸流通企业、电商企业和平台、区域物流企业、供应链服务企业等提供供应链一体化服务。

三、甩挂运输开展情况

(一)推进甩挂运输的历程

佳怡物流甩挂运输试点项目是在交通运输部的政策引导下,根据区域经济发展、市场需求和佳怡物流自身经营发展的内在要求,转变传统运输组织方式,优化企业资源配置,推进两业联动的合作共赢,提升物流运作效率,降低企业物流成本,促进节能减排的物流运输项目。

佳怡物流主要围绕零担运输,以山东济南甩挂运输站场为中心站场,依据线路运输货量及线路双向货量的均衡性为基础,选择可以持续开展甩挂运输的线路合理规划实施线路甩挂运输、合理配置运输资源。

截至 2014 年 6 月,佳怡物流在济南、青岛、烟台、威海、潍坊、淄博、东营、德州、临沂、菏泽、北京、太原、郑州、沈阳零担集散中心之间共开展了 13 条甩挂运输线路。这 13 条甩挂运输线路在 2013 年共计实现了甩挂运输总量 107.3 万吨。

佳怡物流还新建了甩挂运输站场,总占地面积 152 亩,甩挂作业仓库面积 32700 平方米;投入甩挂运输车辆牵引车总计 52 辆,甩挂车辆 113 辆;开发了管理信息系统四套,分别为甩挂运输运营管理系统(TMS 系统)、仓储管理系统(WMS 系统)、车辆运输管理系统(卫星定位系统)和站场安保系统(门禁及监控系统)。

(二)甩挂运输组织模式

1. 一端甩挂

一端甩挂模式服务于主要节点城市的连锁网点。佳怡物流采用在终端网点进行甩挂。车辆到达终端网点后,将甩挂车厢 A 摘下后,牵引满载车厢 B 继续行驶,终端网点将甩挂车厢 A 卸车完毕后,即可进行装车作业。一方面减少了车辆在终端网点的等待时间,另一方面大大降低了终端网点的仓储设施租赁费用的投入。

实施一端甩挂的线路,牵引车与挂车的配置比例基本为 1∶2,主要在"济南—烟台""济南—威海""济南—淄博""济南—东营"线路实施一端甩挂,四条线路共计投入牵引车 14 台,甩挂车厢 28 辆。四条线路上货物的主要种类为快消品、日用百货、服装鞋帽、食品、零配件、医药、化工产品、电子产品等。四条一端甩挂线路的甩挂货运量占公司甩挂货运总量的比例约为 25%。

2. 两端甩挂

佳怡物流主要依托公司两端集散分拨中心,在两地集散之间实施两端甩挂。牵引车在集散 A 牵引车厢 1 向集散 B 出发。与此同时,集散 B 开始对车厢 2 实施装车作业,集散 A 对车厢 3 进行卸车作业,牵引车到达集散 B 时,摘下车厢 1 后,挂上已经装车完毕的车厢 2 返回集散 A,当牵引车到达集散 A 时,集散 A 处的车厢 3 已经完成卸车与装车作业,牵引车摘下车厢 2,挂上车厢 3 继续驶向集散 B,依此循环,完成两端甩挂运营组织模式。

佳怡物流实施两端甩挂的线路主要是"济南—青岛""济南—潍坊""济南—德州""济南—临沂""济南—菏泽""济南—北京""济南—太原""济南—沈阳"共计 8 条线路。两端甩挂牵引车与挂车的比例一般为 2∶3 及 1∶3。两端甩挂的 8 条线路上,共投入牵引车 34 台,挂车 68 辆。8 条线路上货物的种类主要是医药、农产品、化工产品、服装、日用百货、轻纺产品、食品、零配件、服装鞋帽、机械设备、印刷品、小型机械设备等。甩挂货运总量占公司甩挂运输总量的比例约为 70% 。

两端甩挂运营组织模式,不但降低了车辆在两端的等待时间,减少了两端仓储面积的租赁成本,更减少了两端车辆资源的配置,大大降低了固定资产投入成本。

3. 循环甩挂模式

循环甩挂模式主要应用于货物到达和发运地不在统一区域的大型制造业客户。佳怡物流循环甩挂运营组织模式的主要线路是济南—郑州。牵引车挂上满载的车厢 A 向郑州行驶时,郑州集散中心开始对车厢 B 实施装卸作业,与此同时,公司客户处开始对车厢 C 实施装卸作业。牵引车到达郑州集散中心时,将车厢 A 摘下,挂上车厢 B 向公司合同客户处行驶,到达客户处摘下车厢 B,挂上车厢 C,向济南集散中心行驶,此时济南集散中心开始对车厢 D 实施装卸作业。牵引车到达济南集散中心时,摘下车厢 C,挂上车厢 D 向郑州集散中心行驶,依此循环,完成循环甩挂运输。

佳怡物流循环甩挂线路牵引车与挂厢的比例为 1∶3,共投入牵引车 2 台,挂厢 6 辆。该线路甩挂运输量占公司甩挂运输总量的比例约为 10% 。济南—郑州线路上货物种类主要为低毒兽用药品、化工产品、服装、日用百货、轻纺产品、零配件、机械设备等,郑州到客户处的货物主要为返修汽车零部件,客户到济南的货物主要为汽车销售零配件。

循环甩挂运营组织模式,极大地提升了客户货运的周转时间,从而帮助客户大大提升了其客户服务响应时间,为客户提升了服务价值和服务质量。

(三) 开展甩挂运输的特点

1. 甩挂运输信息化建设

2010 年以来,佳怡物流信息技术建设投入累计超过 5000 万,其中为配合甩挂运

输,开发了四套管理信息系统。佳怡物流通过甩挂运输,实现了公路运输产品转型升级,具体体现在以下几个方面:

(1)互联网+监控的应用提高了甩挂运输货物品质。

监控系统的应用实现了货物在库环节的可视化,通过摄像机探头的信息提取,将获得的画面存储至服务器,通过解码器的解读,将获取的画面投放在中央管理中心的电视墙,由集控中心管理人员随时监控货物状态,确保货物百分百安全,为甩挂运输的后续工作提供保障(图1)。

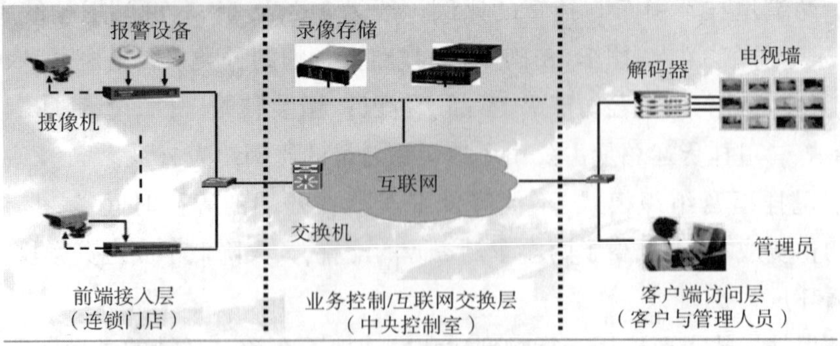

图1 甩挂运输互联网化示意图

(2)互联网+手持终端(PDA)实现了甩挂运输货物的无缝连接。

PDA的功能主要体现在两方面,一方面应用于运输过程中货物运行轨迹的信息化监控,确保信息流与货物流一致性;另一方面,应用于一对多、多对一的货物绑定管理中,将多个货物信息绑定在一个托盘或库位中,提高货物分拣效率。此外,条码信息还蕴含了诸多订单信息,如货物名称、数量、重量、目的地等,为在库管理提供了信息保障,同时为甩挂运输货物运输的准确性提供了强有力的后盾支持(图2)。

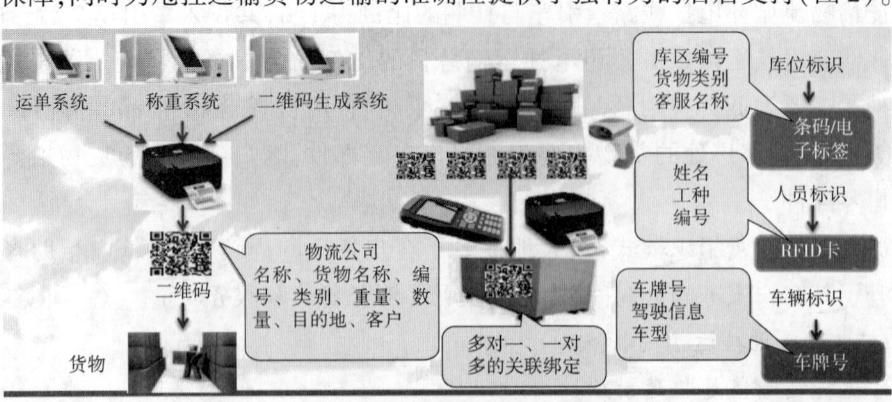

图2 佳怡物流甩挂无缝对接示意图

(3)互联网 + 北斗(GPS)实现了甩挂运输过程轨迹的可视化管理。

为提高车辆管理效率以及实现车辆在途轨迹的可视化,佳怡物流独立打造了符合佳怡物流特色的车辆管理系统,通过系统的打造,实现了车辆在途的实时监控,线路运行的时效监控,车辆运行轨迹的回放,线路成本的实时监控与数据汇总分析,为甩挂运输的时效、成本管理提供了信息化管理支撑(图3、图4)。

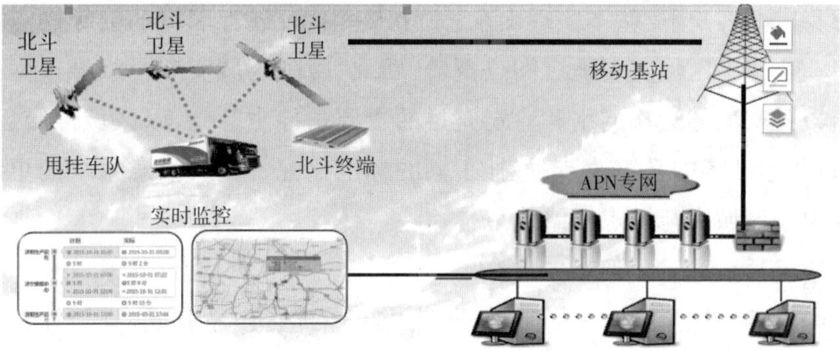

图3 佳怡物流甩挂运输可视化示意图

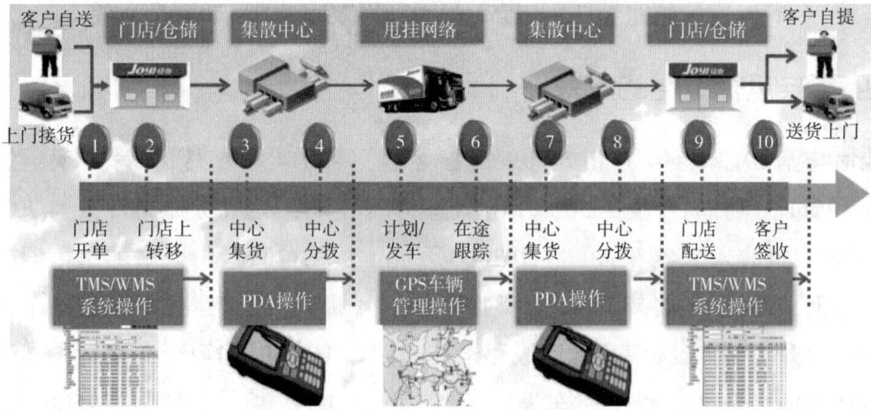

图4 佳怡物流甩挂促进物流与供应链结合示意图

(4)互联网 + WMS + TMS + 甩挂 + 宅配实现了物流与供应链的完美结合。

仓储管理系统(WMS)、运输管理系统(TMS)、GPS车辆管理系统、PDA管理系统共同组成了供应链管理中各个信息化管理模块。供应链上游的仓储受理环节直接将订单信息转化为TMS运单信息,通过PDA系统操作和甩挂运输将货物准确运输至集散中心;集散中心通过PDA和TMS操作,将货物甩挂运输至终端,供应链下游的宅配体系通过 PDA 和 TMS 接收信息，并将货物准确配送至客户处。甩挂运输在整个供应链环节中起到非常重要的链接作用，为供应链上下游的信息和货物流通提供了至关重要的渠道。

2. 区域网点建设

佳怡物流以零担货物为主，运营网络遍布全国各主要城市，运营网点 900 多家，有数百万稳定的客户群，基本实现山东、京津冀、山西、辽吉区域的县级网点覆盖，并在华北、华东、华中区域实现地级网点覆盖，西北、西南区域实现一级城市网点覆盖。佳怡物流以其密集的运输网络和稳定充足的货源条件为基础，以区域性转运中心为支撑，通过货运站场的升级改造、甩挂车辆的标准化配备以及信息系统的更新完善，在条件成熟的区域先行试点网络化甩挂。

3. 循环甩挂模式

佳怡物流各线路采用“一线两点、两端甩挂”的模式，并形成来回封闭的循环甩挂运输路径，将多条线路连接，形成网络型结构，并整合运输网络里的车辆、货源、信息化等资源，实现区域性的循环甩挂模式。网络型甩挂运输模式，更大程度地利用车辆资源，形成与货源的完美匹配，提高车辆利用效率，降低车辆投入成本。

四、甩挂运输取得的成效

佳怡物流 2012 年 10 月正式开展甩挂运输，至 2014 年 6 月，累计实现甩挂运输货运量 195.1 万吨，周转量 75560 万吨公里，单车平均年完成货物周转量为 702 万吨公里，实现运输收入 2.34 亿元，利润 2000 万元。货物可直接由城市配送车辆搬运到甩挂车厢上，减少了一次装卸环节，货物时效逐年提升，线路运作时效提升 44%，客户满意度提升。例如，济南—烟台线路运作时间由 16 小时缩短至 9 小时。佳怡物流实施甩挂运输以来，113 辆牵引车缩减为 52 辆牵引车，共计节省投入 1500 余万元。在同等货量条件下，单日人均劳效增长 600 件，月人力成本降低 17 万。

佳怡物流在甩挂运输方式下，单车平均年总行驶里程增加 11.5 万公里，较传统运输方式增长 76.3%；单车年载重行驶里程增加 10.1 万公里，较传统运输模式增长 81.1%；单车年完成货物周转量增加 305.7 万吨 · 公里，较传统运输模式增长 92.1%，甩挂试点线路运输成本平均下降 14.97%，甩挂运输试点线路平均运输时效较传统运输模式减少 5.7 小时。分析其甩挂运输各个线路数据，采用甩挂运输方式燃油节约总量为 64.4 万升，折合标准煤 807.2 吨，减少二氧化碳排放约 1752 吨。

五、甩挂运输发展设想

基于甩挂运输对公司零担产品转型升级的促进作用，佳怡物流计划在未来5年内，实现所有运输线路开展甩挂运输模式，更新和新增甩挂运输牵引车220部，甩挂运输挂车车厢500辆。积极倡导和推进企业间的合作，依托山东省甩挂运输联盟和环渤海甩挂运输联盟，积极开展与联盟企业之间的业务合作、资源共享。佳怡物流将继续加大投入，加快全国网点范围内推行甩挂运输新模式。

评　析

零担货物甩挂运输能够减少装卸等待时间，加速牵引车周转，节省货物仓储设施，当线路两端具有大量稳定货源时，零担货运甩挂能促进提高运输效率和劳动生产率，减少物流成本。

佳怡物流是山东省著名物流企业，在区域范围内具有较强的影响力。佳怡物流甩挂运输试点项目凭借公司良好的管理和多年积累的物流网络优势，以及依托济南及周边地区是我国知名的工程机械加工制造集聚地、农副产品和小商品集散地的优势，积极倡导和推进道路货物甩挂运输，不断创新零担甩挂运输模式，实现了“一端甩挂”“两端甩挂”和“循环甩挂”等多种运营组织形式，极大地提升了物流运作效率。同时，通过互联网及信息系统与甩挂运输结合，提高了甩挂运输货物品质，实现了甩挂运输的无缝衔接、甩挂运输过程轨迹的可视化管理以及与供应链的完美结合。

甩挂运输与信息系统及互联网的有效融合，使佳怡物流取得了较好的经济效益和社会效益，值得我们学习和借鉴。未来，随着山东省甩挂运输联盟和环渤海甩挂运输联盟的深入发展，为更好地实现区域间资源开放共享及有效整合，发挥区域整体优势，成为区域零担甩挂运输发展标杆，佳怡物流任重道远。

案例5：河南长通物流——区域网络化甩挂运输模式

河南长通运输有限公司（以下简称“长通物流”）充分发挥车辆自有、往返货源充足等优势，积极倡导并践行生态物流理念，探索引进新能源甩挂运输模式，并以倡导发起的中中物流联盟为依托，形成企业内部甩挂运输有效顺畅和联盟伙伴共同参与甩挂的双覆盖、大融合模式。长通物流以新能源甩挂、双向货源充足、全部自有车辆、运行效果明显为特色,已成为全国物流行业创新甩挂运输试点的典型单位。

一、企业高管致辞

2013年长通物流成为交通运输部第三批甩挂运输试点项目单位,截至2016年年底已在国内开通了近100条甩挂运输线路。长通物流在甩挂运输方面全部利用新能源车辆,致力打造生态物流,在当时油价高、运价低的情况下,甩挂运输成本同比降低28%,同时辅助卡点发车、时效管理,到货时间同比提早2~3小时,市场竞争力明显增强。

河南长通运输有限公司董事长　杨志萍

近年来,长通物流充分利用国家对甩挂运输在政策、资金等方面的支持政策,不断扩大甩挂运输线路范围,并根据市场环境变化及时调整线路与车型,完善甩配套设施与奖励办法,总结经验教训,提升管理水平,争取树立自营模式下新能源甩挂运输行业典范。

二、企业发展概况

长通物流成立于1991年,以郑州至广州货运专线发展而来。经过26年的发展,已经成为集普货运输、物流配送、产品代理和仓储为公司核心业务的河南本土最大的零担物流企业。作为国家AAAA级综合型物流企业,公司发行了业内首张银企联名卡(商通卡),是最早在河南运用现代物流概念提供一体化增值服务的第三方物流供应商。资产总额70031万元,注册资本7000万元,拥有员工6000多名,下设15个配送中心,300余个分支机构,拥有800余辆各类型货运车辆和近10万家稳定的会员客户,经营网络遍布全国。

长通物流是以公路零担货物运输为主,集物流解决方案提供、甩挂运输、仓储配送、物流信息系统建设、产品代理、物流联盟为一体的第三方物流企业,公司以发达的运营网络支撑、以甩挂作业为优势、以中中物流联盟为抓手,向合作伙伴提供专业的公路干线运输、仓储与配送服务。

长通物流秉承"兢兢业业、因需而变"的经营理念,积极创新物流发展模式,最早提出"夕发朝至"物流理念,最早开发商贸物流的"蒲公英"发展模式,最早创立物流金融模式和物流行业农民工创业六种模式,最早开创物流公共信息服务平台,并通过ISO 9001认证、引入车辆GPS全程监控和ERP资源管理系统,为实现智能化物流打下了坚实基础。

三、甩挂运输开展情况

(一)推进甩挂运输的历程

长通物流是河南本土最大的零担物流公司之一,占据河南零担货运市场约30%的份额,有近10万家稳定的会员客户,通过中中物流联盟与周边7个省的龙头物流企业合作。充分利用甩挂运输多拉快跑的优势,和周边200~500公里范围的物流龙头企业强强联合。

长通物流主要开展中小型企业的零担货物的运输,物流运输具有小批量、多频次、快速度等特点,对物流服务的安全、高效、快捷、保质等方面提出了更高的要求。开展甩挂运输,能化零为整,为这些企业提供更好的物流服务。

长通物流自2009年起在多条线路上摸索甩挂运输,到2012年年底开通甩挂运输线路已达26条。2012年长通物流实现甩挂运输量34.9万吨,约占企业总货运量的10%。2013年长通物流选取其中货量较稳且较大的"郑州—汤阴—邢台""郑州—南阳""郑州—信阳""郑州—渭南—西安""郑州—石家庄"和"郑州—徐州—淮北"共计6条线路纳入交通运输部甩挂运输试点项目。截至2016年年底已在国内开通了近100条甩挂运输线路。

物流企业联盟

物流企业联盟是一种双方共担风险、共享利益，为了满足各自需求，并能为共同目标进行长久合作的企业战略关系。相对于普通物流服务关系来说，物流战略联盟是长期的互利关系，它是物流提供方为物流需求方量身订制的，具有多种功能的物流服务。虽然联盟建立之初物流合作范围可能较窄，但是对于广泛的增值业务，比如简单装配、再包装、供应链集成等，存在合作潜力。

这个定义中包含了四层含义。首先，物流企业联盟组建的动机是从战略层面进行考虑的，具有较为明确的目的，而非为了局部利益或谋取短期收益。第二，联盟成员企业之间是一种长期合作关系，它不同于组建企业集团(一体化)，也不同于普通的市场关系，是介于市场和一体化之间的中间组织，相互之间在开展合作的同时，仍保持自己独立性；第三，联盟成员企业之间所进行的合作可能只是在某些物流环节和领域内进行，不一定是全方位的合作；第四，联盟要取得“1 +1 >2”的效果，实现共赢效应，通过相互合作获取大于自身独立开展经营的收益。

(二)甩挂运输组织模式

从甩挂运输模式上看，长通物流6条试点线路全部为现有线路，6条试点线路可分为“一线两点、两端甩挂”“一线多点甩挂”和“一线多点、循环甩挂”三种模式。具体为：“郑州—南阳”“郑州—信阳”“郑州—石家庄”共3条线路采用“一线两点、两端甩挂”的甩挂运输模式；“郑州—汤阴—邢台”线路采用“一线多点、循环甩挂”的模式；“郑州—徐州—淮北”和“郑州—渭南—西安”两条线路采用“一线多点”甩挂运输模式。

1. 一线两点、两端甩挂

此模式主要用于组织两个站场间的货物运输，即由地点甲直接运达目的地乙，甲乙两地之间的货物交换运输，如图1所示。挂车及货物在甲站场和乙站场分别装运，由甲站场调配牵引车携带挂车运往乙站场，卸下挂车后转挂乙站场挂车直接运回甲站场。由两端的站场负责挂车卸货、送达或转运配送等余下步骤。

2. 一线多点、循环甩挂

此模式主要用于组织多个站场的货物运输，即由地点甲运达中间点乙，再到中间点丙，依次类推，最后回到出发点甲，如图2所示。挂车及货物在各站场分别装运，由甲站场调配牵引车携带挂车运往乙处，卸下挂车后转挂乙站场挂车运往丙处，直至最终回到甲站场。由各站场负责挂车卸货、送达或转运等余下步骤。

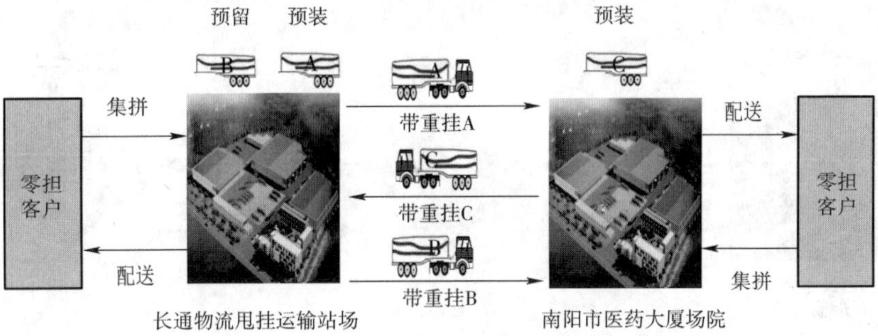

图1 两端甩挂模式示意图

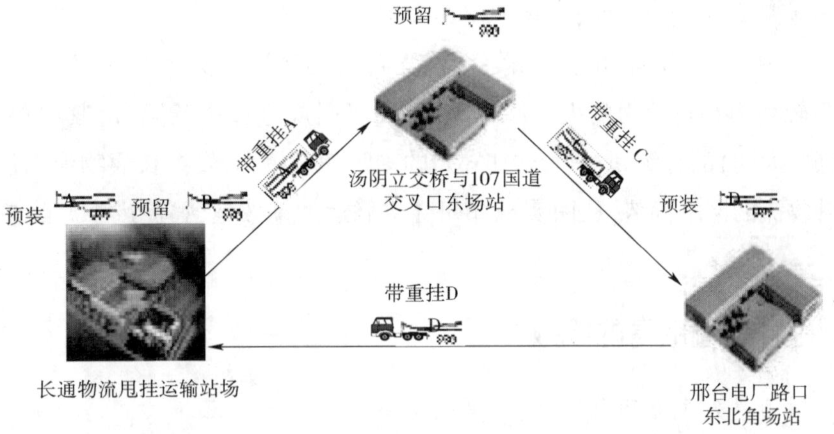

图2 循环甩挂模式示意图

3. 一线三点的甩挂模式

此模式用于组织多个站场的货物运输，即由出发点甲站场运达中间点乙站场，再到终点丙站场，最后终点从丙站场返回中间点乙站场，再回到出发点甲站场，如图3所示。挂车及货物在各站场分别装运，由甲站场调配牵引车携带挂车运往乙站场，卸下挂车后转挂乙站场挂车运往丙站场后卸下挂车，在丙站场转挂运往乙站场，最终回到甲站场。由各站场负责挂车卸货、送达或转运等余下步骤。

（三）开展甩挂运输的特点

1. 以联盟为纽带，实现区域网络化甩挂

长通物流通过推动跨省区物流企业联盟，整合了7个省的物流行业资源，以现代物流园区为重点建设基础设施网络、以行业龙头为主导建设物流组织网络、以行业门户网站和电子商务平台为引领建设物流信息网络，从实现三者的有机结合，同时形成覆盖中部7个省的物流服务网络体系，实现甩挂线路的双重运输。

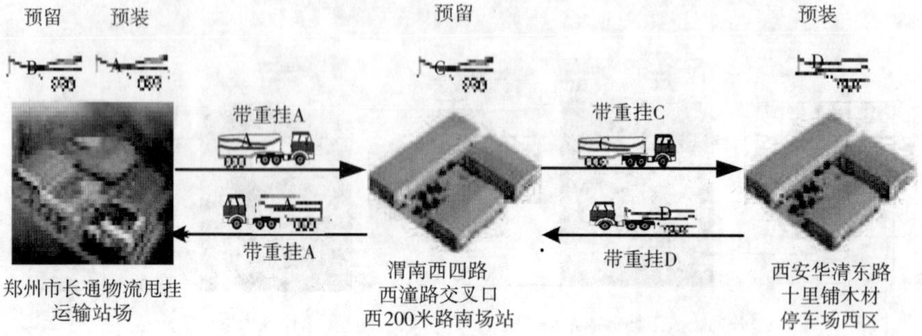

图3 “一线三点”甩挂模式示意图

2. 通过多式联运的方式，实现航空港和陆港的无缝对接

通过“中中物流联盟”的强强联合，建立跨省的物流龙头企业的服务平台，打造具有超强辐射力和竞争力的大中原物流网络，吸引周边省份及城市（其中包括武汉、西安、合肥、大同）的客源到郑州，增加郑州的国际商贸机会，发挥长通物流与加拿大太平洋枫叶物流的网络优势，从而实现郑州陆空联运的高效运营，促进中原经济区快速发展。

四、甩挂运输取得的成效

1. 突破甩挂发展瓶颈，实现无障碍互换挂车

在中中物流联盟内成员的深入合作下，长通物流以甩挂运输试点为依托，实行7省之间无障碍互换挂车畅行。这一做法既节省了燃油成本，也节约了人力成本，同时也有利于网络甩挂运输在全国地区推广。

2. 车辆运行效率大幅提升

截至2015年3月，长通物流完成的货运车辆周转次数和行驶里程显著增加，车辆平均里程利用率达到93.75%，远高于行业平均水平。单车年均完成货物周转量达到429.63万吨公里，是行业平均水平的3.5倍。甩挂模式下的平均单位运输成本下降了约10.33%。

3. 节能减排效果明显

长通物流的百吨公里能源消耗约下降13%，按试点项目完成的货物周转量进行

测算，试点实施以来共为全社会节约燃油 87.06 万升，折合标准煤约 1088.22 吨，减少二氧化碳排放 2366 吨，节能减排效果十分显著。

4. 带动区域物流业的集约化、标准化和网络化发展

长通物流通过中中物流联盟实现 7 省无障碍甩挂运输，不仅实现联盟辐射区内运输资源的有效整合，而且能够通过集约化、产品化、标准化、网络化和信息化运作实现服务水平的提高和全社会物流成本的降低，统一中部地区的物流企业业务标准和规范，更好地消除河南省等中部地区物流业小、散、乱的局面，规范和培育良好的行业市场。

五、甩挂运输发展设想

长通物流依托中中物流联盟在货源和运输车辆上的优势，很好地整合了郑州、信阳、南阳、石家庄、渭南、西安、徐州、淮北等地的货物资源，并结合联盟内信息化平台，合理地对多条甩挂线路进行设计安排，在下一步的发展中，将进一步推进甩挂运输的辐射范围和适用深度，加大对甩挂运输车辆、站场等基础设施的投入，同时拓展甩挂运输的运营线路，进一步发挥甩挂运输提高组织效率、降低运营成本、提升管理信息化程度的优势，推进甩挂运输健康发展，促进中国公路货运现代化目标实现。

评　　析

长通物流围绕公路零担货运市场，把企业联盟作为重要抓手，充分整合社会可协调资源，有力发挥集聚经济的成本优势，着力降低线路挂车空载率和能耗量，成功吸引了大批零担物流客户，占据零担货物甩挂运输市场主要份额，成为立足河南、带动周边省份甩挂运输企业集约规范发展的龙头主体。

长通物流积极创新甩挂运输组织模式，不但在全国开辟了近百条线路，各条线路因地制宜地选择合理甩挂模式，而且积极地将多式联运融入甩挂运输，将甩挂运输作为与空港快速衔接的重要纽带，为郑州机场陆空联运的发展创造可能。同时，基于联盟内挂车的无障碍互换，跨区域、跨企业间的甩挂更加便利，甩挂运输的运行效率、服务质量、安全系数与网络化规模都得到了相应地提升，这一突出特点应成为国内各大甩挂运输企业学习的典范。

长通物流开展的甩挂运输取得了良好的经济与社会效益，各条线路运作效率与实载率维持在较高水平，甩挂运输取得长足进步。在未来的发展中，应继续扩展联盟合作的领域，延伸联盟辐射范围，提高联盟管理能力，推广自身发展模式与成果，在运输甩挂开展双重运输、装备技术研发、服务规范制订、合作模式创新等方面进一步深挖，为促进我国甩挂运输发展贡献绵薄之力。

案例6：武汉大道物流——搭建联盟平台拓展甩挂网络

武汉市大道物流有限责任公司（以下简称"大道物流"）凭借零担运输的经验优势和丰富的业务体系，积极开展联盟化甩挂运输的实践探索，响应行业管理部门的号召，尝试"互联网+"的物流业务开展模式。大道物流通过建立紧密型实体联盟的方式，不断拓展物流网络，扩大甩挂运输的辐射范围；通过人车货一体化管理，实现甩挂运输的精细化管理，不断提升甩挂运输效率，完成企业树立行业标杆的战略目标。

一、企业高管致辞

大道物流于2015年10月入选成为"公路甩挂运输第四批试点项目"。项目以零担甩挂运输为主营业务，依托客户业务资源等基础资源，凭借多年的零担物流操作经验，对零担运输的经营思想、运营体系、市场定位的准确把握以及对业务流程的精确掌控，通过货源组织、车辆调配、站场建设、信息化升级等资源强有力的整合控制力，在零担货物甩挂运输领域创造了新的营利模式。项目致力于提升零担运输的组织化程度、效率和盈利水平，提升联盟的市场竞争力，向着零担货物运输的旗帜标杆逐步前进。

二、企业发展概况

大道物流成立于1999年，总部设在武汉市东西湖台商投资区，注册资本1000万元，资产总额14300万元，年货运量150万吨。公司自有牵引车24辆，挂车35辆，主营华中、华东及华南地区的仓储、运输、包装及市内配送等业务。公司已经实现了干线运输班车化、代收货款电子化、保价运输常态化、货物配送快递化和信息管理平台化。

武汉市大道物流有限责任公司总经理　梅海涛

2013年,由大道物流牵头成立了华中大道快运联盟,联盟的成员单位都是以零担专线运输业务为主,均为行业精英,在其经营线路、运营区域积累了丰厚的经验和人脉,经营专线时效快、口碑好。联盟后,华中大道快运联盟拥有场地面积20万余平方米,员工3500余人,年产值超过7.8亿。

经过两年的发展,联盟在经历了"盟员入驻、平台共享""成立实体,探索新模式""系统对接研发、力推一票到底"等实践探索后,盟员之间的合作也在进一步加深,"共享网点""共享客户资源""疏通省内配送""建立互惠标准"等工作在大家的共同努力下也取得了实质性的进步。2015年,华中大道快运联盟高桥物流基地正式投入使用,为联盟共享平台提供了场地基础,联盟集约发展的优势也进一步显现。经营专线可以覆盖到全国20个省、直辖市、自治区。联盟成员各司其职,不仅能满足客户配送全国的需求,而且可提供一站式服务,让客户体验全方位便利、快捷的服务,实现互利多赢。

2015年3月,由湖北大道、山东奔腾、四川金桥、山西三毛、东北金正、西北卓昊6家区域龙头物流企业共同发起,创建了上海壹米滴答供应链管理有限公司(以下简称"壹米滴答")。公司以"客户首选的、基于物流的综合服务平台"为愿景,首创网络众筹、运力众包等运营模式,通过省地直达、县镇直通,打造"滴答到门""小票快运""大票零担""整车业务"主营产品;以末端无盲点的配送优势加以省内中转无缝对接支撑专线大车落货。大道物流依托于壹米滴答的全国网络,大力发展省际业务,近年来已开通10多条省际直发线路，省际出发业务同比增长91.3%。与此同时，大道物流凭借健全的省内网络覆盖，为壹米滴答其他省区提供末端到货及派送服务，践行“每壹次托付”。

三、甩挂运输开展情况

（一）推进甩挂运输的历程

大道物流在国内较早地开展了甩挂运输，尤其是在零担甩挂运输业务方面进行了积极探索。2008年开通的“武汉—广州”线路和2012年开通的“武汉—上海”线路均取得了较好的经济社会效益。2015年大道物流甩挂运输货运量16.8万吨，约占企业年总货运量的11.2%。

凭借优质的信息服务和遍布全国的网络优势，大道物流充分利用自身区位优势，深耕周边物流市场，为周边工业及商贸企业所需的原材料、机械设备、电子产品、食品和百货等提供优质物流服务，并与国内多家知名企业签订了长期战略合作协议，如武汉百事可乐饮料有限公司、味好美（武汉）食品有限公司、武汉天黎轮胎有限公司、上海美特斯邦威服饰有限公司、欧派家居集团股份有限公司、中国国际海运集装箱（集团）股份有限公司等。大道物流2015年货运量150万吨。大道物流主要客户情况见表1。

大道物流主要客户表 表1

序号	服务对象	主要货类	年货运量
1	武汉百事可乐饮料有限公司	食品	21938吨
2	味好美（武汉）食品有限公司	食品	9576吨
3	武汉天黎轮胎有限公司	工业用品	40328立方米
4	上海美特斯邦威服饰有限公司	服装	9551立方米
5	乐事薯片	食品	24892立方米

在运输装备上，大道物流先后购置了牵引车24辆，挂车35辆，专门从事运输业务，为日后规模化经营和甩挂开展积累经验，奠定基础。从站场基础看，大道物流总部拥有70余亩的现代化物流园区，配套设施完善。自开展甩挂运输以来，配合干线甩挂运输的开展，大道物流对所有干线都实现了运输班车化，即定制车型、定制线路、定时发车、定点到车。

在信息系统上，实现了货物流、资金流和信息流的有机结合与高效运转。客户可对货物代收款的收付情况进行实时跟踪,并实现了网上支付货款,大大降低了资金安全风险。

大道物流有成功运作甩挂运输线路的经验,货源充足、运输装备、仓储设施、站场基础和信息系统等基础设施较为完备。同时,以多年的甩挂运输发展为基础,带动联盟成员及合作车辆,共同推动甩挂运输的规模化、区域化发展,优化运力结构,促进道路货运业从传统、粗放、外延的发展模式,向现代、精细、内涵的发展模式转变。

(二)甩挂运输组织模式

开展甩挂运输,必须建立在各站点拥有对流货源的基础之上,而对于零担物流来说,网点、货源都比较分散,必须有充足的货源和集中的站场为支撑。为充分发挥联盟成员各线路优势,大道物流充分发挥带头作用,积极组建平台,整合联盟资源,重点开展"一线多点,循环甩挂"运输模式,减少资源浪费,为企业降低运费,实现时效、利润增值。

从甩挂运输模式上看,大道物流 4 条线路均为"一线多点,循环甩挂"的模式。以业务集聚形成货物的来回匹配,减少车辆空箱、空驶、空等的三空现象,提高车辆的载重行驶率,实现车辆去程与回程的双重运输率,具体见表 2。

大道物流线路甩挂运输组织模式表 表 2

线　　路	组织模式	备　　注
武汉—荆州—十堰—武汉	一线多点,循环甩挂	主题性线路
武汉—十堰—西安—武汉	一线多点,循环甩挂	主题性线路
上海—武汉—荆州	一线多点,循环甩挂	主题性线路
重庆—武汉—荆州	一线多点,循环甩挂	主题性线路

此模式主要用于组织多个站场的货物运输,即由出发点甲站场运达中间点乙站场,再到中间点丙站场,依次类推,最后回到出发点甲站场。挂车及货物在各站场分别装运,由甲站场调配牵引车携带挂车运往乙站场,卸下挂车后转挂乙站场挂车运往丙站场,直至最终回到甲站场。由各站场负责挂车卸货、送达或转运等余下步骤。

以"武汉—荆州—十堰—武汉"线路为例,"一线多点,循环甩挂"运输过程如图 1 所示。

步骤 1:在武汉大道物流站场预留 2 辆空挂车,A 挂车和 B 挂车,其中 A 挂车预先装载需运往荆州鑫泰达物流甩挂运输站场的货物。在荆州鑫泰达物流甩挂运输站场预留 C 挂车进行预装。在武汉大道物流十堰甩挂运输站场预留 D 挂车进行预装。

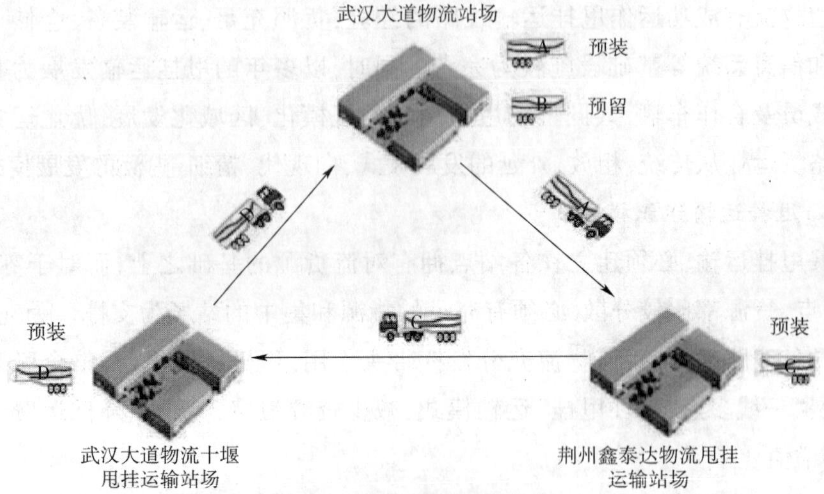

图 1　大道物流“一线多点，循环甩挂”示意图

步骤 2：完成线路和人员安排后，牵引车挂上预先装载的 A 挂车由武汉大道物流站场前往荆州鑫泰达物流甩挂运输站场。到达后，卸下 A 挂车，挂上已经完成装载的 C 挂车前往武汉大道物流十堰甩挂运输站场。卸下来的 A 挂车由荆州鑫泰达物流甩挂运输站场负责完成卸货、分拣、装货和转运工作。

步骤 3：到达武汉大道物流十堰甩挂运输站场后，卸下 C 挂车，挂上已完成装载的 D 挂车前往武汉大道物流站场。卸下来的 C 挂车由武汉大道物流十堰甩挂运输站场负责完成卸货、分拣、装货和转运工作。

步骤 4：到达武汉大道物流站场后，卸下 D 挂车，挂上已完成装载的 B 挂车前往荆州鑫泰达物流甩挂运输站场，完成一次循环作业。卸下来的 D 挂车由武汉大道物流站场负责完成卸货、分拣、装货和转运工作。重复步骤 2 ~ 4。

（三）甩挂运输的特点

1. 联盟一体化管理

华中大道快运联盟整合了多家运输企业，各企业管理水平参差不齐，不统一管理，很难使联盟成为一个整体。所以，对人、车、货的联盟一体化管理是非常重要的。同时，联盟还会利用各甩挂运输站场的枢纽功能，向站场周边企业或营业部网点进行集货或配送。在及时掌握各线路的货源及车辆信息，并对货运车辆信息进行大量的数据分析后，及时组织回程货物，对线路上的车辆进行合理的调配，减少空载运输，提高运营效率。

（1）人，主要是对工作人员的管理。联盟能否正常运作的一个关键因素就是员工的素质。员工是与客户接触的直接对象，是企业形象的代表。高素质的员工会给客户留下良好的印象，有利于联盟的发展。对员工的管理可从以下两个方面进行：培训，通过培训提高员工素质，加强员工的服务意识和相应的专业技能；建立档案，包括用户投诉、准时情况、出勤率等，以此作为计算员工薪金的一个标准。

（2）车，是运输时效发生的载体，也是不容忽视的因素。它一方面是企业形象的一个部分，另一方面是因为车辆在中途出现任何问题或差错都会导致货物的迟到，给联盟和货主造成巨大的损失。对车的管理可从以下两个方面采取措施：使用统一的标志、统一的颜色并保持车身干净，给客户留下整洁、良好的形象；成立安检小组，对车辆进行维修、记录，确保良好的车况。

（3）货，是联盟服务的间接客户。如出现货物短缺、包装破损，客户不会正常签收，因此，在整个运输过程中需要关注货物是否完好，最好能轻重搭配，保持车辆的平衡；对易损坏物品做相应的二次包装防护等。对货物的管理可从以下几个方面入手：制订统一的服务标准、采用称重量的方式来制定货物运价价格、采用统一的信息平台、制订统一的操作规范、采用统一的联盟品牌；通过这五个统一，给客户留下规范标准的印象，可以放心地把货物交给联盟，联盟也能够保证客户货物的安全与时效性。

2. 建立紧密型实体联盟

华中大道快运联盟实行统一运营管理、统一服务标准、统一作业流程、统一操作平台、统一服务价格、统一资金结算、统一利益分配、统一考核办法、统一信息系统、统一品牌形象；联盟成员企业不完全追求自身利益最大化，在物流运输资源上优势互补，以创造竞争优势，实现整个联盟效益的最大化。从而达到整合资源，降低交易成本，占有市场，共同获取潜在利润的目的。

当前华中大道快运联盟处于发展初期，外部环境较为复杂，具有不确定性，在这种情况下，可以选择既包含股权式又包含契约式，取两者之所长的一种联盟方式，并不断地创新完善。首先，联盟内部目标理想及发展理念相同的几个盟员先成立一个实体公司，进行股权式发展探索，在一定发展基础上，逐步向股权式联盟过渡，最终形成紧密合作的股权式联盟。

四、甩挂运输取得的成效

1. 以智能调度提高实载率，节约运输成本

采用甩挂运输方式后运输效率的提升主要体现，牵引车装卸等待时间的减少，将有效减少牵引车的使用数量，增加单车载重行驶里程以及完成的总周转量。

采用甩挂模式，牵引车单车年总行程提高了 79%，单车载重行驶里程上升了 101%，单车完成周转量提高了 113%。

与此同时，企业运输成本也大幅下降。从单位运输成本看，甩挂运输模式下运输线路成本平均节约了 0.036 元/(吨公里)，下降了 10%。

2. 提高运输时效，促进节能减排

车辆在采用甩挂运输模式时可提高单车的运营效率和降低单车油耗及排放指标，主要是通过集约化的组织模式，减少车辆的空驶，从而带来单位周转量能耗的下降，使企业整体运营效率提高、成本大幅减少以及运输利润大幅上升。

从百吨公里油耗看，甩挂运输方式平均节约了 0.28 升/(百吨公里)，下降了 14%。2017 年 4 条线路共可节约燃油 77.94 万升，节约燃油成本 569 万元，节约标准煤 974.30 吨。

3. 联盟聚合效益，整合更多社会资源

联盟实现共享操作后，其聚集效益将进一步显现。更多分散的社会资源，如社会闲散车辆将会跟着货源形成聚集，一方面节约企业购车成本，另一方面对于吸引社会运力，发展甩挂运输，促进节能减排起到更大的促进作用。

五、甩挂运输发展设想

大道物流已与东风汽车、金牛管业、亚太味业、百事可乐、诺贝尔瓷砖和达芙妮等国内外众多知名企业建立了战略合作伙伴关系，与十堰恒通物流有限公司签有长年的中转合同。同时，大道物流也是华中大道快运联盟牵头单位，借助众多联盟成员的资源优势，将实现货源的稳定与增长。根据合作线路的运营组织模式及分工，大道物流还将共享省内其他企业的货运资源。

大道物流已围绕各网点到货情况，先后在襄阳、宜昌、恩施等 10 条线路开展甩挂运输，在一定程度上降低了物流运输成本，大道物流后续将根据各线路货量在 200 公里以上的线路上逐步推进甩挂运输。此外，华中大道快运联盟经过两年的运作发

展,其业务合作模式及信息对接越来越流畅,联盟发展进一步深化落地,盟员之间合作更加紧密,同时壹米滴答在全国各地的枢纽中心相继建成,更强大的仓储配送实体平台落地。以上这些为大道物流发展奠定了坚实的基础,随着全国干线的甩挂运输线路陆续开通,货物互通、资源对接,甩挂运输的优势将会愈加明显。

评　　析

武汉大道物流以零担运输为依托,凭借其优质的信息服务和辐射全国的物流网络优势,有效整合周边区域内的零担货物,为甩挂运输的开展奠定了货源充足的基础和客户群体;同时,通过购置数量足够的牵引车和挂车,为甩挂运输的开展提供了充分的装备基础;最后,通过升级信息管理水平,提升甩挂运输信息化程度,创新甩挂运输业务结算方式,提升甩挂运输业务结算效率。

在开展甩挂运输的过程中,项目依托其信息系统优势,积极推进联盟化合作方式,形成了独具特色的甩挂运输模式:(1)实现甩挂运输精细化管理。通过升级的信息管理系统,获取车辆调度、站场监控、仓储管理、装卸过程的实时信息,有效实现对车辆、站场、仓库、装卸过程等甩挂运输要素的实时监控,确保车辆调度、装卸协调的科学性,实现对甩挂运输全过程的精细化管理。(2)通过联盟合作方式开展甩挂运输。通过组建物流企业联盟的方式,整合货源、装备、物流网络等基础资源,完善甩挂运输线路网络、提升甩挂运输效率,形成独具特色的联盟化甩挂运输组织模式。

武汉大道物流甩挂运输开展情况良好,其甩挂运输货物周转量稳步提升,在今后的发展过程中,应重点把握联盟化发展方向,致力于组建长期、稳定的物流联盟,持续吸收新的联盟成员,已达到丰富货源、拓展网络、提升甩挂运输的网络化水平的目标,从而有效开展网络循环甩挂运输模式,进一步提升装备使用效率、降低运输成本,促进区域甩挂运输的发展。

第二章　集装箱“双重”型甩挂运输

集装箱甩挂运输是可以将带有主动力的牵引车与集装箱箱体分离或接挂的运输方式。当货车到达目的地将集装箱分离之后,牵引车再拖带其他装满货物的箱子返回港口或驶向另一个地点。其优点是实现了集装箱停放但车头不停,提高了运输效率,节约了装卸货的等待时间。

集装箱双重运输,简单地说,就是重箱去、重箱回,避免单程空载、降低运输成本的一种运输模式,它要求物流企业建立有比较强大的物流信息系统。双重运输模式改变了传统运输模式下重箱去空箱回的尴尬局面,通过集装箱、进出口货物、集装箱卡车三者之间的信息调配与整合,实现重箱进重箱出的双向运输。

甩挂运输双重模式兼具甩挂运输和双重运输的优点,既能节约等待装卸货物的时间,又能降低空驶率。在这种模式下,牵引车的有效工作时间将大幅度增加,车辆周转速度将加快,而牵引车和驾驶员的数量却会减少,这样就节省了大量的牵引车购置费用及人工成本,大幅度提高货运效率。另外,这种模式还提高了集卡车辆的单位容积和吨位利用率,减少车辆对公路的占用,并能够大幅度降低油料消耗,减少污染,保护环境。现实中,企业也经常将甩挂与双重这两种模式结合使用,最大程度提高道路运输效率。

本章案例介绍的宁波港铃与物流有限公司、天津振华国际物流运输有限公司、上海康芸物流发展有限公司是以信息化建设为支撑,开展“一线多点,甩挂甩箱相结合”以及“两点一线,甩挂甩箱相结合”的甩挂运输模式。集装箱甩挂运输组织作业形式的优化创新,进一步提高企业的运输效率,并不断改善其甩挂运输设备设施。通过开展集装箱“双重”型甩挂运输业务甩挂运输模式,优化运力结构,促进道路货运业企业从传统、粗放、外延的发展模式,向现代、精细、内涵的发展模式转变。

案例7:宁波港铃与物流——集装箱双重甩挂组织模式创新

宁波港铃与物流有限公司(以下简称"铃与物流")尝试转变传统集装箱运输组织模式,创新推出"集装箱双重甩挂运输",并选定在杭州萧山周边试行,同时配套开发"宁波集装箱双重物流信息平台"。该模式的成功运行,在使企业自身得到快速发展的同时,也使得宁波港成为全国港口中该模式运行组织化程度最高、规模最大、最有成效的港口。

一、企业高管致辞

铃与物流经过20余年的发展,走出了一条适合自身发展的特色道路,是宁波市最优秀的物流供应商之一,在全国物流行业具有一定知名度和影响力。公司主推的双重甩挂运输更是运输行业创新发展的重要案例之一。通过对传统集装箱运输模式的优化整合,在内陆设立还箱点,大幅度缩短进口还空箱和出口提空箱的运输距离;通过在内陆还箱点集货,为还至内陆还箱点的进口空箱配装出口货物,实现港区到内陆还箱点之间的双重运输;通过工厂与内陆还箱点之间的短驳甩挂运输,减少了牵引车在拆、装箱时的等待时间,提高了牵引车的利用率,实现了集装箱运输的"箱停车不停"。

宁波港铃与物流有限公司总经理　彭敏杰

二、企业发展概况

铃与物流成立于2003年3月,注册资本7326.7万元,总资产16660万元,净资产11610万元。其是由宁波港国际物流有限公司和日本铃与株式会社共同投资组建的中日合资企业,其中宁波港股份有限公司占股比例51%,日本铃与株式会社占股比例49%。经营范围包含普通货运、集装箱货物专用运输、货物中转国际货运代理、无船承运业务、物流咨询等。公司有宁波江东、江西南昌、江西新余3家分公司,5个公路、铁路转运中心,分别通过与无水港合作的形式设在萧山、绍兴、义乌、上饶、鹰潭。

三、甩挂运输开展情况

(一)推进甩挂运输的历程

1. 传统集装箱运输(2003年至2008年)

铃与物流自成立以来主要从事集装箱运输。在传统集装箱运输模式下,进口集装箱从进境地港口运到指运地拆箱后,必须将集装箱空箱返回进境地港口周边堆场。出口集装箱必须在出境地港口周边堆场提取空箱到指定地装货后运回出境地港口装船。在一定程度上,这种模式增加了集装箱运输车辆的空驶率,导致运输成本居高不下,公司一直处于微利甚至亏损状态。尤其在2008年全球罕见的金融危机影响下,传统物流企业竞争更加激烈,铃与物流的生存发展陷入困境。对此,铃与物流要得以生存、发展,必须进行创新转型。

2. 创新推出集装箱双重甩挂运输(2008年至2010年)

2008年9月,宁波港股份有限公司与萧山国际物流中心合作,在萧山推出“无水港”项目。铃与物流利用这一平台,改变集装箱运输模式,在全国港口中创新推出集装箱公路运输新模式——集装箱双重甩挂运输,并在杭州萧山设立内陆集装箱还箱站场展开试运行。

2009年,铃与物流货运代理部在江西上饶开展集装箱海铁联运双重甩挂运输尝试获得成功。

3. 开发集装箱双重物流服务平台(2010年至今)

随着萧山无水港集装箱双重甩挂业务的快速发展,公司的运力和作业能力逐步成为发展的瓶颈。首先,完全靠手工、电话、传真的运作模式已经不能适应业务量的发展;其次,运力不足导致大量业务的流失和服务的不到位;再次,信息不畅也使操作的差错率不断提高。简单的人工操作越来越不能满足业务发展的需要,而且大大制约了铃与物流集装箱双重甩挂业务的全面推广。但当时在集装箱运输企业中,还没有能将货运代理、车队、港区、内陆站场等与集装箱双重甩挂运输、短驳甩挂进行有效管理的信息化软件。

为了进一步将甩挂甩箱与双重甩挂运输有效结合起来,并解决在发展过程中暴露的因人为因素发生的相关问题,铃与物流委托宁波国际物流发展股份有限公司(宁波电子口岸物流信息有限公司)对此业务进行详细梳理,利用该公司已经形成的四方物流平台,开发了"宁波集装箱双重物流服务平台",并于 2010 年 6 月 1 日正式投入运行,实现了集装箱双重甩挂物流全过程信息化。

2011 年,公司扭亏为赢,成功实现从传统集装箱运输企业向现代集装箱物流企业转型。同年 8 月,公司的"集装箱双重甩挂运输"被交通运输部和国家发展和改革委员会评选为全国首批试点项目。

(二)甩挂运输组织模式

无水港双重甩挂运输是指集装箱运输车将进口集装箱从港口运到指定工厂(仓库)拆箱后,将集装箱空箱运到附近无水港堆场,之后运载出口集装箱空箱到工厂(仓岸)装货后返回港口,从而大幅度减少空箱运输的时间和距离,提高车辆利用率,降低客户物流成本。

铃与物流的甩挂作业主要采用"一线三点、箱挂结合"的双重甩挂作业模式,即线路在一条线上经过三个节点(北仑站场、内陆无水港站场、无水港周边工厂),在节点根据实际需要采用甩挂和甩箱两种操作模式,中长途采用双重甩挂运输模式。

1. 双重甩挂运输

在原有模式下,出口货物重箱运到港口,空箱返回堆场;进口货物重箱运到货主工厂,空箱返回堆场。新的运输模式改为:宁波港进口重箱到富阳、萧山、绍兴等地拆箱后,将空箱还入无水港,同时提上预先甩在无水港的出口重箱返回宁波进港,在无水港和宁波港之间实现来回双重甩挂运输。具体流程(图 1)为:在萧山设立集装箱还箱点,船公司集装箱进驻无水港,铃与物流的车队将从宁波北仑港进口的萧山周边客户的集装箱(如富阳废纸、设备、原料等进口箱)运至工厂拆箱,然后将已拆的空箱就近还给萧山无水港,然后从还箱点提上先前已装好货物的出口箱运至宁波北仑港,从而完成一辆车在一个往返中运输两个重箱(即双重),并使自身业务接单—

集装箱运输车队调度—箱号、封号填写—短驳甩挂—费用结算的整个过程通过网上信息平台完成。

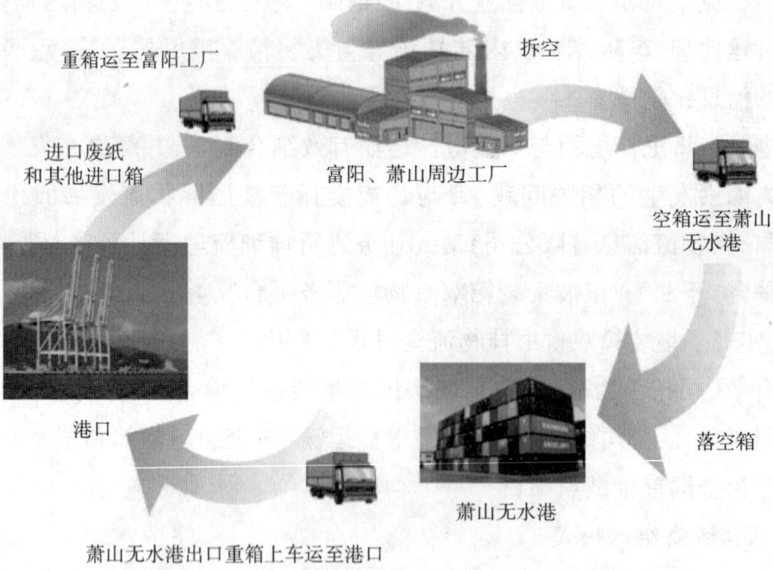

图1　双重甩挂运输模式线路

2. 短驳甩挂运输

在还箱点建立短驳甩挂运输车队，配置集装箱运输车和平板挂车，进行工厂至无水港之间的短驳甩挂运输。具体流程为：集装箱牵引车在无水港调空箱至工厂装箱后，短驳至无水港卸重箱，采用"一重一空"甩挂和甩箱相结合的甩挂模式，如图2所示。

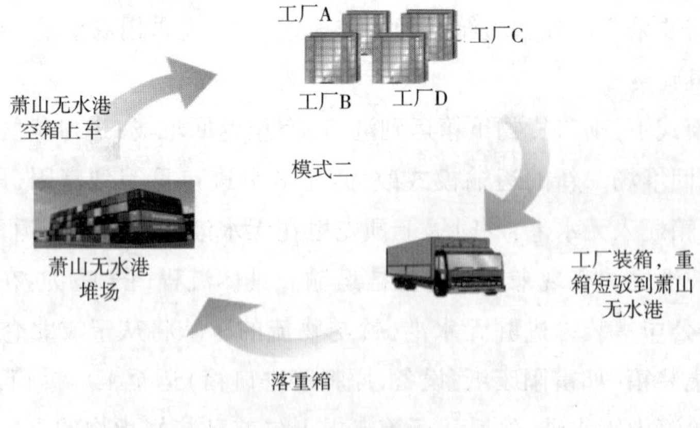

图2　短驳甩挂运输模式

(三)开展甩挂运输的特点

1. 通过信息化拓展双重甩挂运输规模

铃与物流与四方物流合作研发的集装箱双重甩挂物流信息平台实行会员制,实现模式为相对开放的 B2B 的物流信息操作和交易支付平台。

通过该平台,可进行集装箱双重甩运输业务受理、异地(还箱点)短驳甩挂调度、重箱进港调度、单证传输、电子装箱单的形成、箱车信息的跟踪、驾驶员和相关业务人员作业信息对接、进出口集装箱匹配、业务费用的支付结算等,还能够使货运代理企业、集装箱运输企业实时掌握集装箱动态信息,集装箱进港信息做到实时查询。平台流程如图 3 所示。比如,在进口操作中,货运代理企业发布箱源信息,铃与物流安排相应的集装箱车辆运输,需要调用其他运输企业车辆时,铃与物流操作人员通过"宁波集装箱双重运输物流服务平台",选择相匹配的集装箱运输车信息,利用回程集装箱运输车拉重箱返回。在出口操作中,货运代理企业在该平台上通过报关上传、页面录入等方式将箱源信息发送给铃与物流,铃与物流操作人员根据无水港存箱量匹配相应的车、箱信息,制定相应的派车计划表;待完成交易运费确认后,货运代理企业通过四方物流市场进行支付结算;月底,铃与物流货运代理企业、运输企业进行月度财务核算。

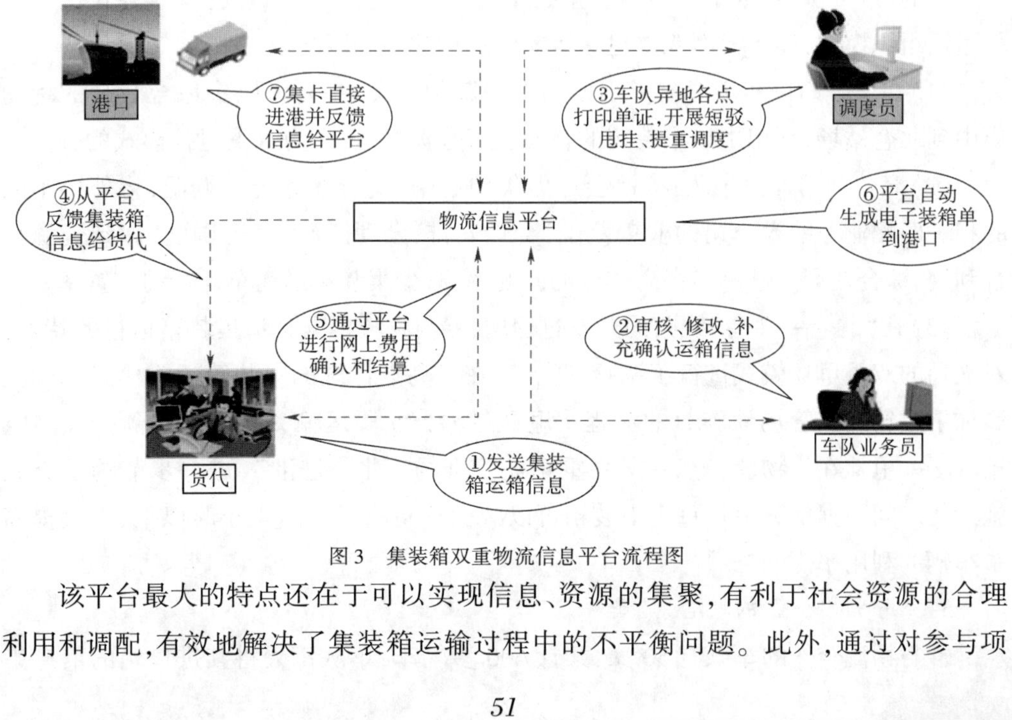

图 3 集装箱双重物流信息平台流程图

该平台最大的特点还在于可以实现信息、资源的集聚,有利于社会资源的合理利用和调配,有效地解决了集装箱运输过程中的不平衡问题。此外,通过对参与项目的车辆进行GPS安装和维护,实现新增车队的CPS平台对接,聚集更多集装箱运输车车源信息,综合利用社会集装箱运输车资源,让更多的集装箱运输车车队共享双重运输节能增效的成果,进一步扩大业务规模。同时,进一步扩大可匹配的集装箱进入无水港,吸引更多船公司的入驻。

为进一步发挥平台的集聚作用,铃与物流不断完善双重甩挂运输物流平台的对内、对外接口。将车队内部管理软件、外协车队软件、外部货运代理软件与平台无缝对接,将单证相关信息用网上传输来替代纸面传真、传输,实现数据一次输入、多次补充、多点共享,形成数据互通共享,大大提升了工作效率,减少了人为操作导致的差错。

自2010年6月运行以来,通过宁波集装箱双重甩挂运输物流服务平台进行业务操作和费用结算的货运代理、运输企业有300家,平台交易金额累计已达4.5亿元,完成运输量52万TEU,其中双重运输量22万TEU,并调用了近600辆社会车辆为双重平台做服务。该平台已成为杭萧绍交叉腹地市场开发的有效工具,有效提升了双重运输的作业效率、作业数据传输的准确率,实现无纸化运行。

2.持续优化运输组织模式

在开展甩挂运输线路过程中,铃与物流进一步提高可匹配进口货源的承揽,引导更多的客户进行双重甩挂运输作业,加大对船公司的引进,通过以下方式持续优化运输组织模式,逐步提高双重甩挂运输的运作效率和匹配率。

(1)在北台站场初步形成了小型的大宗散货集配中心,将码头适合装卸的货物集中到北仑站场,利用出口集装箱的箱源进行分拨配送,作为双重甩挂模式的补充。

(2)充分利用外协车队,将社会运力集中起来,实行业务统一调配,将外协车队的相关匹配业务纳入公司的业务范围,合理安排、合理匹配、合理调度,做到资源综合利用、综合调配。进一步提高作业的匹配率,减少集装箱运输车运行的空置率。

(3)在"北仑—义乌"线路的开发过程中,铃与物流根据义乌集装箱运行的特点,对义乌的双重甩挂模式进行了调整和完善,在义乌点传统的集装箱运输模式基础上增加了重箱到监管场地施封的流程。甩挂运输分5段运输,即"北仑提箱—义乌空箱堆场—甩挂在货物装箱点—义乌重箱监管堆场—北仑进港",进一步节约了查验施封的时间。据估算平均每个集装箱可以减少查验施封时间4小时以上,大大提高了车辆的利用率。

3.充分利用资源的整合、调配

铃与物流合作的车队有50家,共计600多辆车,车队每天将其进口箱的信息集中到铃与物流调度,铃与物流调度员选择合适的箱型和集装箱运输车进入无水港,再匹配一些重箱返回宁波港。“宁波港集装箱双重甩挂物流服务平台”运行以来,逐步形成合作车队的进口信息和萧山地区出口箱信息的聚集中心,从而进一步加强资源的调配能力。

四、甩挂运输取得的成效

1. 壮大企业规模

集装箱运输企业绝大部分的运作模式为传统的“空去重来”或“重去空来”,偶有捎带也有不少限制,难成规模。铃与物流在萧山推行的集装箱双重甩挂运输模式,为企业带来了巨大的盈利,公司业务量快速上升,网络覆盖范围进一步扩大。

公司于 2008 年 9 月,在宁波港股份有限公司的帮助下,在萧山设立了第一个集装箱还箱点。2009 年又相继在绍兴袍江、柯桥增设集装箱还箱点,不断扩大双重甩挂运输。2009 年,海铁联运从江西上饶起步,业务网点涉足浙江衢州,江西鹰潭、新余、南昌等地,甩挂运输量也稳步上升。

2. 创造经济效益

铃与物流通过甩挂运输提高作业效率,实行集装箱双重运输降低油耗及人工成本,使集卡单车产值平均增长 20% 左右,企业营利能力由原先的 3% 上升到 18%,并带动更多的社会车辆营利能力的提升。据估计,合作的社会车辆每匹配一个集装箱形成双重甩挂,平均单车利润增加 300 元左右。

3. 提高运输效率

传统的运输模式下,去萧山装箱只能在北仑提箱,到工厂后需要等到集装箱装好后再运回北仑进港,这样导致车辆需停下等待集装箱装箱。此种模式在一定程度上,增加了集装箱运输车的空驶率,不仅运输企业经营困难,而且造成物流资源浪费。

双重甩挂运输打破了传统的运输模式。以萧山某工厂为例,传统的运输方式一天一辆集装箱车只能装一个箱子,耗时耗精力,效益还不好。实施双重甩挂运输后,运输车辆始终处在行驶状态,一天能装 3 至 4 个集装箱,从而提高了运输效益,同时又为双重做好回北仑进港的准备,使回北仑的运输车辆实现了双重运输,大大减少了运输车辆的空驶率,整趟运输效益提高了 1.5 倍以上。

4. 促进节能减排

通过对传统的运输模式进行整合优化,利用内陆还箱点进行空重箱的转换,辅之以客户端的短驳甩挂，将一天需要两台集装箱卡车进行的作业，调整为用一台集装箱卡车来完成，实现了集装箱运输“箱停车不停”，减少了集卡空箱运行，提高了集卡利用率，降低了柴油消耗。下面是以“北仑—萧山—富阳”线路为例，在相同运输距离情况下，双重模式与传统运输模式对比，完成一车集装箱运输过程的运距及油耗情况：

传统模式下，完成两个重箱运输需消耗柴油 287 升，双重甩挂模式下，只需消耗柴油 204 升。双重模式下节约了北仑至萧山的两趟空箱运输，多了萧山还箱点到工厂的短驳运输，整个运行距离减少了 340 公里，节约柴油消耗 83 升/车箱，能耗降低率 29% 左右。按照铃与物流 2011 年完成的双重箱量 61509TEU 测算，共可节约燃油 255 万升(按一车箱完成箱量 2TEU 测算)，折合标准煤 3200 吨。

5. 其他效益

(1)盘活内陆集装箱站场。萧山国际物流有限公司是该项目在内陆选择的第一个合作伙伴，其集装箱堆场自 2003 年建成投产后一直经营不佳，基本处于闲置亏损状态。2008 年还箱点设立后，进出该场集装箱随双重、短驳甩挂箱量的上升而增加，集装箱吞吐量由 2008 年 9 月项目启动时的 114TEU/月，到 2015 年的 5000 ~ 6000TEU/月，既方便了周边的进出口客户，又给该物流中心带来了较好的经济效益。

(2)项目合作伙伴从中得益。货代企业每受理一个集装箱，可节省物流成本 100 ~ 300 元；社会车队参与提重箱，每运一个集装箱多赚 300 元左右；船公司增加服务网点，方便用箱客户，加大了营销力度，扩大了市场份额；宁波港的腹地揽货得到了拓展。

(3)引领行业运作模式创新。项目的实施给宁波港集装箱运输行业带来了积极的作用，双重运输、甩挂运输成为行业发展的主流，双重平台的运作进一步规范了集装箱业务的操作，并实现了集装箱单证无纸化的运作。

五、甩挂运输发展设想

铃与物流“双重甩挂运输模式”的成功运行说明创新才是企业发展的源泉，今后铃与物流将不断坚持创新，充分依托平台，由传统物流向现代集装箱物流转型，由自身发展转向为社会资源搭建平台发展，建设成为网络齐全、产业链完整、经营规模较大、管理和信息化水平先进、具有竞争力的双重甩挂运输物流企业。

1. 加大平台服务功能

未来将更加大力推广平台的服务功能，通过平台聚集信息，吸引更多的车队加入,形成一定规模的产业链,提高进出口集装箱的匹配率。并利用平台功能在北仑地区形成小型的大宗散货集配中心,进一步优化双重甩挂运输模式,将让更多的客户通过平台知道双重甩挂对社会和自身企业产生的效益,从而使客户去接受和认可双重甩挂运输。

铃与物流还将利用平台数据、单证异地传输及数据一次输入、多次补充的功能,在原有基础上围绕无水港合理布点:一是"杭甬线——富阳、萧山、柯桥、绍兴、余姚、慈溪";二是"甬金线——义乌、金华、衢州"。从而进一步扩大双重甩挂运输业务,增加港口的吞吐量,实现车队、堆场、货运代理、港口、货主和船公司多方共赢。

2. 建设集装箱运输联盟高效平台

针对整个集卡陆运市场(双重、单重),建立 O2O 运行模式(线上:网上营业厅、手机终端信息发布、网页终端信息发布、企业门户;线下:集卡业务系统、GPS 监控管理系统、金融产品等),将虚拟物流信息平台与实际操作运行有机结合,在信息技术、物流金融的支持下,构建以电子商务模式为基础的公路运输交易与管理信息平台(集卡物流交易与管理信息平台),进一步做大做强双重运输。

评　　析

宁波港铃与物流有限公司甩挂运输试点项目以港口集装箱业务为基础,通过开辟以萧山无水港为核心,以绍兴、义乌、上饶、鹰潭等无水港为节点的运输网络,充分利用"双重"和"甩挂"两种优势,形成了"一线三点、箱挂结合"的双重甩挂运输模式。公司与四方物流合作研发了集装箱双重甩挂物流信息平台,实现了数据信息的集聚,促进了社会资源的整合。铃与物流的模式与平台创新,不仅提高了运输效率、创造了经济效益,而且促进了节能减排等。

在推进甩挂运输的过程中,铃与物流持续优化运输组织模式,加强双重甩挂物流信息平台建设,形成了适合不同区域、不同货类的典型范式:(1)强化了资源的整合和调配。铃与物流与 50 余家车队共计 600 余辆车进行合作,通过双重加短驳甩挂,基本实现了"箱停车不停",既整合了车队和集装箱的信息,又提高了运输效率。(2)促进了信息的互联互通。铃与物流参与研发的"集装箱双重甩挂物流信息平台",可以进行集装箱运输业务受理、重箱进港调度、进港信息录入、相关人员信息对接、费用支付和结算等,该平台有效地解决了集装箱运输过程中的不平衡问题,让更多的集装箱运输车队共享运输降本增效的成果,进一步扩大了企业的业务规模。

在实行集装箱双重甩挂运输以来,铃与物流的集装箱运量和经济效益稳步提升,为区域经济发展做出了积极的贡献。今后,铃与物流应坚持不断创新,充分依托物流信息平台,推动传统物流向现代集装箱物流转型,将实现自身发展与为社会资源搭建平台相结合,完善平台服务功能,进一步推广新行业运作模式,以创造更大的经济和社会效益。

案例8:天津振华物流——"集疏港+客户端"组合甩挂运输

天津振华国际物流运输有限公司(以下简称"振华物流")主要依托公司集装箱物流园区和集装箱运输车辆,开展往返于生产制造企业与公司海关监管站场间、集装箱物流园区与天津港的甩挂运输作业。公司应用大数据和云计算等现代信息技术开展运输业务。该试点项目是典型的集装箱甩挂运输作业模式,振华物流积极推广甩挂运输作业理念,搭建以运输平台为核心的协同平台,甩挂运输为振华物流带来巨大的竞争优势。

一、企业高管致辞

振华物流甩挂运输试点项目于2011年8月入选"公路甩挂运输首批试点项目",针对进出口集装箱开展甩挂运输组织模式,主要依托公司集装箱物流园区和集装箱运输车辆,开展往返于生产制造企业与公司海关监管站场间、集装箱物流园区与天津港的甩挂运输作业。项目开展以来,在交通运输部、天津市交通运输委员会等主管部门的引导和帮助下,在振华物流的积极探索和大力推进下,取得了良好的节能减排效果和经济收益。不仅满足了区域经济发展、市场需求和企业自身发展的内在要求,而且转变了传统运输组织方式,优化了资源配置,降低了企业物流成本,推进了生产制造企业和物流服务企业合作共赢。同时,振华物流引入"互联网+"的先进理念,应用大数据和云计算等现代信息技术,搭建以运输平台为核心的协同平台,整合银行、保险、通信等社会资源,为货主和车主提供包括运输、车辆、装备、跨境、保险、金融等全方位、一站式服务,构建互利共赢的生态圈。

振华物流集团有限公司总裁　刘明田

二、企业发展概况

振华物流集团成立于1993年,股东方为中国国际海运集装箱(集团)股份有限公司和中国交通建设股份有限公司,拥有ISO 9001质量管理体系认证,是商务部批准的一级货运代理及IATA认可的空运代理企业;交通运输部批准的甲类船舶代理及首批NVOCC无船承运人之一。天津振华物流甩挂运输试点项目由振华物流集团旗下全资子公司天津振华国际物流运输有限公司负责运行。天津振华国际物流运输有限公司成立于2002年2月6日,通过多年的发展,已具有较大的品牌影响力,成为包括埃克森美孚、壳牌、卡特彼勒、中石油、丰田、三星、LG、松下、联邦快递、泛亚班拿等世界五百强在内的众多知名企业的专业物流供应商。

经过数年的发展,振华物流已经由最初单一经营进出口代理的专业型物流企业发展成为集集装箱服务、国际贸易、进出口代理、进出口分拨、物流操作、仓储、运输、检验检疫等业务于一体的综合型物流企业。振华物流依托其在集装箱运输方面的综合优势,面向天津港辐射范围内的进出口生产企业,开展集装箱甩挂运输业务。

三、甩挂运输开展情况

(一)推进甩挂运输的历程

振华物流开展甩挂运输源于与LG工厂的合作。2004年依托300辆自有集装箱卡车的优势,公司成功中标LG工厂进出口集装箱运输项目。但是,在合作过程中,出现了车辆等待时间过长、手续办理复杂等影响运输效率的问题,完成单趟运输任务甚至可能耗时一天。在这种情况下，为满足 LG 工厂的运输需求，公司须投入至少 70 辆的运输车辆，但由于无法与工厂装箱速度和计划的实施情况保持衔接，造成了厂区公路的严重拥堵。

为解决难题，振华物流经过多次实地调研，结合 LG 产品繁杂、仓库管理严格、进出货量大、时效性强等特点，最终提出“无缝链接”的物流运作方案——工厂甩挂运箱，实现工厂内的存箱、掏箱和装箱等工序的流水作业；码头和工厂间的甩箱运输。

工厂甩挂运箱（图 1）：由场内周转用挂车将进口集装箱运至仓库平台配合掏箱，掏箱后的空箱，由牵引车将其运至指定地点存放待发运。然后将另一挂车上的出口空箱运至仓库靠台装箱，装满货后，再运至指定的存放站场等待发运。如此，避免了须等待运输车辆到达后才能装箱和运输车辆在工厂等候装完箱才能开走的情况，提高了工厂装、掏箱的效率。

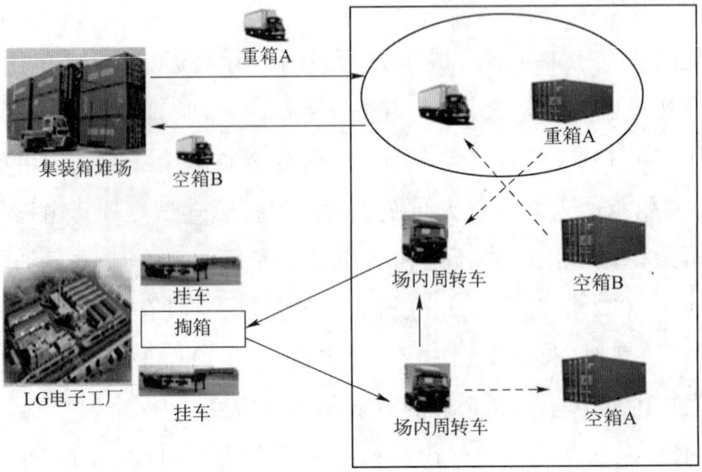

图 1　工厂甩挂运箱流程

码头和工厂间的甩箱运输（图 2）：车队在接到 LG 现场可操作的运输指令后，就近安排车辆在码头将一个空箱运送到 LG 工厂，直接将空箱吊放在指定地点的场内挂车上。然后运输一个已装载完毕并完成出厂手续的重箱，直接出厂，返回码头。这样大幅度减少了车辆到工厂的等待时间和在工厂办出厂手续的时间，使车辆利用率和适载率大幅度提高，LG 工厂物流的三班次作业也因此减少为两班制作业。

甩挂运输在 LG 工厂成功开展并带来巨大效益之后，振华物流开始逐步在与其他客户的合作中开展甩挂运输。经过试点项目的有力推进，甩挂客户基本覆盖了天津港辐射范围 150 公里之内区域，包括：武清区、宝坻区、经济技术开发区、大港开发区、空港物流加工区、廊坊经济开发区、唐山南堡开发区等区域。年运输量可达30 万 TEU。

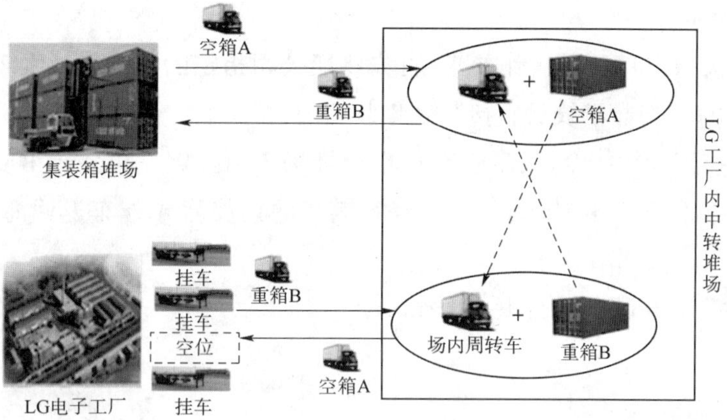

图 2　工厂和码头间的甩箱运输流程

（二）甩挂运输组织模式

振华物流开展甩挂运输根据服务对象、进出口集装箱贸易的操作流程情况，可分成三类，即出口仓库与集装箱堆场之间的“倒箱”甩挂运输、振华集装箱物流园区与生产企业工厂之间的“客户端”甩挂运输以及振华集装箱物流园区与天津港之间的“集疏港”甩挂运输。

1. 倒箱甩挂运输（出口仓库—集装箱堆场）

倒箱甩挂运输的流程如图 3 所示。

图 3　倒箱甩挂运输流程

步骤 1：首先在出口仓库库门前放置一定数量的集装箱挂车，进行装箱作业；

步骤 2：接到运输指令后，牵引车从空箱堆场牵引空集装箱挂车 A 到出口仓库，将空集装箱挂车甩在需要装货的出口仓库库门前，挂上已装满货物的重箱挂车 B 返回重箱堆场；

步骤 3：重复步骤 2，进行下一个循环。

2. 客户端甩挂运输(振华集装箱物流园区—工厂)

客户端甩挂与倒箱甩挂的运输组织形式类似,以 LG 电子为例,客户端甩挂具体流程如图 4 所示。

步骤 1:按照出口贸易操作要求,首先将船公司指定的集装箱 A 挂车运送到 LG 工厂生产线出口,产品下线后直接装到集装箱内;

步骤 2:接到运输指令后,牵引车从空箱堆场牵引指定空集装箱 B 的挂车到 LG 工厂生产线门口,摘下 B 挂车,挂上已经装满货的集装箱 A 挂车返回海关监管集装箱堆场;

步骤 3:重复步骤 2,进行下一个循环。

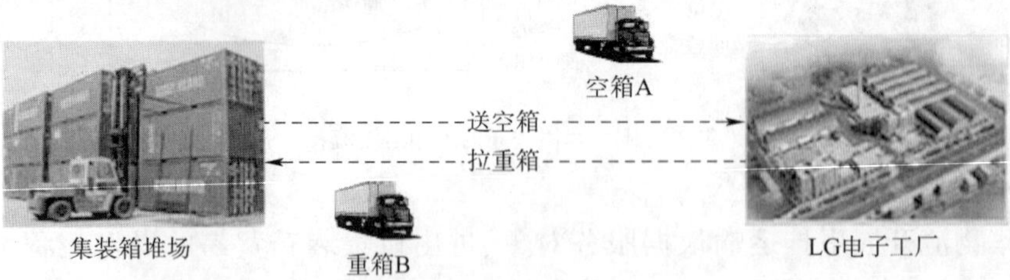

图 4　客户端甩挂运输流程

3. 集疏港甩挂运输("振华集装箱物流园区—天津港""振华集装箱物流园区—天津港—进口企业—振华集装箱物流园区")

集疏港甩挂运输与前两种甩挂运输的组织形式有所不同,为提高牵引车的使用效率,其线路有两种运输组织形式,一种是在"振华集装箱物流园区—天津港"开展甩挂运输,另一种是在"振华集装箱物流园区—天津港—进口企业—振华集装箱物流园区"开展甩挂运输。

"振华集装箱物流园区—天津港"的甩挂运输组织模式如下。

步骤 1:将振华集装箱物流园区海关监管堆场内需要集港的出口集装箱 A 用牵引车运到天津港码头,卸下出口集装箱 A;

步骤 2:接到运输指令后,到天津港进口集装箱堆场装上进口集装箱 B,运送到振华集装箱物流园区进口仓库进行拆箱作业;

步骤 3:重复步骤 1,进行下一个循环。

"振华集装箱物流园区—天津港—进口企业—振华集装箱物流园区"的甩挂运输组织模式主要是为整箱进口的进出口企业提供运输服务,具体运输组织方式如下。

步骤 1:将振华集装箱物流园区海关监管堆场内需要集港的出口集装箱 A 用牵

引车运到天津港码头,卸下出口集装箱 A;

步骤 2:接到运输指令后,到天津港进口集装箱堆场装上进口集装箱 B,运送到进出口企业;

步骤 3:若该企业既有进口货物又有出口货物,则可以选择将已经装满货物的出口集装箱 C 返回振华海关监管集装箱堆场,或者将已经完成掏箱作业的进口箱 C 送至船公司指定空箱堆场;若该企业为纯进口企业,则将已经完成掏箱作业的进口箱 C 送至船公司指定空箱堆场;

步骤 4:重复步骤 1,进行下一个循环。

4. 循环网络甩挂

振华物流通过成熟的组织管理、完善的信息系统,根据运输的实际需求科学调度车辆,优化运输组织,实现资源的高效配置和各个运输环节的有效衔接,形成循环网络型甩挂运输组织模式,具体运输组织模式如图 5 所示。

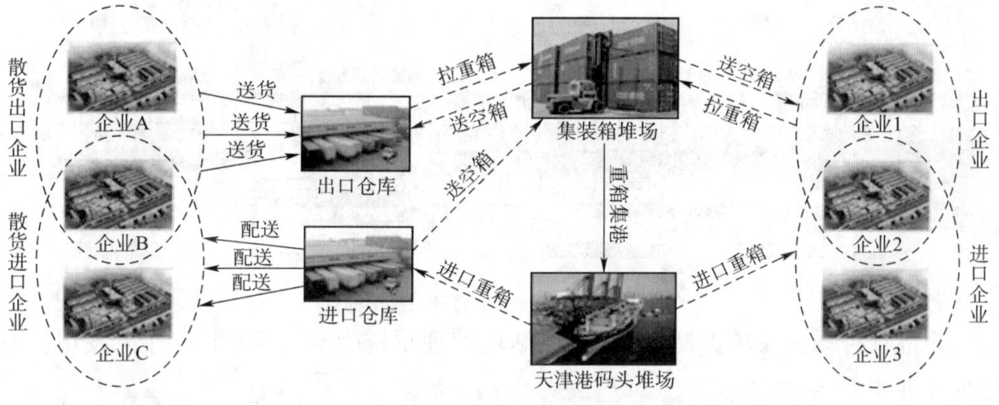

图 5 循环网络型甩挂运输组织模式

(三)开展甩挂运输的特点

为全面支持甩挂试点工作的开展,振华物流对信息系统进行了大规模的建设及改造,投入大量人力、物力对原有系统进行升级,增加相应设施设备,建设了整合视频监控、车辆 GPS 监控、场地无线信号覆盖及智能车载终端、智能无人闸口、业务管理系统、网上综合物流信息平台等核心技术应用的甩挂信息平台,形成整套甩挂信息系统的解决方案。

视频监控系统:通过部署在甩挂站场各作业区内的视频监控系统,实现甩挂站场作业环节的全程可视。

无线信号覆盖及车载终端:甩挂站场内无线信号覆盖,实现场内作业机械上搭载的车载终端与甩挂信息系统实时数据交换，确保数据实时性。

智能无人闸口：智能出入闸口，采用无人值守模式，车辆进出由系统自动完成信息采集、业务校验、系统登记、抬杆放行等动作。

车辆 GPS 监控：成熟的 GPS 监控系统，对甩挂车辆运行及状态实时监控。

业务管理系统：支持甩挂业务运转的核心管理系统。

物流信息平台：新型的网上服务模式，助力运输服务模式转型创新。

振华物流的业务管理系统，即甩挂运输管理系统为重点。主要实现甩挂运输的业务受理、任务调度、车辆实时跟踪、车辆基本信息管理、驾驶员信息管理、车辆油耗管理、业务费用管理、单据打印、与集装箱堆场管理系统数据交互、统计报表等功能。

车辆运行监控及运输任务完成确认，如图 6 所示。

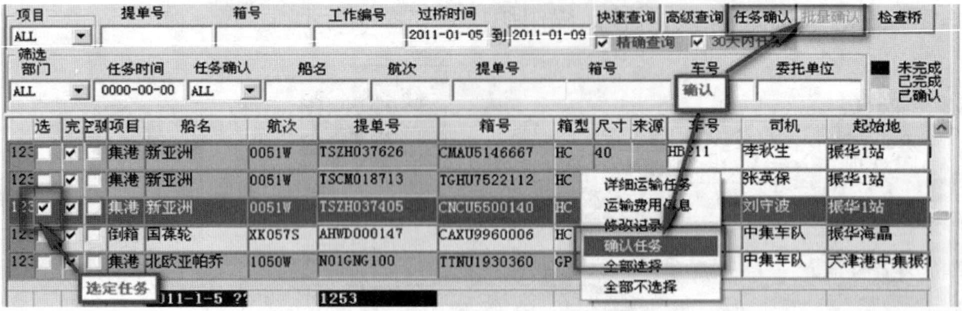

图 6　振华物流甩挂运输管理系统车辆监控

集港任务派发及单据制作，与甩挂站场管理系统数据交互，生成并下发甩挂站场的作业指令，如图 7 所示。

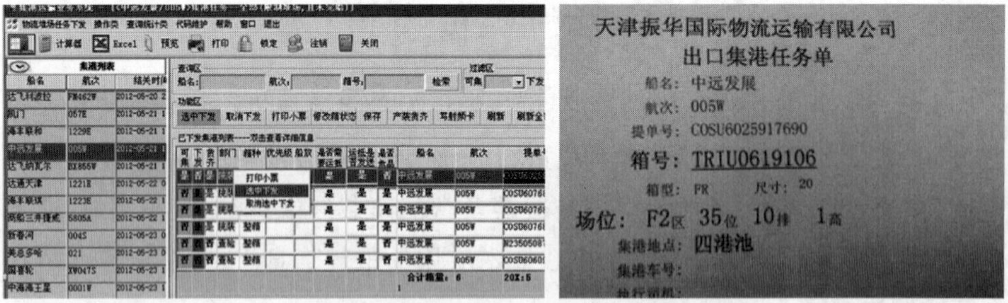

图 7　振华物流甩挂运输管理系统集港任务派发与单据

振华物流通过信息系统的有效运行，实现了车辆的无缝对接和最大可能的双程载货运行，大幅度提高了车辆的运行效率。

四、甩挂运输取得的成效

通过甩挂模式的高效运行，车辆各项运行指标大幅度提升：单车效率提高2.64倍，单位综合运输成本降低0.17元/(吨公里)。甩挂运输运行期间节约454吨标准煤。单位周转率能耗仅为1.87升/(吨公里)。减少二氧化碳排放986.49吨，单位周转量二氧化碳排放5.09千克/(百吨公里)。

通过甩挂运输的模式，有效提高工厂物流效率，降低客户物流成本。针对LG工厂等客户开展的甩挂运输业务的高效运行和良好收益提升了振华物流的市场竞争力。市场开发过程中，振华物流积极推广甩挂运输作业理念，得到了客户的认可。在开展甩挂运输期间，新增了雅马哈、爱利特等大型客户。

由于近几年进出口贸易形势不佳，振华物流的整体业务量呈现了一定的下滑趋势，但是由于甩挂运输具有的竞争优势，在保持原有客户的基础上，拓展了一些新的客户，依然能够保证良好的经济收益。

五、甩挂运输发展设想

公司设想通过建立起一套新的运输组织架构和管理模式，把松散的个体运输业为主过渡到相对集中的运输联合体，并逐渐向无车承运人(经营管理公司)发展。

1. 组建运输(站场)联合体

以省、市乃至地区为单位，组织当地龙头物流企业，特别是列入交通运输部甩挂试点企业，以他们为基础，对当地“散、小、弱”的道路货运企业进行整合，组建运输(站场)联合体。

2. 加强区域运输(站场)联合

物流运输网络化就是把各地的运输(站场)联合体组合成一个跨省市、跨地区的集团军。为本系统外的物流企业提供货物转驳、站场装卸、车辆维修和生活服务、事故处理等服务，为各联合体提供货源支持。

3. 引进车辆生产企业形成市场合力

车辆生产企业可以合资或独资建立汽车(挂车)租赁市场，服务于道路运输联合体。利用各地的站场、仓储、装卸、维修等优势，建立租赁(挂车)租赁点，满足一地租车、异地还车的需求，可以参照航运公司集装箱管理的模式进行管理。

随着业务规模和联运区域的扩大，道路联合体的货源和道路运输资源将高度集中,为开展无车承运人(经营管理公司)经营管理方式打下基础。道路货运行业"散、小、弱",物流成本高,效率低、服务差,安全事故多等问题将得到解决。

评 析

集装箱甩挂运输是我国最早开展的甩挂运输方式之一,当前国内东部沿海主要港口的集装箱集疏港甩挂运输已颇具规模,组织及管理也日趋多样化、精细化、智能化。

天津振华物流开展的甩挂运输以"客户端"为核心,采用典型的集装箱甩挂运输作业模式:(1)出口仓库与集装箱堆场之间的"倒箱"甩挂运输;(2)振华集装箱物流园区与生产企业工厂之间的"客户端"甩挂运输;(3)振华集装箱物流园区与天津港及进出口企业之间的"集疏港"甩挂运输。这些甩挂模式都最大程度地减少了车辆的装卸等待时间和客户仓储费用的投入,大幅度提升了牵引车的运行效率,有效降低了物流成本。并且,公司引入"互联网+"的先进理念,建设了整合视频监控、车辆GPS监控、场地无线信号覆盖及智能车载终端、智能无人闸口、业务管理系统、网上综合物流信息平台等核心技术应用的甩挂信息平台,形成整套甩挂信息系统的解决方案,有力推动公司的运输组织向循环网络型甩挂运输方向发展。

注重现代信息技术的应用开发以实现物流资源的高效配置,契合甩挂运输集约、高效的发展要求,为天津振华物流甩挂运输业务的日益成熟奠定了坚实基础,值得本行业学习和借鉴。在今后的发展过程中,开展以仓储、拆拼装、物流加工、联运、报关报检、海关检疫查验等为核心的多式联运节点建设,搭建以运输平台为核心的协同平台,是天津振华物流甩挂运输深化发展的重要任务。

案例9:上海康芸物流——"一线多点、甩挂甩箱相结合"的作业模式

上海康芸物流发展有限公司(以下简称"康芸物流")凭借其国际集装箱公路运输、物流技术服务的第三方物流运输服务,以信息化建设为支撑,开展"一线多点,甩挂甩箱相结合"以及"两点一线,甩挂甩箱相结合"的甩挂运输模式。项目通过对港口集装箱甩挂运输组织作业形式的优化创新,进一步提高企业的运输效率,并不断

改善其甩挂运输设备设施。通过开展甩挂运输模式,优化运力结构,促进道路货运业从传统、粗放、外延的发展模式,向现代、精细、内涵的发展模式转变。

一、企业高管致辞

上海康芸物流发展有限公司组织开展的"上海康芸物流集装箱甩挂运输试点项目"于2012年10月被交通运输部入选为公路甩挂运输第二批试点单位。该项目以集装箱公路运输为主营业务,采用"一线多点及两点一线甩挂甩箱相结合"的作业模式。

上海康芸物流发展有限公司董事长　丁道康

传统的运输模式已难以适应现代物流业发展的整体要求。通过甩挂运输的开展,优化了运力结构,降低了运营成本,提高了运输效率,促进了道路货运业从传统、粗放、外延的发展模式向现代、精细、内涵的发展模式转变,加快了企业道路货运的组织化、规模化、网络化、信息化和标准化发展步伐。

百舸争流,新的一页已经翻开,康芸物流还在发展,他将以新的面貌迎接明天更加灿烂的朝阳。

二、企业发展概况

1993年康芸物流在上海市注册成立,注册资本2000万元,总资产1.5亿元,拥有牵引车142辆(其中从事甩挂运输的牵引车量95辆),挂车180辆,集装箱作业配套的机械设备35辆(台);公司占地70亩,拥有标准化钢结构仓库、集装箱堆场、集装箱甩挂作业场地、国家检验检疫局定点熏蒸作业点。2011年完成货运量270万吨,营业收入超过1亿元。于2012年10月被交通运输部入选为公路甩挂运输第二批试点单位。

康芸物流是一家集普通货物运输、国际集装箱陆上运输、国际货运代理、报关、仓储、熏蒸、集装箱堆场经营资质为一体的现代物流企业。

康芸物流实行计算机信息化管理，所有车辆配载有与海关联网的卫星定位系统（GPS），可实现运输全程监控，确保全天候、全方位的集装箱运输作业跟踪，为客户提供安全、及时、优质、方便的现代物流服务。公司恪守“客户至上，敬业务实，安全+及时=信誉+效益”的经营理念，实施“诚信经营，安全及时，优质方便，追求卓越”的质量方针。

三、甩挂运输开展情况

（一）推进甩挂运输的历程

1. 开展甩挂运输的起源

康芸物流是一家专业从事国际集装箱公路运输的企业，因自身经营发展的需要，早在2000年已采用了公路运输的甩挂模式。康芸物流清醒地意识到，道路货运业过于粗放、简单的发展模式，整体运行质量不高，是困扰运输企业物流成本居高不下的重要原因。同时，道路货运业的粗放发展模式，也导致道路货运业的结构性、资源性矛盾突出，已难以适应现代物流业发展的整体要求。只有通过开展甩挂运输模式，优化运力结构，才能促进道路货运业从传统、粗放、外延的发展模式，向现代、精细、内涵的发展模式转变。

在开展甩挂运输组织模式的初期阶段，康芸物流还没有从社会污染、低碳减排的高度认识问题，只是单纯地考虑降低运输成本，简化运输作业流程，满足外商企业实现生产产品零库存的需求，力图通过优化物流服务、整合物流资源等手段降低供应商的商品流通成本。

2. 对开展甩挂运输的新认识

1）国际集装箱甩挂运输业务

国际集装箱甩挂运输是康芸物流的基本货运业务，其运输主要采用“一线多点，甩挂甩箱相结合”以及“两点一线，甩挂甩箱相结合”的甩挂运输模式。这种运输方式有效节省了车辆在工厂等待装卸的时间，提高了集装箱运输的效率，使得康芸物流在国际集装箱运输领域具备做大做强的发展空间，因此，康芸物流需要继续发展甩挂运输组织模式。

2)需求空间广阔

康芸物流的主要服务对象为江浙两省大规模的外资制造企业,其产量及市场需求增长较快,为甩挂运输的开展提供了充足的货源和稳定的线路。同时,这些企业所在地区呈现出运输网络完善、商品经济发达、制造业聚集、进出口贸易量大的特征,对甩挂运输的开展具有强烈的需求。

3)运输时效(JIT)的需求

随着市场竞争日趋激烈,康芸物流所服务的企业如新加坡华达利家具(中国)有限公司等高端客户纷纷要求康芸物流在原有的服务基础上,提高运输时效,提高货物的 JIT 运作能力,为其客户提供更优质的配送服务。为满足客户企业的生产需要,对康芸物流而言,开展甩挂运输无疑是最为有效的途径。

(二)甩挂运输组织模式

1. 甩挂作业模式

康芸物流已开通并纳入甩挂运输试点的线路有 5 条。线路一:"昆山—外高桥"、线路二:"常熟—外高桥"、线路三:"上海康芸物流甩挂基地—外高桥"、线路四:"上海康芸物流甩挂基地—洋山港"、线路五:"嘉定保税区—洋山港"。

1)"一线多点,甩挂甩箱相结合"的甩挂运输模式

采用此模式的有如下线路。

线路一:"昆山—外高桥"(昆山—上海康芸甩挂基地—外高桥—昆山)(图 1)。

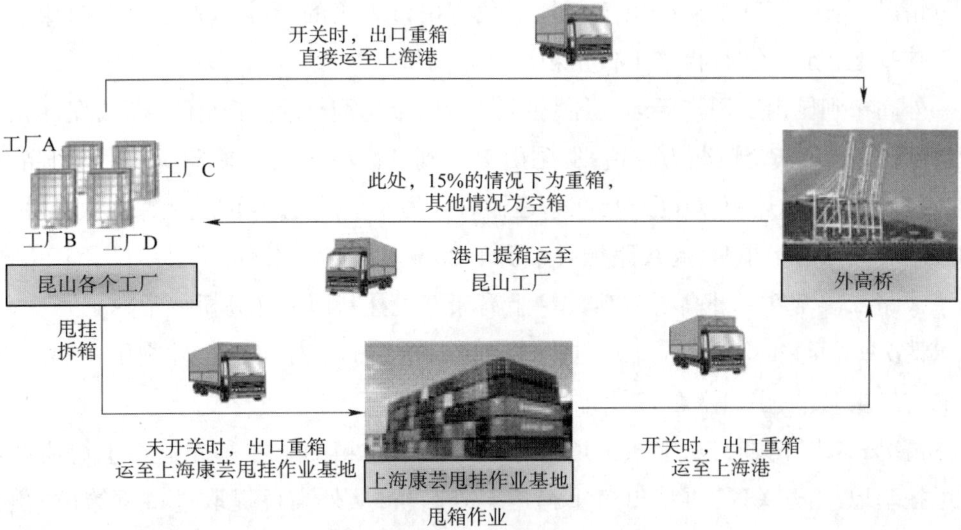

图 1 "昆山—外高桥"线路示意图

线路二:“常熟—外高桥”(常熟—上海康芸甩挂基地—外高桥—常熟)。

线路五:“嘉定保税区—洋山港”(外高桥—嘉定保税区—洋山港—外高桥)。

2)“两点一线,甩挂甩箱相结合”的甩挂运输模式

采用此模式的有如下线路。

线路三:“上海康芸物流甩挂基地—外高桥”(图2)。

线路四:“上海康芸物流甩挂基地—洋山港”。

图2 “上海康芸物流甩挂基地—外高桥”线路示意图

2. 运营组织方案

康芸物流5条甩挂运输运输线路的具体运营组织方案如下。

线路一:“昆山—外高桥”(昆山—上海康芸甩挂基地—外高桥—昆山)。

情况一:开关时,从昆山工厂挂上载有出口重箱的半挂车运至外高桥,到外高桥提取进口重箱(或出口空箱)返回昆山工厂。

情况二:未开关时,从昆山工厂挂上载有出口重箱的半挂车先运至上海康芸物流甩挂基地,当开关时,再将出口重箱运至外高桥。

外高桥到昆山工厂主要运输原材料(皮具、金属配件、电子元件、机械配件),这种情况占15%,其余情况为空箱;从昆山工厂到外高桥主要运输家具、电子产品、汽配、百货。线路总运距200公里,在途运输时间约4小时,按照传统运输模式计算,平均装卸时间约为4小时;此线路配有牵引车26辆,半挂车52辆。

线路二:“常熟—外高桥”(常熟—上海康芸甩挂基地—外高桥—常熟)。

情况一:开关时,从常熟工厂挂上载有出口重箱的半挂车运至外高桥,到外高桥提取进口重箱(或出口空箱)返回常熟工厂。

情况二:未开关时,从常熟工厂挂上载有出口重箱的半挂车先运至上海康芸物流甩挂基地,当开关时,再将出口重箱运至外高桥,从外高桥提取进口重箱(或出口空箱)运至昆山工厂,以此循环。

外高桥到常熟工厂主要运输原材料(皮具、金属结构件),这种情况占15%,其余情况为空箱;从常熟工厂到外高桥主要运输家具。线路总运距260公里,在途运输时间约5.2小时,按照传统运输模式计算,平均装货时间约为4小时;此线路配有牵引车10辆,半挂车20辆。

线路三:“上海康芸物流甩挂基地—外高桥”。

从上海康芸物流甩挂基地的仓储运至外高桥主要货种为家具、电子产品、汽配、设备、百货,从外高桥再提空箱回上海康芸物流甩挂基地。此线路上配有牵引车8辆,半挂车16辆。从上海康芸物流甩挂基地至外高桥线路总运距30公里,在途0.6小时,按照传统运输模式计算,在上海康芸物流甩挂基地仓库的装货时间需4小时,到港后等待甩箱时间为0.5小时。

线路四:“上海康芸物流甩挂基地—洋山港”。

从上海康芸物流甩挂基地仓库运至洋山港主要货种为电子产品、百货,从洋山港再提空箱运回上海康芸物流甩挂基地。此线路上配有牵引车3辆,半挂车6辆。从上海康芸物流甩挂基地至洋山港线路总运距125公里,在途2.5小时,按照传统运输模式计算,在上海康芸物流甩挂基地仓库的装货时间需4小时,到港后等待时间为0.5小时。

线路五:“嘉定保税区—洋山港”。

从外高桥取空箱运至嘉定保税区,再从嘉定保税区挂上载有重箱的半挂车运至洋山港,主要运输健身器材,此线路上配有牵引车7辆,半挂车14辆。

此线路运距为240公里,在途时间4.8小时,按传统运输模式计算,在嘉定保税区装货时间为4小时。

(三)开展甩挂运输的特点

1. 依托“苏浙沪联盟”发展甩挂运输

依托“苏浙沪联盟”的优势,康芸物流获得了更多的发展,主要表现为:

(1)提升企业核心竞争力。落实交通运输部交通运输发展政策,根据集装箱运输行业发展趋势,相互合作,互通有无。实现智慧共享、资源共享、财富共享,不断提升创新理念,打造企业综合经营实力。

(2)促进集装箱行业供应链合作。建立并完善集装箱物流供应链,推动集装箱运输企业在经营管理、安全管理、车辆管理、信息化建设、业务配置、服务咨询等方面的合作,协调统筹联盟成员之间的关系,推进一体化运作,网络化经营模式,切实提升联盟企业服务质量与经济效益。

(3)开展多种形式的城际交流与合作,发展城际相关组织、企业的联系和交流,搭建集装箱营运互联网信息平台、公共服务咨询平台、综合服务平台、业务配置平台,不断整合资源,做到信息共享,促进行业资源有效利用。

(4)推动集装箱运输市场健康发展。规范集装箱陆上运输的行业经营行为,组织联盟成员不断探讨服务流程,提高服务水平,在物流供应链上实现资源互补、资源整合、资源共享,减少运输环节,压缩运输链。降低联盟企业成本,提高联盟企业生存空间,推进行业健康发展。

2. 建立甩挂运输信息平台

信息化建设是康芸物流顺利开展和实施甩挂运输的核心保障,康芸物流利用现代管理科学和信息技术建立现代信息网络系统,使企业管理活动的各个环节通过信息的快捷流通和有效服务,实现资金流、物流、工作流和信息流的整合,达到企业资源的优化配置,提高企业管理的效率和水平,进而提高企业经济效益和核心竞争力。

康芸物流作为物流服务提供商,以信息化建设为支撑,具备较成熟的业务运作集成能力以及协调能力。其可实现的功能如图3所示。

图3　康芸物流集成化信息运作网络体系

康芸物流主要运用三大系统针对集装箱、堆场以及装箱单证进行管理,辅助甩挂运输顺利进行。分别是:集装箱装箱单管理系统、运输管理系统、堆场管理系统。其相应版块及功能分别如图4~图6所示。

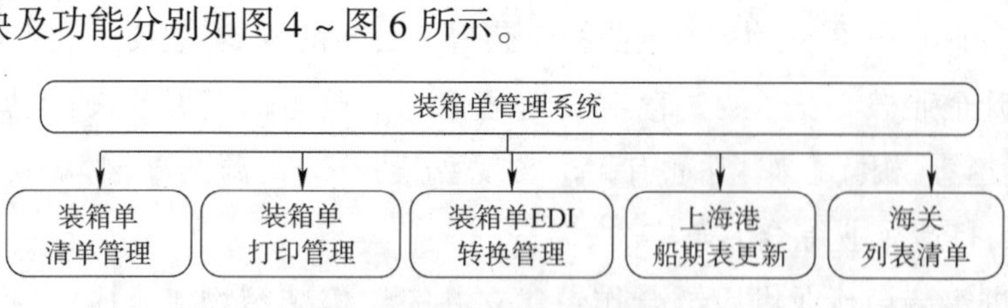

图4　康芸物流装箱单管理系统

康芸物流通过信息化系统快速了解各集装箱门点的货运信息、车辆信息,采用多种信息化技术手段与上下游业务作业点进行多方位的协同,并对业务进行优化组合,提高运营效率,降低物流成本。

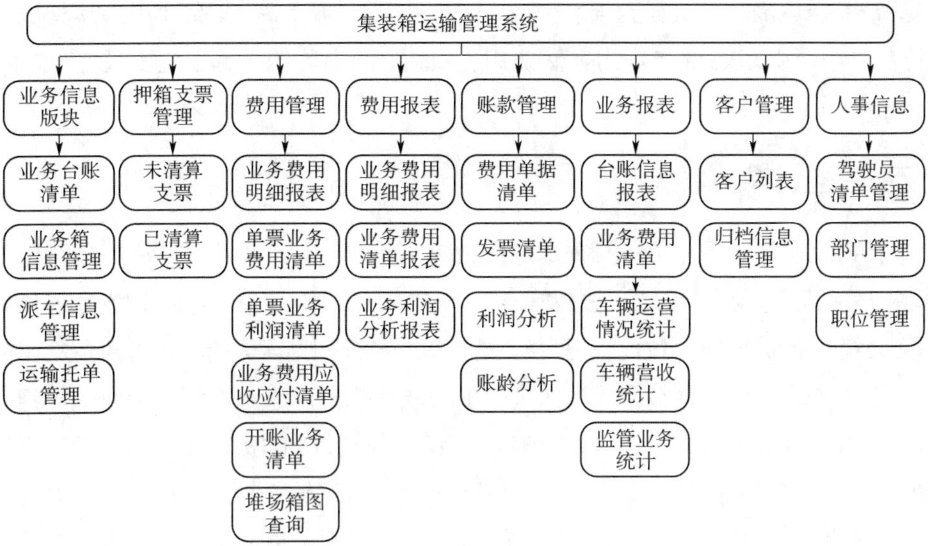

图5　康芸物流集装箱运输管理系统

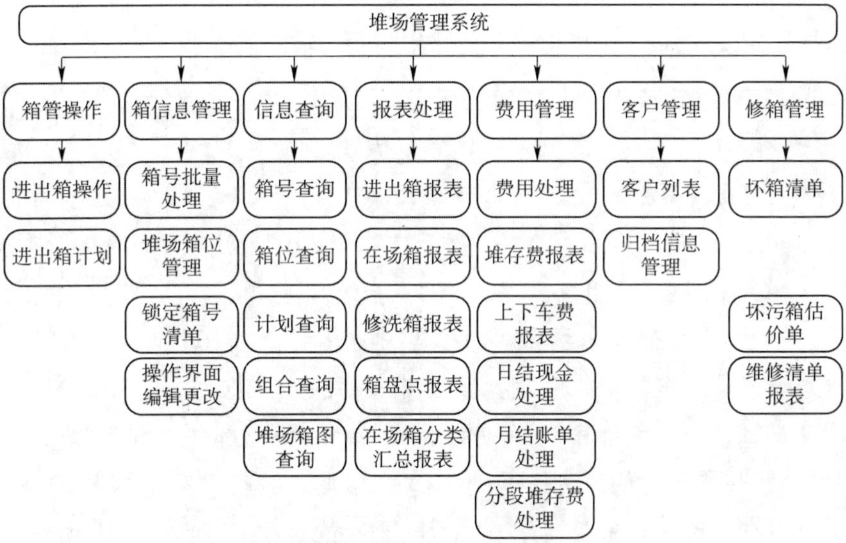

图6　康芸物流堆场管理系统

四、甩挂运输取得的成效

康芸物流采用甩挂运输方式后运输效率的提升主要体现在减少了牵引车的装卸等待时间，减少牵引车的使用数量，增加单车载重行驶里程以及完成的总周转量。

从单位运输成本看，传统运输方式成本为 0.34 元/(吨公里)，甩挂运输方式成本为 0.25 元/(吨公里)，甩挂运输方式成本节约了 0.09 元/(吨公里)，下降了 26.1%。

发展甩挂运输这一先进运输组织方式，能提高运输效率、集约利用资源、加快车货周转、节约牵引车购置与货物仓储费用，从而降低集装箱公路运输的物流成本，提高企业经济效益。

五、甩挂运输发展设想

康芸物流在交通运输部等相关部门的指导下，成功开展了国际集装箱公路甩挂运输，甩挂运输模式更新了传统运输模式，提高了企业的经济效益。康芸物流在如何开展国际集装箱企业联盟、如何通过联盟企业的互通实现集装箱双重甩挂、如何建立国际集装箱公路运输的综合信息平台等方面进行了实践和探索。康芸物流在上海倡导组建了国际集装箱运输企业联盟——“苏浙沪集装箱(上海)股份有限公司”和“苏浙沪集装箱(上海)联盟”。通过企业联盟集合苏浙沪国际集装箱运输企业，促进了国际集装箱道路货运的组织化、规模化、网络化、信息化和标准化，实现了集装箱公路运输的双重甩挂组织模式，促进了综合运输体系和现代物流业的发展。在未来的发展中，康芸物流将坚持公路甩挂运输模式，最大限度地提升公路集装箱运输的效率。

评　析

上海康芸物流集装箱甩挂运输试点项目以集装箱公路运输为主营业务，凭借其国际集装箱公路运输、物流技术服务的第三方物流运输服务，以信息化建设为支撑，开展“一线多点，甩挂甩箱相结合”以及“两点一线，甩挂甩箱相结合”的甩挂运输作业。通过对港口集装箱甩挂运输组织形式作业优化创新，并不断改善其甩挂运输设备设施，大大节省了车辆在工厂等待装卸的时间，提高了集装箱运输的效率。

在开展甩挂运输的过程中，项目依托成熟的业务运作集成能力以及协调能力，形成了独具特色的甩挂运输模式：(1)陆港集装箱联运甩挂模式。通过“一线多点及两点一线甩挂甩箱相结合”的作业模式，加快车货周转、节约牵引车购置与货物仓储费用，提高了集装箱运输的效率，从而降低了集装箱公路运输的物流成本。(2)甩挂运输信息化管理。利用现代管理科学和信息技术建立现代信息网络系统，运用三大系统针对集装箱、堆场以及装箱单证进行管理，使企业管理活动的各个环节通过信息的快捷流通和有效服务，实现资金流、物流、工作流和信息流的整合，有效辅助了甩挂运输的顺利进行。

第三章 干支衔接型甩挂运输

干线运输是指利用运输网中起骨干作用的线路运输，以及远洋运输的固定航线进行大批量、长距离的运输，是长距离运输的一种重要形式。干线运输因为其运输距离长、运力集中，使得大量的货物能够迅速地进行大跨度的位移，长期以来，是我国运输的主要形式。支线运输是相对于干线运输来说的，是在干线运输的基础上，对干线运输起辅助作用的运输形式。支线运输作为运输干线与收发货地点之间的补充，主要承担运输供应链中从供应商到运输干线上的集结站点以及从干线上的集结站点到配送站的运输任务。

甩挂运输主要适用于干线运输，通过网络化运输可以大幅度减少碳排放量。如果能够将干线甩挂运输和城市末端配送衔接起来，不仅能够减少货物衔接过程中的搬倒次数，而且能够缓解城市交通拥堵，节能减排的潜力更大。干支衔接型甩挂运输是为了在干线运输与支线配送之间形成顺畅高效的一体化运输组织。美国通过越库（Cross-Docking）作业，直接对位于仓库一侧的甩挂货物进行分拣和装配，然后装入在仓库另一侧等候的城市配送车辆进行城市配送，减少了装卸和搬运次数，降低了仓储成本，提高了流通效率；日本东京地区周围的物流配送中心既面向干线运输，又面向城市末端配送，实现了货物进城时“化整为零”与出城时“化零为整”的有机结合，减少了大量的城市外物流。

本章案例介绍了京东集团、中国邮政集团公司、广州城市之星运输有限公司、上海荣庆国际储运有限公司、上海天地汇集团有限公司、河南宇鑫物流集团有限公司开展甩挂运输的情况，它们依托路网优势开展网络型干支衔接甩挂运输，实现线路运输资源充分整合，提高了甩挂运输能力和运输效率。

案例10:京东集团——基于电商模式的干支衔接区域网络型甩挂运输

北京京东世纪贸易有限公司(以下简称“京东集团”)依托自身甩挂运输线路优势,积极引进先进甩挂运输技术、完善甩挂运输基础设施,不断丰富和完善自身的甩挂运输服务体系。与此同时,京东集团拥有中国电商领域规模最大的物流基础设施;通过完善布局,京东集团将成为全球一家拥有中小件、大件、冷藏冷冻仓配一体化物流设施的电商企业。

一、企业高管致辞

近年来,现代消费推陈出新、电子商务引领拉动,产生了大量的城市配送需求,尤其是小批量、多品种、高频次、时效强的直接配送、住宅配送以及门到门配送等需求日益增长。基于这个市场需求,京东集团将干线运输与城市配送相结合,组织开展干支衔接的网络型甩挂运输项目。

北京京东世纪贸易有限公司副总裁　马健荣

从政府出台的一系列政策及不断增长的业务量来看,甩挂运输将是整个物流乃至货运业发展的方向和趋势。把业务量较大的地区作为甩挂运输的试点,具有较强的示范作用,对公司将来开展规模更大、范围更广的甩挂运输活动,具有较强的指导意义,有利于公司走在行业前列,有利于京东集团的长远发展。

二、企业发展概况

京东集团于2004年正式涉足电商领域。2016年，京东集团市场交易额达到9392亿元，净收入达到2601亿元，同比增长43%，增速是行业平均增速的2倍。

京东集团于2017年4月25日正式成立京东物流子集团，以更好地向全社会输出京东物流的专业能力，帮助产业链上下游的合作伙伴降低供应链成本、提升流通效率，共同打造极致的客户体验。京东物流将为合作伙伴提供包括仓储、运输、配送、客服、售后的正逆向一体化供应链解决方案服务、物流云和物流科技服务、商家数据服务、跨境物流服务、快递与快运服务等全方位的产品和服务，致力于与商家和社会化物流企业协同发展，以科技创新打造智慧供应链的价值网络，并最终成为中国商业最重要的基础设施之一。京东是全球唯一拥有中小件、大件、冷链、B2B、跨境和众包(达达)六大物流网络的企业，凭借这六张大网在全球范围内的覆盖以及大数据、云计算、智能设备的引入应用，京东物流将打造一个从产品销量分析预测，到入库出库、再到运输配送各个环节无所不包，综合效率最优、算法最科学的智慧供应链服务系统。截至2017年10月，京东物流在全国范围内拥有263个大型仓库，运营了9个大型智能化物流中心"亚洲一号"，自营配送覆盖了全国98%的人口，将商品流通成本降低了70%，物流的运营效率提升了2倍以上。另外，京东物流还通过一系列技术创新，研发并推广创新环保材料，全方位打造了"时效、环保、创新、智能"的绿色物流体系。

三、甩挂运输开展情况

(一)推进甩挂运输的历程

京东集团的业务面向全国，随着国内电子商务的迅速发展，京东集团也迅速壮大。京东集团商城无论在访问量、点击率、销售量还是在业内知名度和影响力上，在国内都处于较高地位。在自营电商中，京东集团所占的市场份额远高于其他自营电商，达45%，如图1所示。

近年来，现代消费推陈出新，产生了大量的城市配送需求。城际货运与城市配送衔接不畅、一体化运输组织不力，加剧了城市用地等资源的浪费和交通环境的混乱，是当前城市尤其是北京等特大型城市可持续发展的突出瓶颈之一。为了解决这一问题，京东集团制定了优化东部仓储布局、重视中部仓储布局、发展西部仓储布局的发展战略。同时，在三、四线城市设立仓储配送中心，如图 2 所示。

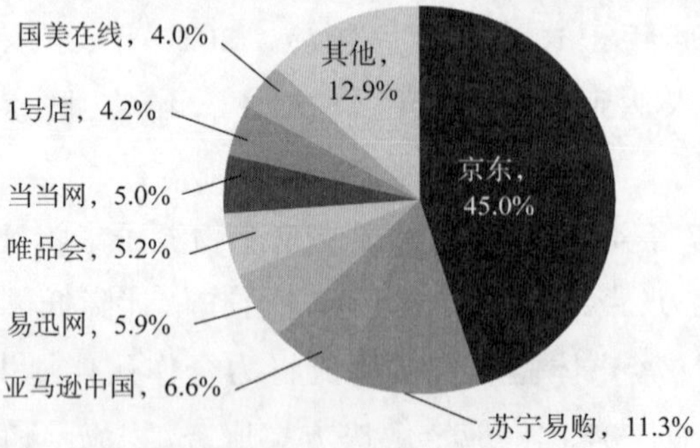

图 1　自营电商份额图(数据来源:艾瑞咨询)

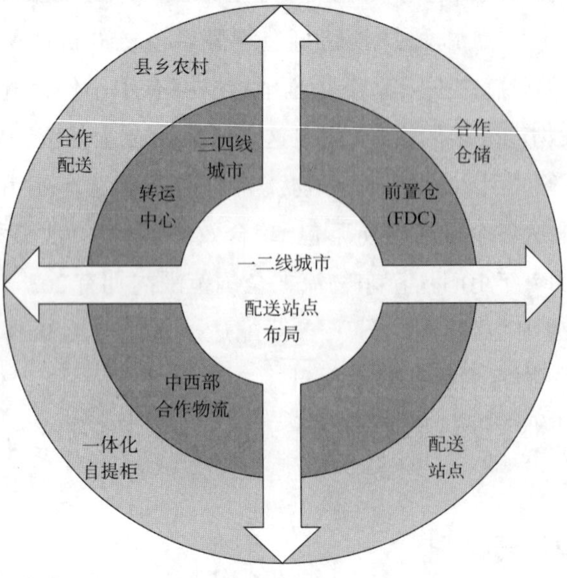

图 2　京东集团仓储和配送站点布局战略图

京东商城组建以北京、上海、广州、成都、武汉、沈阳、西安为中心的七大物流平台，以期能为全国用户提供更加快捷的配送服务，进一步深化和拓展公司的业务空间。京东集团仓储网络已覆盖 500 多个城市，总仓储面积达 200 万平米，为实现其干支线网络化提供条件。京东集团有完善的网络站点布局和成熟的运输网络线路，非常适合开展干支衔接甩挂运输。

京东集团运输模式分为自营和外包两种，且绝大部分是自营。在实际运营过程中，外包业务的服务质量往往无法保证，而自营业务能够有效地掌控服务质量，提高效率。因此，为了保证企业的整体服务质量，企业将继续加大投入，保证自营运输的高效性，并积极探索更高效的自营运输模式，如甩挂运输、双挂运输、公铁联运等。

随着我国铁路运输的快速发展，未来部分快递将更多运用铁路和高铁运输。为了节约运输成本、提高运输效率，未来企业计划将铁路运输与公路甩挂运输有机地组合在一起，构成连续的综合的一体化运输，充分发挥多式联运的优势。

首先，为了满足业务量的需求。

以北京至武汉干线为例，随着业务量每年不断攀升，若仍使用传统的运输方式，很难满足业务发展的需求。

随着货运量的不断增加，北京京东集团根据市场发展特点制定了线路发展规划，未来货运量能否快速增长对于京东集团干、支线发展规划能否实现将是个巨大的挑战。开展甩挂运输，进行合理的调度，能够充分利用内部资源，大量减少车辆在运输过程中进行装货、卸货的时间，并且甩挂形式的运输能够最大程度上地整合资源，满足北京京东集团日益增长的业务量的需求。

其次，为了企业未来的长足发展。

综合考虑时效、成本，以及资源利用等多方面因素，先对某些线路或区域进行甩挂运输，调整干线，有利于公司的长远发展。

再次，能创造更大的利润空间。

京东集团每年的业务量平稳上升，这就势必带来原有运输设备不能够满足当前快递物品运输要求的问题，北京京东集团必须要添置新的车辆，增加新的班次，这是一笔很大的投资。而开展甩挂运输，北京京东集团自身购买牵引车和挂车，其所带来的利润都比普通货车运输高。甩挂运输能为企业节约运输成本，提高运输效率，创造更大的利润空间。只有创造更多的利润空间，企业才能更好地发展。

最后，可促进企业的可持续发展。

甩挂运输能减少油耗，降低二氧化碳的排放量，以其节能减排被政府大力提倡。作为一个企业，重视绿色战略和企业社会责任，是企业得以更好发展的重要因素，尤其是在交通污染越来越严重的今天，只有做到节能减排，才能促进京东集团整个企业的可持续发展。

综上所述，京东集团亟须改变现有的传统运输模式，提高运输效率，促进企业服务能力的进一步提高与经营规模不断扩大。采用甩挂运输模式是京东集团未来发展的必然选择。

(二)甩挂运输组织模式

京东集团在全国 31 个城市仓储中心、近 1400 个配送站点、300 多个自提点，覆盖全国近1300个区县的自建物流体系，覆盖超过60%的国土面积。京东集团参与甩挂运输作业车辆200台，如图3所示。

图3　京东集团甩挂停车场

现阶段企业车队组织架构如图4所示。

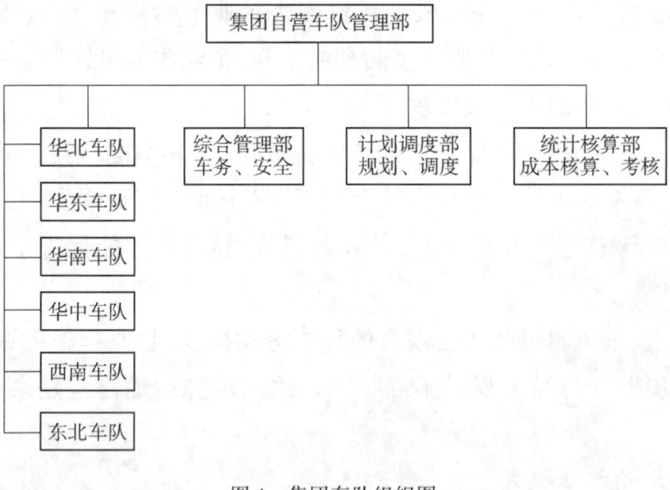

图4　集团车队组织图

京东集团车队在交通运输部、北京市道路运输管理局的鼓励下，配有站场近10000平方米，站场配有标准化装卸平台、叉车、自动缠膜机、动力伸缩皮带机、标准化托盘等装卸设备，符合晚间作业的照明灯光设施，站场的场地为摘挂和车辆回转提供了便利的条件。

京东集团将信息体系、物流体系和采销体系垂直整合。在物流配送方面，京东集团在全国成立了物流集散中心和仓库，并尽量使用京东集团自营快递，京东集团的自营快递已覆盖我国大多数地区。在京东集团购买的物品都会在接受地附近的仓库发货。区域车队架构示意图如图5所示。

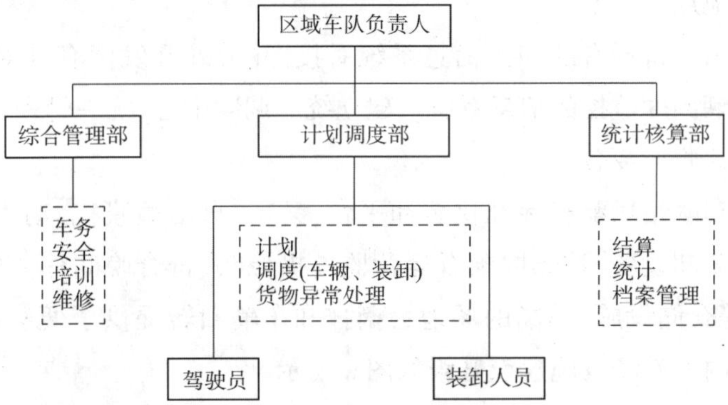

图5　区域车队架构示意图

京东集团在车队的组织管理上实行分区管理、统一调度。主要采用两点甩挂和多点循环甩挂的模式。

(三)甩挂运输组织的特点

1. 网点布局多

向城镇化发展，是京东集团的发展战略，也是京东集团未来的发展趋势。京东集团有七大物流基地、超过200万平方米仓储面积，31个城市仓储中心，近1400个配送站点，300多个自提点，覆盖全国近1300个区县的自建物流体系。京东集团的配送网点深入三、四线城市。

2. 商贸业与物流业联动

我国商贸业物流运作成本偏高、效率较低，中国一般商品用于加工制造的时间不超过10%，而90%以上的时间处于仓储、运输、搬运、包装、配送等物流环节。为了适应生产与经营模式的变革，引入现代物流、发挥其“第三利润源泉”的作用，使得商贸业与物流也联动,发挥其优势,节约社会物流成本,创造更高的社会价值,成为未来物流业和商贸业发展的趋势。

京东集团将在干支衔接的网络型甩挂运输上,基于供应链的网络型运输模式,运用京东集团全国甩挂运输,实现制造业与物流业的联动,共同创造经济效益和社会效益。

3. 信息化

要建立京东集团全国甩挂运输平台,就必须有强大的信息系统的支持,实现对订单的及时处理,车辆、油耗的实时监控,车队人员的实时调配,保证准确及时地将货物运到指定地点。

京东集团未来将现有的四大信息系统对接,并另外开发两套针对车辆油耗、车队管理以及车辆调度监控的信息系统。建立统一调度中心,统一管理。

4. 自动化的物流装备

京东集团车队站场配有标准化装卸平台、叉车、自动缠膜机、动力伸缩皮带机、标准化托盘等装卸设备,站场内配有运营监控摄像头、符合晚间作业的照明灯光设施、立体货架等仓储设施,站场的场地为摘挂和车辆回转提供了便利的条件。京东集团未来一年内的站场设施建设升级如图 6 所示。

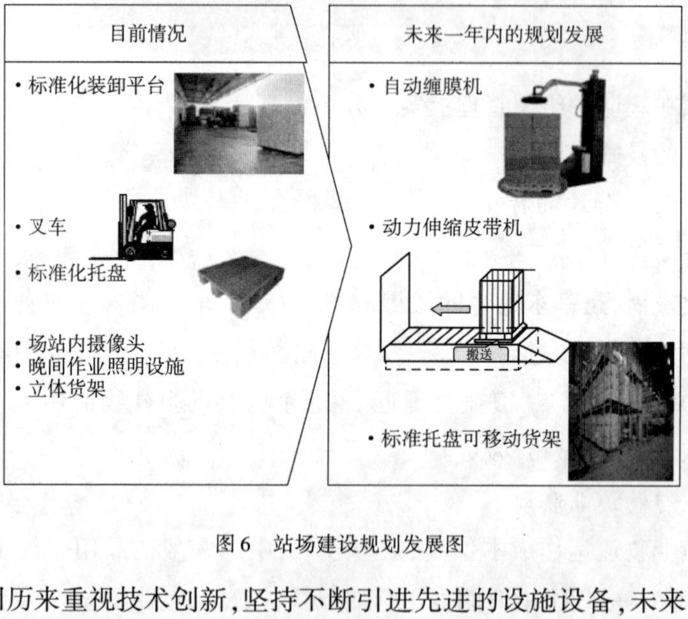

图 6　站场建设规划发展图

京东集团历来重视技术创新,坚持不断引进先进的设施设备,未来将不懈努力,向更高层次的自动化物流系统装备方向发展。

四、甩挂运输取得的成效

1. 经济效益

1) 运输效益对比分析

采用甩挂运输方式后,运输效率的提升主要体现在减少了牵引车的装卸等待时间,有效减少牵引车的使用数量,增加单车载重行驶里程以及完成的总周转量。

传统模式下采用载重14吨的运输车辆,甩挂模式下采用实际载重30吨的运输车辆。里程利用率为车辆的载运里程在总里程中所占的比例,以传统单车运输模式车辆里程利用率一般为0.75计算,甩挂模式下由于实现了双重运输,里程利用率一般以0.8计算。

2) 运输成本对比分析

运输成本主要包括固定成本和可变成本,其中固定成本有车辆折旧、修理费、保险费、其他费用和税金等,可变成本一般包括燃油费、通行费和驾驶员工资等。各条线路在甩挂运输模式下的车辆的成本比在传统运输模式下的成本低,对各线路运输成本取平均值得到传统运输方式平均成本为0.30元/(吨公里),甩挂运输方式平均成本为0.23元/(吨公里),甩挂运输方式下单位运输成本每吨公里减少了0.07元,降低了23.33%。

2. 社会效益

1) 提高社会物流运输能力

通过甩挂运输模式来提高运输和物流效率,以减少车辆的空驶率,从而降低单位货物的燃油消耗水平,使企业整体运营成本大幅度减少以及运输利润大幅度上升。

同时,京东集团建立全国甩挂运输,为第三方物流提供甩挂的平台,很大程度地整合社会资源,提高运输效率和社会的物流运输能力。

2) 节能环保

实行甩挂运输节能减排效果好,减少环境污染,是发展"绿色环保物流"的重要运输方式,能大大提高道路运输的综合经济效益。

(1) 能源消耗对比分析。

通过甩挂运输模式来提高运输和物流效率,以减少车辆的空驶率,从而降低单位货物的燃油消耗水平,使企业整体运营成本大幅度减少以及运输利润大幅度上升。传统单车平均行驶里程的里程利用率将从以往的75%提升到80%,百吨公里油耗减少了21.25%。

(2)碳排放对比分析。

按照国家计算碳排放所确定的值,1升柴油按排放2.72千克二氧化碳计算。传统模式下,采用单车运输,二氧化碳排放量7.20千克/(百吨公里)。采用甩挂运输,二氧化碳排放量3.78千克/(百吨公里)。

3.减少国家土地利用

甩挂运输在一定意义上,解决了货物因中转、发运过程中对仓库用地的大部分需求,减少了国家土地/非耕地用途的开发,为有效地控制国家土地资源起了积极的推动作用。

五、甩挂运输发展设想

甩挂运输项目促进了京东集团北京、上海两个区域中转站场的设备优化、作业效率的提升、成本节约,看到了经济效益和社会效益,实现了信息化、标准化管理。在此基础上京东集团在交通运输部和各省交通运输管理部门的监督和支持下,进一步建设广州、武汉、成都、沈阳、西安站场逐步在全国范围加深、加密甩挂运输线路。

通过开展甩挂运输试点项目,完善京东集团在干线运输和城市配送上的衔接,提高运营效率。同时在区域内开展干线网络甩挂,有效地提高甩挂比,达到甩挂运输有效整合企业资源的目的。随着我国铁路运输的快速发展,未来部分快递将更多运用铁路和高铁运输。为了节约运输成本、提高运输效率,未来企业计划将铁路运输与公路甩挂运输有机地组合在一起,构成连续的综合的一体化运输,充分发挥多式联运的优势。

评　　析

京东集团干支衔接区域网络型甩挂运输项目基于电商模式,在小批量、多品种、高频次、时效强的直接配送、住宅配送以及门到门配送等市场需求带动下,依托完善的网络站点布局和成熟的运输网络线路,开展干线运输与城市配送相结合的组织模式,为企业节约运输成本、提高运输效率、创造更大的利润空间;此外通过将信息体系、物流体系和采销体系垂直整合,开展两点甩挂和多点循环甩挂的模式,也在一定程度上整合资源,满足了北京京东日益增长的业务量的需求。

在开展甩挂运输的过程中,项目依托覆盖全国近1300个区县的自建物流体系和深入三四线城市的配送网点优势,形成了独具特色的甩挂运输模式:(1)商贸业与物流业联动。京东在干支衔接的网络型甩挂运输上,基于供应链的网络型运输模式,运用京东全国甩挂运输,实现制造业与物流业的联动,共同创造经济效益和社会效益。(2)建立京东全国甩挂运输平台。通过对接现有的四大信息系统,以及开发两套针对车辆油耗、车队管理以及车辆调度监控的信息系统,建立了统一调度中心,实现对订单的及时处理,车辆、油耗的实时监控,车队人员的实时调配,保证准确及时地将货物运到指定地点。(3)不断引进先进的设施设备。站场配有标准化装卸平台、叉车、自动缠膜机、动力伸缩皮带机、标准化托盘等装卸设备,运营监控摄像头、符合晚间作业的照明灯光设施、立体货架等仓储设施,为摘挂和车辆回转提供了便利的条件。

京东集团甩挂运输项目在北京和上海两个区域取得了较好的成效,在接下来的发展过程中,应侧重甩挂运输线路的加深、加密,进一步拓展至全国范围,完善干线运输和城市配送衔接;探索铁路运输与公路甩挂运输的有机组合,通过一体化运输向多式联运延伸,有效降低社会物流成本,带动物流行业的节能高效,实现集约化发展,起到先进性示范性的效果。

案例11:中国邮政——推进干线甩挂运输,深化陆运网转型升级

中国邮政集团公司(以下简称“中国邮政”)拥有国内最大的快递服务网络,依托优异的网络优势和良好的信誉度,合同客户专线运输快速拓展。合同客户专线运输是其核心物流业务,为发展干线甩挂运输奠定了坚实的货源基础。中国邮政通过干支衔接甩挂运输最大程度利用了运输线路资源,提高运输效率和劳动生产率,减少了物流成本。

一、企业高管致辞

近年来,中国邮政紧紧围绕"做强做优做大中国邮政、建成世界一流邮政企业"的目标,深入实施"一体两翼"经营发展战略、信息化引领的科技兴邮战略、以人为本的人才强邮战略,把加快改革创新、推进转型升级、实现提质增效作为工作的重中之重,推行了干线运输方式改革。依托指挥调度中心系统,全面发展甩挂运输,中国邮政累计投资23亿元,集中购置甩挂牵引头831辆,甩挂车厢1494辆,改造了70个邮件处理中心,并充分利用社会甩挂运输资源,累计组开甩挂汽车邮路1502条,打造了快速、灵活、高效的邮运"新干线",成为我国快递行业推广甩挂运输的领跑者。

中国邮政集团公司网路运行部副总经理　薛志刚

中国邮政将继续秉承绿色低碳循环发展理念,以更为有效的措施、更加务实的作风,深入推进甩挂运输工作,不断创新甩挂运输新模式,不断开创节能减排新局面,为努力促进现代快递物流业发展、建设美丽中国做出新的更大贡献。

二、企业发展概况

中国邮政集团公司是大型国有独资企业,依法经营邮政专营业务,在全国各省(自治区、直辖市)、各地市、县设置邮政分公司。截至2016年年底,全国邮政普遍服务网点达到5.4万个,便民服务站35.5万个,村邮站10万个,邮政网点乡镇覆盖率达到100%。近年来,中国邮政深入实施"一体两翼"经营发展战略,加快改革创新,推进转型升级,实现了收入规模和经济效益双提升,取得了令人瞩目的辉煌成就。中国邮政已由传统的邮政企业发展成为经营邮政基础性业务、金融业务、快递物流业务和电子商务的现代企业集团。2016 年完成总收入 4421.4 亿元,实现利润总额 435.6 亿元,同比增长 9.1% 。在 2016 年《财富》“世界 500 强排行榜”中位居第 105 位,位居世界邮政第二位,在 2016 年中国企业 200 强中排名第 21 位。

三、甩挂运输开展情况

(一)推进甩挂运输的历程

中国邮政瞄准“电商市场”,以建设“国内领先、世界一流”的邮政陆运网为目标,以加快时限为核心,对陆运网开展系统性转型升级和创新变革,通过统筹规划节点布局,形成稳定的货运资源;优化干线网络,提高运输能力;推进处理中心改造升级,满足甩挂作业需求;强化精准调度,对甩挂运输实施有效管控,实现邮件不落地和快速交换,提高整体运输效率和效能。

1. 统筹规划节点布局,形成稳定的货运资源

近年来,中国邮政为优化资源配置,保障大吨位甩挂运输车辆的装载率,开展了邮政陆运网的资源整合工作,将山西、河北等 22 个省邮政企业间的邮件处理、运输、投递进行全面整合,同时优化调整全国 75 个一、二级处理中心节点布局,使得全国干线网络节点贴近电商市场,覆盖全国电子商务主要产出地前 50 名地市、全国重要产业集群和商品原产地,为甩挂运输的发展推广提供了稳定的货源。

2. 优化干线网络,提高运输能力

中国邮政构建了灵活高效的新型运输网络。一是改革普邮网络,打破以铁路为主的干线运输方式,撤销了 150 对火车干线邮路;二是大力推行干线汽车甩挂运输,集中采购甩挂牵引车头 831 辆,半挂车厢 1494 辆,并充分利用社会资源,采用自有和外包相结合的形式,组织开通了 794 条省际往返干线甩挂汽车邮路,708 条省内往返干线甩挂汽车邮路,将 1500 余个局站枢纽进行了有效连接,有力提高了全网的运输能力;三是优化邮路运行计划,逐一梳理 4000 余条中长途邮路的到开时刻、运行里程和运行时长,强化进出口处理及投递作业紧密衔接。

3. 推进处理中心改造升级,满足甩挂作业需求

近三年来,中国邮政在全国投资改造了 70 个邮件处理中心,以全新的理念,研究设计了散件化、流水化网运生产新流程,取消邮袋封装方式,实行车等邮件、邮件不落地作业,为推广干线甩挂运输创造了有利条件:一是统一在广州、南京、郑州等 25 个处理中心部署安装了邮政自主研发的双层高速包裹分拣机(单机日均处理量可高

达46万件),分拣机与装卸垛口直连(图1),邮件不落地随到随卸,随分随装,减少车辆在作业场地无效等待时间;二是对处理中心装卸作业场地进行配套改造,最大程度满足甩挂车辆装卸作业、场内泊车的场地要求;三是强化对半挂车厢的管理与调配,邮件装发完毕后利用PDA实行牵引车头与半挂车厢的绑定工作,精准掌握半挂车厢的运行动态。

图1 分拣机与装卸垛口直连

4. 强化精准调度,实现甩挂运输有效管控

中国邮政指挥调度中心(图2)充分发挥全网控制中枢作用,不断强化7×24小时实时监控和动态调度,通过科学定制监控方案,对甩挂运输车辆运行实施集中管控,通过实时监控车辆运行情况,及时干预运行过程中的车辆超速、偏离路线、中途停留等异常问题,确保邮运车辆准班、准点运行;同时利用处理中心现场管理系统,对车辆装卸作业、人员组织、垛口分配等进行动态调度。

图2 中国邮政集团公司指挥调度中心

（二）甩挂运输组织模式

1. 一线两点甩挂

在两点地面局装发甩挂运输车辆，并停放车厢候装邮件，执行一线两点甩挂运输，如图3所示。如：石家庄—杭州1200公里，实施2头4厢运作。石家庄1:00发车，23:00到达杭州，24:00从杭州返程，次日22:00返回至石家庄，实现日均行驶里程1200公里，进出时间均衔接有效作业频次，节省车辆在杭州局等待时间，提高车辆周转效率，石家庄、杭州两地邮件时限也从原T+3提升至T+2。

图3　中国邮政甩挂车辆

2. 多线多点甩挂

通过优化邮政车辆排班调度，采取长、短途邮路间套跑方式，实现“多拉快跑”多线多点甩挂方式，提高邮政车辆日行驶里程。如利用1头4厢在大庆、哈尔滨、长春开展长、短途间套跑甩挂模式（图4）。即在哈尔滨局、大庆局、长春局三个处理中心配置空车厢，在各局提前装发邮件，一台牵引头带运一个车厢分点进行甩挂作业，见表1。

多线多点甩挂运输模式　　表1

邮　　路	里程（公里）	发车时间	到达时间	运行时长（小时）	在局时长（小时）
哈尔滨—长春	300	2:00	8:00	6	2
长春—哈尔滨	300	10:00	16:00	6	2
哈尔滨—大庆	180	16:30	19:30	3	0.5
大庆—哈尔滨	180	20:20	23:00	2.8	0.8

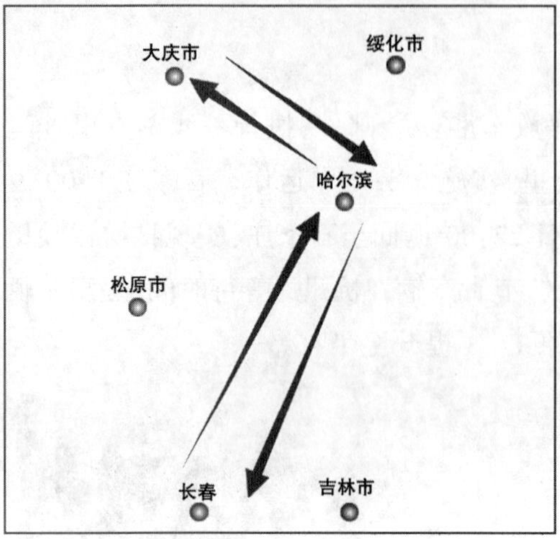

图4　多线多点甩挂线路示意图

（三）开展甩挂运输的特点

1. 信息系统支撑保障

为加强车辆可视化管控，中国邮政以技术创新为动力，充分利用互联网、云计算、大数据分析等先进技术，开发上线了“车辆运营管控平台”，升级了车辆卫星定位系统，加装车辆视频监控，邮路运输实行可视化调度管理，实时采集路况信息和车辆信息，通过数据对邮路、驾驶员、车辆、邮件、调度、场院及运费等进行全方位实时感知，实现驾驶行为、车辆运行、运力调配、运营成本等全过程可视化、信息化、智能化，并通过技术手段把产业链上的合作伙伴连接起来，以技术革新促进转型升级，进而提高运输效率、降低运输成本。

2. 实施“人休车不休”作业模式

为适应甩挂运输的需要，中国邮政坚持科学核定车辆驾驶员数量。按照“邮路、车辆、人员”匹配原则，结合邮路里程、道路条件、运行时长、班次等因素，逐条核定邮路所需驾驶员数量，合理安排班次和人员；优化邮政车辆排班调度，采取长、短途邮路间套跑方式，实现“多拉快跑”，提高邮政车辆日行驶里程。同时进一步完善对驾驶员的薪酬管理，对驾驶员岗位实行“底薪 + 里程奖励”的薪酬分配模式，加大与里程挂钩收入占比，在统筹考虑定额标准与劳动力市场价位的基础上，合理确定底薪标准和里程单价，鼓励员工按行驶里程取酬、多劳多得，发挥薪酬分配的激励作用，有效调动驾驶员工作积极性，进一步提高运输效率。

3. 建立专业地勤保障服务

中国邮政在借鉴航空运输“地勤”保障模式的基础上，以最大限度提升甩挂车辆驾驶员有效驾驶时间为目的，实施干线邮运地勤保障模式，包括生产调度、接发装卸作业、场内泊车、维修、车身清洁、驾驶员住宿休息等地面保障内容，提供 7×24 小时全天候服务，以适应今后邮政“车循环、轮驾制”的运输组织需要。此外，强化车辆技术保障服务。严格对邮政车辆实施强制维护、维修，减少车辆故障，延长车辆使用寿命。整合邮政自有和社会车辆维修资源，组建快捷、专业的邮运车辆维修力量，建立健全维修机制，加大车辆日常安全检测力度，及时发现和排除故障，保持车容整洁，满足邮运车辆连续运行需要。

四、甩挂运输取得的成效

1. 运输效率与能力显著提升

经过近年来的改革深入，构建了集中统一、灵活高效的邮政运输网络体系，网络运行效率和处理能力大幅度提高。一是通过人休车不休、车辆强制维护等有效措施，干线运输车辆日均行驶里程达到700公里以上，其中甩挂运输车辆日均行驶里程高达1047公里以上；二是缩短车辆装卸作业等待时间近2小时，从而大幅度提高运输生产效率，车辆周转效率明显提升；三是运输能力大幅度提升，从2015年日均运输能力584万件提升至目前的2928万件，增幅高达401%，甩挂运输成效显著。

2. 邮件时限全面提速，推动寄递业务发展

随着中国邮政甩挂运输工作的深入推进，邮政快递包裹运行呈现快进快出、时限缩短的良好发展态势。截至目前，邮政快递包裹全国县及县以上城区全程传递时长平均57小时，比2015年缩短了近20小时，其中81%的线路全程时限达到菜鸟时限标准，邮政普遍服务客户满意度提升至81.2分，客服体检得到不断改善，快递包裹业务持续增长，据统计，2017年1～9月，包裹快递业务累计实现收入174.5亿元，累计收寄量19.7亿件，同比增幅82%。

3. 汽车运输成本不断降低

中国邮政通过推广甩挂运输方式，更好地实现了企业降本增效：一是降低人工成本，运用“人休车不休”的甩挂运邮模式，减少了驾驶员数量1300余名，有效缓解邮政驾驶员短缺的压力；二是降低维修费用，得益于周密的车辆维保体系，车辆故障率降低，车辆维修成本可节约维修费用174元/百公里；三是降低车辆购置等相关费用，目前开展甩挂运输共减少配置663辆分体厢式车，节省购置费1.3亿元，还可节省保险费、年检费、折旧费等相关费用，实践证明甩挂运输相较于传统汽车运输更高效低耗。

五、甩挂运输发展设想

中国邮政集团公司积极响应政府号召，通过探索实践甩挂运输，不仅提升了干

线网络的运输效率与能力，更是极大地推动了中国邮政"一体两翼"发展战略的落地，有力保障中国邮政做好服务民生的工作，得到了交通运输部领导的充分肯定。下一步中国邮政将认真总结经验，在深入发展甩挂运输的基础上，积极探索公铁多式联运新型甩挂运输模式，不断提高甩挂运输信息化、标准化、集约化的运营管理水平。

评　　析

中国邮政拥有国内最大的快递服务网络，具有独特优势。依托优异的网络优势和良好的信誉度，中国邮政合同客户专线运输快速拓展。合同客户专线运输是其核心物流业务，为发展干线甩挂运输奠定了坚实的货源基础。通过干支衔接甩挂能够最大程度利用甩挂运输线路资源，提高运输效率和劳动生产率，减少物流成本。

中国邮政物流甩挂运输线路分为两类：(1)针对运输量较大的节点之间的干线线路采用"牵引车＋半挂车"甩挂运输，这类线路连接一级集散中心，运距多在800～1200公里范围内，在中邮网络架构中居于主干地位。(2)运距较短、单次运输量相对较小，但批次多、时间要求较高的干线线路，采用9.6米箱长的交换集装箱进行"交换集装箱牵引车＋交换箱"的甩箱运输，运距多在200～700公里范围内。

中国邮政物流自20世纪90年代末期开展了邮件的集装箱化运输，在诸多甩挂运输项目装备中独树一帜。与甩挂运输方式相比，甩箱运输的优点在于，挂车的走行部分需要经常进行维护，而交换集装箱的维护量极少。目前，中国邮政速递股份有限公司采用可交换集中箱的甩箱运输，由于受到《中华人民共和国道路交通安全法》制约，牵引车和交换集装箱不能驶入高速公路，因此甩箱运输在中邮速递网络中规模效应尚未显现。如何在国内推广拓展集装箱甩挂运输发展方式值得进一步研究。

案例12：广州城市之星——依托绿色货运创新甩挂运输模式

广州城市之星运输有限公司（以下简称"城市之星"）拥有发达的物流网络，以运输轻泡零担货物为主要业务，以广州华南分拣基地作为试点项目运输组织、甩挂作业的核心站场，围绕绿色货运“安全、高效、绿色、可靠”的特点，有效发挥组合优势，采用“绿色创新甩挂运输”的组织模式，促进现代货运的发展。项目采用智能化车辆调度手段，全面提高甩挂运输效率，减少能源消耗，实现经济效益、社会效益和环境效益的三丰收。

一、企业高管致辞

甩挂运输不仅具有可观的经济效益，而且还能带来显著的环境效益，是一种可持续发展的先进组织模式，它与绿色货运的本质要求是相符合的。在我国，由于多种因素的制约，甩挂运输尚处于起步发展阶段，发展潜力和空间都很大。

广州城市之星运输有限公司总裁　黄爱娟

因此，城市之星以开展甩挂运输示范项目为契机，结合自身发展的特点和优势，吸收、借鉴国内外先进的甩挂运输经验，深入探索和发展甩挂运输模式，进一步优化经营组织模式，提升运力和效率，提高企业的信息化水平，加快向现代化物流的转型。

同时，通过大力发展绿色货运、使用绿色货运技术，提高车辆的环保水平，达到节能减排的目标，实现社会效益和企业效益的双赢。

二、企业发展概况

城市之星是国家 AAAA 级综合服务型物流企业，公司创建于 1992 年，总部设立在广州，2012 年国家发展和改革委员会和交通运输部甩挂运输项目试点单位。服务产品有城际汽运（普通件、精品件、陆航件）、钱货直通车、仓储配送、空运一站通、国际货运、落地配、直通车、卡车营业厅和物流咨询等。

城市之星以“厚德载物,行天下”为经营理念,以管理标准化(推崇科学管理,拥有完善的管理体系,一批优秀的执行型管理团队,使运营质量得以保障)为经营目标,以服务人性化(开通钱货直通车、网上营业厅和卡车营业厅业务,推行定制包装、保价运输、签收回单、货物接送等增值服务,满足不同客户的个性化需求为经营要求目标)为经营保障。

经过多年规范管理和创新经营,公司现有网络遍布全国各级城市,运营网点300多家,自有专用车辆800余台,货物日吞吐量6000余吨,自有仓库近百万平方米,在华南、华东、华中建有大型现代化分拣基地。

三、甩挂运输开展情况

(一)推进甩挂运输的历程

1. 示范项目发展历程

2013年8月,城市之星甩挂运输试点项目正式启动;同年9月,获得绿色货运甩挂运输示范项目的资格;2014年年初,制定完成《广东省绿色货运示范项目甩挂运输示范项目建设方案》,加速推进项目开展。

城市之星通过推动绿色货运和甩挂运输,提高运输装备节能技术水平,加快建设满足甩挂运输要求的绿色货运站场,改善装备设施的自动化能力,提高信息化管理水平和集货能力。同时,采用智能化车辆调度手段,全面提高甩挂运输效率,减少能源消耗,实现经济效益、社会效益和环境效益的三丰收。

2. 基础设施建设历程

货运站场(图1)于2012年年底完成所有建设工程;至2013年,与站场配套的相关设备陆续到位,站场建设累计投入资金8180余万元,包括标准化托盘3500个、液压手推车100余台、电瓶叉车63台、机动叉车8台、地磅1台、挂车10台、监控系统1套、信息化系统升级改造等。

从2012年开始,进行试点的佛山到上海等七条线路全部实行了甩挂作业。现有牵引车67辆,累计新购38辆;挂车102辆,累计新购40辆,拖挂比接近1:1.6,累计投入资金3570余万元。日均甩挂货物为2200吨。

信息化方面,对业务系统进行升级改造,在原来的OTM系统基础上,成功开发出性能更优越、信息处理能力更强大的E3系统,完善了车辆和驾驶员的管理;优化班线、出入和调度的管控；建立呼叫中心系统，全面提升了信息化作业水平及工作效率。

图1　城市之星货运站场

（二）甩挂运输组织模式

城市之星开展的甩挂运输涉及3条线路、4个站场，各线路均采用“一线两点、一车多挂”的甩挂运输组织模式。同时，围绕绿色货运“安全、高效、绿色、可靠”的特点，创新甩挂运输的组织模式，拓展绿色技术的应用范围，有效发挥组合优势，促进现代货运的发展。

1. 甩挂运输的运营模式

城市之星甩挂运输线路城市之间干线甩挂组织模式，以佛山—上海甩挂运输为例。在佛山、上海两端，采用双层星形网络集散货。在佛山至上海的干线上，开展甩挂运输，从佛山向上海运输纺织品、配件、电子产品等货类，从上海向佛山运输日用品、服装等，组织方案如图2所示。

在干线甩挂运输过程中，具体采用的运输组织方式如图3～图5所示。

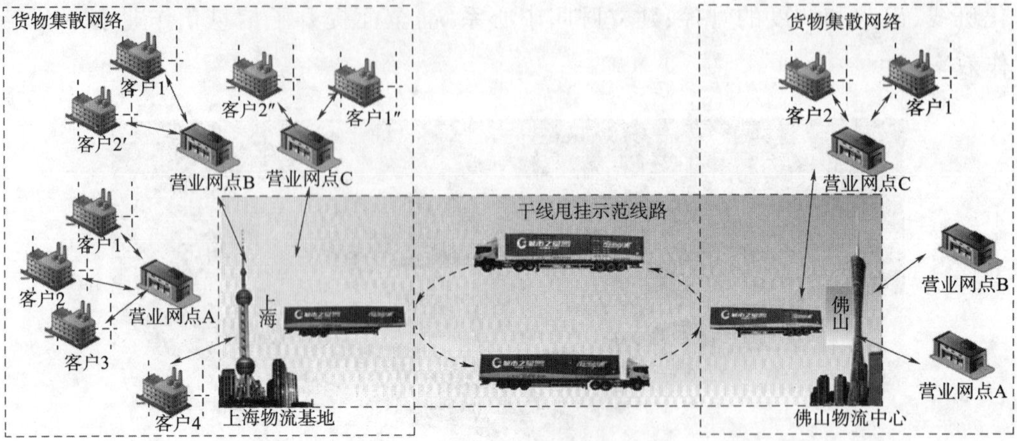

图2　甩挂运输组织总体组织方案示意图

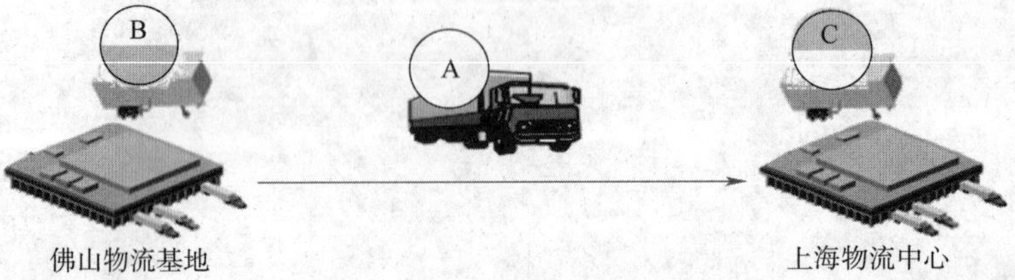

图3　干线甩挂运输组织示意图(步骤1)

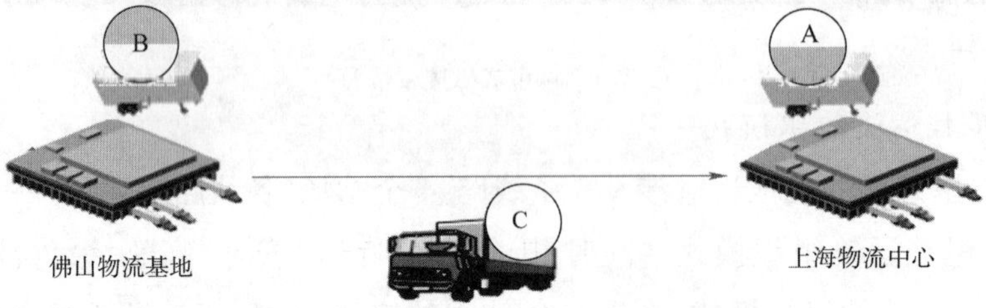

图4　干线甩挂运输组织示意图(步骤2)

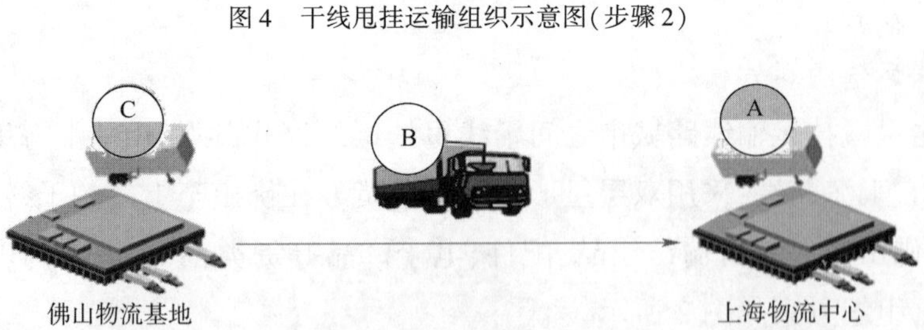

图5　干线甩挂运输组织示意图(步骤3)

图中，◯表示重载状态；◒表示卸载过程；◓表示装载过程。

步骤一：牵引车牵引着佛山物流基地重挂 A 向上海运输，同时，上海物流中心对空挂 C 进行配装。

步骤二：牵引车到达上海物流中心后，卸下重挂 A，牵引着提前配装好的重挂 C，向佛山方向运输。同时，在上海端，对卸下的重挂 A 卸车；在佛山端，通过货物分拣、集拼，对原空挂 B 进行配装作业。

步骤三：牵引车返回佛山物流基地后，卸下重挂 C，牵引着提前配装好的重挂 B，继续向上海方向运输。同时，在佛山端，对卸下的重挂 C 卸货；在上海端，对原空挂 A 进行配装作业。

与传统运输方式相比，干线甩挂运输减少了牵引车两端货物一卸一装的等待时间，提高了牵引车的工作效率。

2. 相关站场的基本情况

城市之星甩挂运输以广州华南分拣基地作为试点项目运输组织、甩挂作业的核心站场，除国家甩挂试点项目中的佛山—上海、佛山—北京、佛山—青岛、佛山—郑州、佛山—成都、佛山—南京、佛山—武汉 7 条线路，另外开通佛山—无锡、佛山—义乌、佛山—石家庄、佛山—济南、佛山—长沙、佛山—昆明、佛山—福州等甩挂线路，共涉及 15 个站场开展甩挂运输。

3. 牵引车和挂车的配置方案

城市之星拥有发达的物流网络，以运输轻泡零担货物为主要业务，货物特点是价值较高、体积较大、质量较小。据统计，一般实载率达到 90% 时，平均每箱货物的质量为 20 吨。考虑到车辆配载的优化及货源的充足保障，在配载过程中，兼顾厢容利用率和吨位利用率，使货物配载得到优化。

在“一线两点，两端甩挂”的运输模式中，传统甩挂模式往往采用 1∶3 的比例进行挂车数量的配置，即两端作业站场各配置 1 个挂车进行装卸作业，途中 1 个牵引车头牵引 1 个挂车进行运输。考虑到本项目中，一条线路往往有多个牵引车进行作业，且城市之星所属挂车均为通用标准化挂车，即不同的牵引车头可实现挂车共用。因此，为减少车辆购置成本，挂车配置数量公式如下所示。

4. 甩挂运营模式的创新探索

城市之星致力于绿色货运的试点推行和建设。在甩挂运输试点推进的基础上，绿色货运甩挂模式创新主要体现在以下三方面：

(1)保障货源组织。在原有零担业务基础上,开展“门到门”业务和发展整车业务,“门到门”业务进一步补充和吸引了更广泛的干线运输量,在促进业务发展的同时,确保了甩挂运输的货源。

挂车配置数量计算公式

挂车配置数量 = 挂车作业端 1 的挂车配置数量 + 挂车作业端 2 的挂车配置数量

$$作业端的挂车配置数量 = \frac{装卸作业时间}{牵引车发车间隔}$$

$$牵引车发车间隔 = \frac{车辆往返作业时间}{牵引车数量 \times 发车间距调节系数}$$

$$发车间距调节系数 = \frac{24}{平均发车时间段持续时间}$$

(2)优化运营组织管理。进一步完善中心站场的自动化配套建设,科学设计站场作业流程,加强车辆管理、车辆能源消耗管理、优化车辆调度,使车辆的使用效率进一步提高。

(3)加强信息化建设。将业务系统、车辆调度系统、GPS 管理系统、“门到门”车辆派送系统、语音呼叫系统等进行升级改造,使订单管理、货物跟踪、货物查询、安全监控、车辆调度、应用指挥、综合信息服务平台、站场信息系统建设与甩挂运输需求同步,力求打造能与国家公路运输枢纽信息平台衔接的信息网络,使行业间物流信息共享互通,节约资源。

(三)开展甩挂运输的特点

城市之星围绕绿色货运“安全、高效、绿色、可靠”的特点,创新甩挂运输的组织模式,拓展绿色技术的应用范围,有效发挥组合优势,促进现代货运的发展,如图 6 所示。同时,分析物流公司货运作业流程,在规划组织、系统实现等环节,实现和提升以绿色货运为基础的甩挂运输方式。

1. 总体规划

结合城市之星的货源、货类、运输网络特点,围绕组织规划、物流作业、管理控制等环节,重点开展和推进相关绿色技术的应用,提升甩挂运输信息化、智能化和自动化，创新运输组织模式，改善甩挂设施装备，完善物流网络，提高调度管理效率，营造绿色货运氛围，做到有重点、有特色、有步骤，全面推进绿色货运的实现。

图6　城市之星实现绿色货运目标的途径

2. 车辆节能化技术提升

绿色货运技术与新能源车辆的使用，有效降低了企业运输成本，提高了运输效率。城市之星积极参与绿色货运示范项目、绿色货车技术专项示范工程，2009 年成为“世界银行 & 亚洲城市清洁空气”行动中国内唯一的绿色重卡试点单位，对重型卡车进行系统性节能改造。主要包括对牵引车增设导流罩、侧裙、胎压监控器、驾驶员行为监控以及挂车导流罩。2013 年，进一步扩大了参与绿色货车示范项目的车辆数，采用低压轮胎、胎压监测器的车辆数达到 15 辆。

城市之星计划继续参与绿色货车技术示范项目，增加技术改造车辆，尤其是对参与干线甩挂运输的牵引车进行技术改造，提高车辆的技术性能，减少单位运输周期的能源消耗量。

3. 装备自动化能力提升

提升甩挂运输节点设备的自动化水平，不断完善站场设施，提高货物装卸的自动化水平和效率，助力甩挂运输效率的提升。城市之星广泛使用装卸升降平台和电动叉车，仅华南分拣基地投入使用的装卸升降平台便达到66个、电动叉车60余台，有效地提高了货物装卸和搬运的作业效率。

4. 信息智能化程度提升

城市之星计划建设包括车辆管理子系统、车辆调度子系统、运输管理子系统在内的八大甩挂运输管理子系统。其中，重点建设的车辆管理子系统，将进一步完善车辆能源消耗的统计，并与驾驶员的绩效考核挂钩，力争车辆百公里能源消耗水平下降2%；车辆调配子系统通过整合车辆定位系统，准确监控车辆在途时间，配合节点货源组织，提高车辆周转效率。

同时，为保障各站场作业的有序、合理、安全性，城市之星致力于实现监控的全覆盖。已初步实现对华南总部分拣中心24小时的视频监控，并将进一步完善华南总部分拣中心40000平方米的视频监控系统。

四、甩挂运输取得的成效

1. 节能减排效益

以佛山到上海的线路为例，采用传统的单车运输模式，车辆的箱容利用率只有82%，而采用甩挂运输模式之后，车辆的箱容利用率可达95%以上；另外，在传统运输模式下，车辆的空驶率为8%，采用甩挂运输之后，空驶率基本为0。由此，车辆单位吨公里燃油消耗和排放有了明显的下降。

通过对试点线路相关数据的核算比对：采用甩挂运输方式与传统单车运输方式相比，百吨公里燃油消耗下降0.68升，碳排放减少1.59千克。

2. 提升运输效率

以佛山到上海的线路为例，按每天120吨货量计算，传统单车运输模式需要6台牵引车和6台挂车。而甩挂运输模式只需要4台牵引车和8个挂车即可。因为装卸一个货柜货物时间平均需要5小时，采用甩挂运输方式节约了5小时的等待时间，从而大大提高了运输效率。同时，对车辆、人力的投入等均可相应减少，进一步带动了运输成本的降低。

3. 降低运输成本

甩挂运输方式平均成本为 0.38 元/(吨公里),传统运输方式平均成本为 0.43 元/(吨公里),甩挂运输节约了 0.05 元/(吨公里),成本下降了 12.6%。

五、甩挂运输发展设想

今后,城市之星将继续深入推进甩挂运输模式的发展,在两点一线甩挂模式的基础上,进一步拓展运输网络,增加甩挂线路,逐步推进向多点多线循环网络甩挂运输发展,以便有效发挥甩挂运输节能增效的效益。

城市之星还将加强基础设施设备方面的投入和建设,进一步扩建和完善分拣基地,并着力推进绿色运输的发展,加大新的环保车型的购置,逐步替换原有的车辆,不断降低公司的能耗,倡导节能环保。深入发展物流咨询业务,让先进的物流经营和运作模式在公司和行业内得到推广和运用,使运营成本得到进一步的优化。同时,城市之星还将加快整合自身的优质资源,结合"互联网 + 物流"和大数据,提高企业的信息化水平,为甩挂运输提供更高效、更科学的后勤保障。

城市之星将始终坚持以诚信、创新的理念,服务于广大客户,用实际行动回报社会,在促进节能减排、推动行业发展、促进行业信息化和自动化升级等方面,做出企业应有的贡献。

评　析

甩挂运输是一种可持续发展的先进运输组织模式,依托甩挂作业的有效衔接,可以实现货物快速、顺畅运输,节约运输时间和成本,提高运输效率。

城市之星甩挂运输试点项目,依托绿色货运技术创新发展了甩挂运输模式。(1)城市之间干线甩挂组织模式。依托佛山甩挂运输货运站开展了佛山至上海、青岛、北京、成都、武汉、昆明、福州等十五条甩挂线路,干线甩挂运输减少了牵引车两端装卸货物时间,提高了牵引车工作效率;配载过程中兼顾厢容利用率和吨位利用率,使货物配载得到优化,车辆的箱容利用率由传统运输模式的 82% 提高到 95% 以上,车辆实载率达到 90%。(2)围绕绿色货运"安全、高效、绿色、可靠"的特点,创新甩挂运输的组织模式。城市之星 2009 年已成为"世界银行 & 亚洲城市清洁空气"行动中国内唯一的绿色重卡试点单位,通过对牵引车进行技术改造，提高车辆的技术性能，减少了能源消耗量，甩挂运输方式比传统单车运输方式燃油消耗百吨公里减少0.68L。

甩挂运输和绿色货运技术的应用，使城市之星甩挂运输模式独具特色，实现了企业效益和社会效益的双赢，其经验值得在行业内推广。城市之星仍需积极拓展运输网络，逐步推进多点多线循环网络甩挂运输，进一步发挥甩挂运输节能减排作用。

案例13：希杰荣庆物流——依托冷链物流的干线甩挂

希杰荣庆物流供应链有限公司（以下简称“荣庆物流”）以冷链物流为核心业务，普货、冷链、危化品运输三大业务协调发展，凭借合约物流的经营思想和对业务流程的精确掌控，积极开展甩挂运输的实践探索。项目通过信息化发展的方式，不断完善全国范围内的物流服务网络，形成了辐射全国二十多个省市的运营网络。通过建立比较完整的信息管理体系，加强对甩挂运输的监督管理，不断提升甩挂运输的组织化程度、效率和盈利水平，提升企业的市场竞争力，向着甩挂运输的旗帜标杆逐步前进。

一、企业高管致辞

2012年6月，荣庆物流入选全国甩挂运输试点企业名单。荣庆物流通过对站点甩挂作业区功能、设施、设备的布局，依托现有车辆、场地等物流基础资源，凭借其对合约物流的经营思想、运营体系、市场定位的准确把握以及对业务流程的精确掌控，创造了甩挂运输营利的新模式。荣庆物流致力于提升甩挂运输的组织化程度、效率和盈利水平，提升企业的市场竞争力，向着甩挂运输的旗帜标杆逐步前进。

二、企业发展概况

希杰荣庆物流供应链有限公司是一家集冷链、普运、化工为核心业务的国家“AAAAA”级综合物流企业，为客户提供全国公路运输、配送、仓储于一体的供应链服务，是交通运输部甩挂运输试点企业、中国食品冷链物流、中国药品冷链物流国家标准示范企业。

希杰荣庆物流供应链有限公司总经理　张玉庆

荣庆物流是三星电子、雅培、泰森食品、卡夫、达能集团、3M等世界500强企业和龙凤水饺、思念食品、蒙牛等国内知名企业的优秀冷链物流供应商。与不凡帝范梅勒、金帝、金丝猴、阿迪达斯、彪马、拜耳、蓝星集团、博世等世界行业巨头建立了长期合作关系，为其提供专业的物流服务。

荣庆物流不断完善全国范围内的物流服务网络和信息平台，形成了以上海为运营总部，江浙、北京、广州、武汉和乌鲁木齐等国内大中城市为业务龙头，辐射全国二十多个省市的运营网络。上海拥有12家办事处、网点，提供上海市内多个项目生产工厂至仓库的运输，全国46家分公司、办事处，提供全国门到门、门到港一条龙运输配送服务。

三、甩挂运输开展情况

（一）推进甩挂运输的历程

2010年9月，为推进甩挂运输发展，交通运输部和国家发展和改革委员会联合组织开展了“全国道路运输货物甩挂运输”试点工作，在全国10个省（区）选择部分大型物流运输企业，依托具体甩挂项目进行试点，发挥试点企业的示范和引领作用，推进全行业甩挂运输的发展。

荣庆物流甩挂运输作业项目包含三条试点线路，其采用了三种运作模式：“两点一线”甩挂运输、“三点循环”甩挂运输，以及“一线两点”的长途分拨甩挂运输。

线路一：“上海青浦仓库—不凡帝工厂”，45公里；

线路二:“上海—苏州仓库、苏州欧莱雅工厂”,108 公里;

线路三:“上海—临沂、北京”,1260 公里。

(1)“两点一线”甩挂运输模式是在不凡帝工厂牵引车挂上预先满载的厢式挂车,运载至上海青浦仓库后甩下挂车并等待卸载,换上新挂车后运托盘返回不凡帝工厂。

(2)“三点循环”甩挂运输模式是从上海出发挂上预先装载好的零担货物,运输至苏州的仓库后甩下挂车并等待卸载,换上新挂车后,运输托盘至欧莱雅工厂甩下挂车,挂上满载欧莱雅产品的挂车运输至上海。

(3)“一线两点”长途分拨甩挂运输模式是从上海出发挂上预先装载好的零担货物,运输至临沂的仓库后甩下挂车并等待卸载,换上预先装满货物的新挂车后返回到上海。运输至临沂的挂车由临沂的牵引车拖至北京,甩下挂车并等待装卸,挂上北京预先装载好的挂车返回至临沂。

(二)甩挂运输组织模式

1. 甩挂作业模式

荣庆物流采用的主要是“两点一线”“三点循环”和“一线两点”的长途分拨甩挂作业模式。“两点一线”即在线路上的两节点处采用甩挂模式,从上海青浦仓库到不凡帝工厂。“三点循环”即在线路上三个站场之间循环甩挂的运输模式,从荣庆物流甩挂运输基地到苏州零担货仓库,然后到欧莱雅工厂,最后返回至上海的循环甩挂模式。“一线两点”长途分拨甩挂模式即一条试点线路上有三个甩挂作业站场,以临沂为中转中心,避免了长距离的运输,增加了运输途中的安全系数,上海的食品、快消品等运输至临沂,甩挂一次,挂上临沂的挂车返回至上海,从临沂出发到北京运输食品、快消品等,甩挂后返回至临沂。

1)“两点一线”甩挂作业模式

步骤 1:在不凡帝工厂预留 2 个半挂车(A 半挂车和 B 半挂车,A 半挂预先装好),需要 1 小时,在青浦仓库预留 1 个半挂车(C 半挂车),进行整车的装载作业。

步骤 2:牵引车 A 从不凡帝工厂牵引完成装载 A 半挂车前往青浦仓库,路途平均需要 1 小时,在青浦仓库摘下 A 半挂车。

步骤 3:随后牵引车 A 挂上在青浦仓库装满托盘的 C 半挂车,需要 1 小时,返回不凡帝工厂。

步骤 4:在不凡帝工厂,牵引车 A 挂上已完成装载的 B 半挂车前往公司指定地点,重复步骤 1,进行下一个点对点的循环。“两点一线”基本流程如图 1 所示。

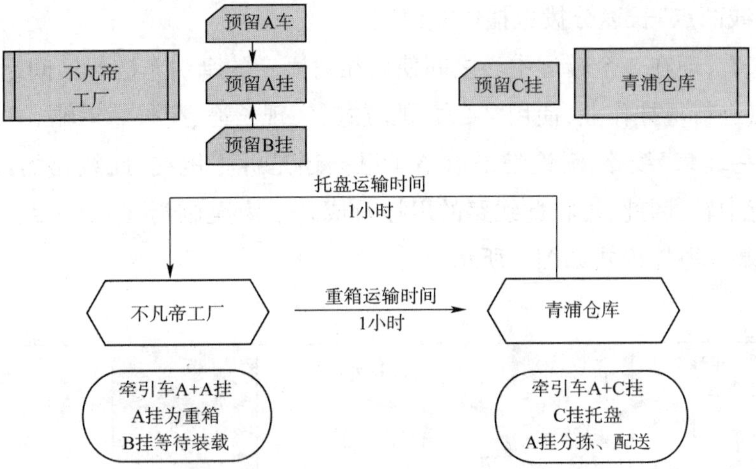

图1 “两点一线”甩挂作业运营组织流程

2)“三点循环”甩挂作业模式

“三点循环”甩挂以欧莱雅产品为主要服务对象,上海至苏州仓库主要运输零担货物,苏州仓库至欧莱雅工厂主要运输托盘,欧莱雅工厂返回上海运输欧莱雅产品,在上海的工厂进行分拣、二次包装,“三点循环”甩挂的作业运营组织流程如图2所示。

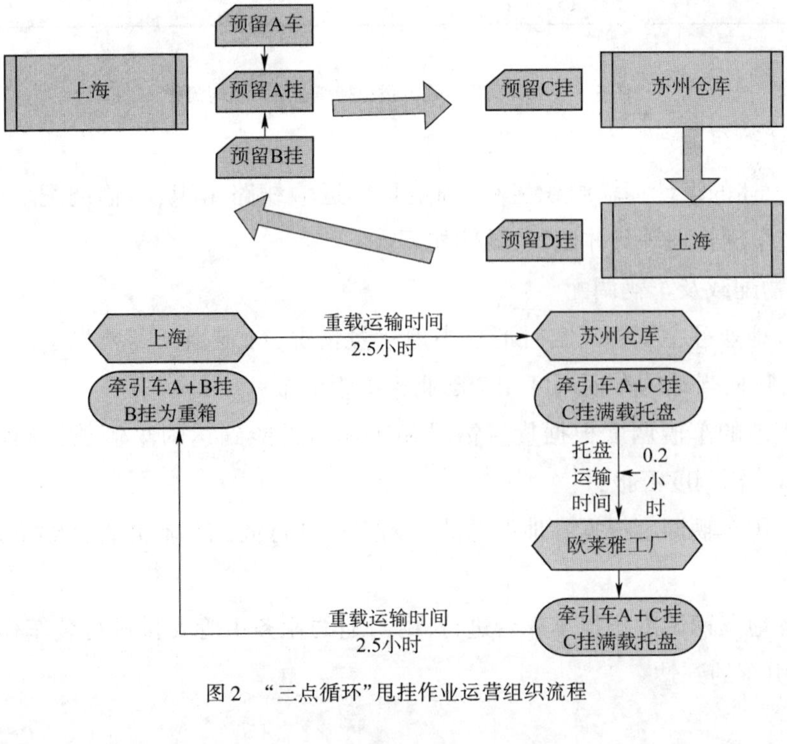

图2 “三点循环”甩挂作业运营组织流程

3）"一线两点"长途分拨甩挂作业模式

具体来看，即在2个转运中心之间使用相对固定的牵引车进行区间运输，以转运中心为节点进行甩挂作业，使用"接力"的方式，实现长途、超长途运输。

"上海—北京"线路，无论是采取整车甩挂还是拆零甩挂，此线路需经过临沂分拨中心进行中转，因此，可将此线路的甩挂看成是上海至临沂、临沂至北京两个分段的运输，其基本甩挂模式如图3所示。

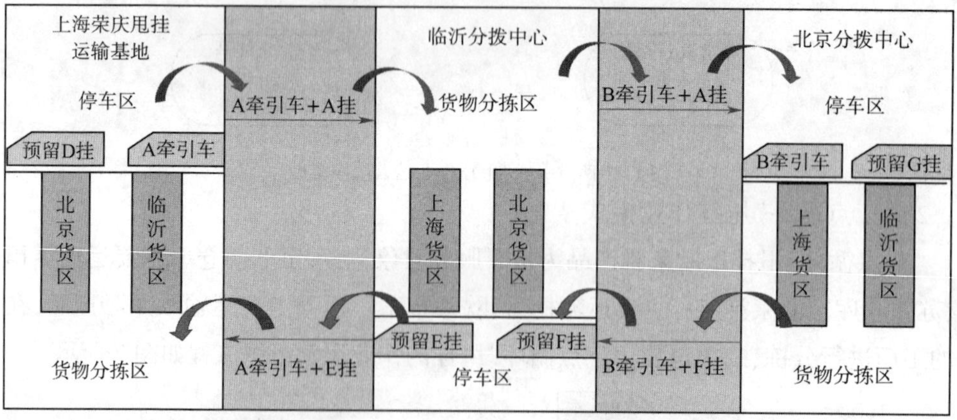

图3 "一线两点"长途分拨甩挂作业运营组织流程

2. 运营组织流程

按照上述的设计运输组织流程，确定具体运输线路组织、车辆调配、货物配载、挂车装卸、车辆管理等具体流程，具体如下：

1）货物配载及车辆调配

（1）各地业务主管每天定时汇总当地货量情况，确定当天需要发运的线路的所需车辆数目，向当地的车辆调度和全国业务主管汇报；

（2）当地的车辆调度根据货量情况和实际当天能到达的车辆数目确定发车计划，向全国车辆调度汇报；

（3）全国车辆调度根据各地汇总的车辆需求进行调配车辆并将计划下达各地的车辆调度；

（4）各地车辆调度将挂车靠台进行，由当地的业务主管安排进行装车作业，完毕后等候牵引车的到达。

2）牵引车及挂车管理

（1）各地车辆调度当天需要了解到达及离开当地站场的牵引车数量，了解每辆牵引车的当月行驶里程、定时维护时间、驾驶员行驶时间以确定当天该车辆是否能准时出发；

（2）如果到达的牵引车需要进行定时维护，需要通知当地的维修主管进行准备；

（3）各地的车辆调度根据货量确定需要的挂车数量，并了解挂车的维护情况；

（4）牵引车及挂车到达后，车辆维修主管对牵引车进行检查和登记，完毕后通知车辆调度进行调配；

（5）挂车卸车完毕后对挂车进行检修，完毕后停在规定的站场停车场内；

（6）车辆调度必须搜集当天到达挂车的所有相关证件。

3）在途控制

对车辆实施卫星定位监控，及时向顾客进行真实的信息反馈，及时与客户沟通，确保顾客随时掌握货物在途信息。如途中发生意外，第一时间积极组织应急处理，随时向顾客报备处理情况。

（三）开展甩挂运输的特点

荣庆物流甩挂运输的特点在于它已建立了比较完整的信息管理体系。

1. 运输管理系统（TMS）

荣庆物流的运输管理系统（TMS）主要应用于跟踪运输任务的订单处理、调度配载、运输状态跟踪管理、客户信息管理、车辆人员货物信息的管理。根据资源情况（路线、重量等）、供应商的报价及优势等对托运单的执行进行统筹计划安排、制定最优的运输计划，对在途运输的车辆进行跟踪，实时记录车辆位置、运送状态和是否发生故障等信息，及时响应出现的问题。

TMS 系统可通过接口与公司使用的 WMS、EDI、ERP、FMS 系统等进行数据交换，支持订单信息的自动导入，加快处理速度，提高准确性，订单导入错误处理功能帮助客户分析出订单导入过程中产生的逻辑性错误，并通过错误报告的方式进行反馈。实时反馈货物状态信息系统根据不同要求为客户提供定时或实时的货物状态信息反馈，记录货物送达收货人时的有关情况，包括实收数量、有无货损、货差情况以及货损原因、扣款、签收人等信息，回单签收的管理。动态跟踪在途车辆实时了解车辆和货物所处的位置和状态，并及时将信息反馈给客户，以提高客户的满意度。

2. 冷藏车专业卫星定位跟踪系统(GPS)

公司在所有线路的运输车上都装备了卫星定位系统进行车辆调度、跟踪,保证行车安全,提高了经济效益;在冷藏车、保温车上装有专门从清华大学温度控制研究所购置的温度追踪仪和车载温控仪,配合卫星定位使用,公司及客户除了能够及时了解大量的动态信息外,还可以随时掌握货物的在途温度情况,确保货物在运输途中不出现丝毫的变质、受损的现象;同时,公司实现全部业务微机联网,利用互联网平台实现信息快速沟通及物流信息资源共享,以先进的电子商务及物流订单管理系统服务于客户,提高了服务质量,增强了企业竞争力。

甩挂运输信息化要求

与传统运输组织模式相比,甩挂运输的有效组织更需要完善的信息系统作为支撑,以通过对车载终端的交互,实现对车辆的动态调度;通过货运站场的信息管理,将货运站基础信息与驻场、待入场车辆的动态空间信息相结合,实现牵引车的快速摘挂;通过货物信息采集、货物的跟踪实现对货源的管理。利用现代管理科学和信息技术建立起来的现代信息网络系统,能够实现车辆、货源、站场、人员信息的有效整合,提高企业甩挂运输组织效率,进而提高企业经济效益和核心竞争力。支撑甩挂运输的主要信息化项目有车辆智能调度系统、作业站场管理信息系统、运输组织与订单管理系统、甩挂运行实时监控系统、甩挂运输油耗监测系统等。

四、甩挂运输取得的成效

1. 经济效益

采用甩挂运输方式后,运输效率的提升主要体现在减少了牵引车的装卸等待时间,从而有效减少牵引车的使用数量、增加单车载重行驶里程以及完成的总周转量。

运输成本主要包括固定成本和可变成本,其中固定成本有车辆折旧、修理费、保险费、其他费用和税金等,可变成本一般包括燃油费、通行费和驾驶员工资等。从单位运输成本看,传统运输方式成本为 0.3370 元/(吨公里),甩挂运输方式成本为 0.2996 元/(吨公里),甩挂运输方式成本节约了 0.0375 元/(吨公里),运输成本下降了 11.11%。

2. 社会效益

通过甩挂运输模式来提高运输和物流效率，以减少车辆的空驶率，从而降低单位货物的燃油消耗水平，使企业整体运营成本大幅度减少，以及运输利润大幅度上升。从甩挂运输开展情况来看，同传统单车运输方式相比，甩挂运输燃油消耗减少了 0.29 升/(百吨公里)，碳排放量减少了 0.79 千克/(百吨公里)，下降了 12.50%。

五、甩挂运输发展设想

根据荣庆物流甩挂运输基地运作的实际和甩挂运输发展的前景，对企业未来甩挂运输的发展提出以下举措：

1. 加快从干线、专线甩挂延伸至网络型甩挂

甩挂试点线路中，荣庆物流都是为专门客户服务，整车干线甩挂以及零担专线甩挂是荣庆物流主要的甩挂作业模式之一，但仅仅依靠 3 条线路，采用简单的甩挂作业模式，难以发挥网络化运作的效益。荣庆物流建设多个甩挂作业基地，在扩大企业甩挂运输的辐射范围和信息化系统建设基础上，通过资源（站场、线路、车辆）的整合，构建起网络型的零担甩挂运输体系，实现从专线甩挂向网络型甩挂的转型，全面提升整体的运作效率。

2. 针对荣庆物流运输淡旺季特点，制定合适的发展模式

通过对以往几年公司运营的数据进行分析，可以看出，每年旺季的时间主要集中在 5 月和 9 月，针对这一特点，荣庆物流一方面调整人员分配，另一方面在淡季积极争取更多的客户或在淡季加大对其他物品的货运量，力求淡季不淡，以争取更多的经济效益。

3. 加强对从业人员培训，提高整体素质

甩挂运输作业需要专业化的管理与操作。因此，企业员工的专业素质对于甩挂运输作业的顺利进行十分重要。针对企业的现况，荣庆物流积极开展相关工作人员的业务培训，提高员工的业务水平，对员工进行精细化管理，组织员工部门间互动，要求掌握部门业务上下游相关业务知识，并到对应岗位进行适当实习与培训，提升人员整体素质。

评　析

上海荣庆国际储运有限公司甩挂运输试点项目,以冷链物流为核心业务,普货、冷链、危化品运输三大业务协调发展,依托三条试点线路,创新运输组织模式,加强甩挂运输信息系统建设,实现了车辆的动态调度,提高了运输的效率,实现了甩挂运输的精细化管理。

在开展甩挂运输的过程中,积极推进模式创新与信息技术应用:(1)创新运输组织模式,采用“两点一线”“三点循环”和“一线两点”的长途分拨甩挂作业模式,因地制宜地设计运输线路组织、车辆调配、货物配载、挂车装卸、车辆管理等具体流程。(2)建立甩挂运输信息管理系统与冷藏车专业卫星定位跟踪系统,实现运单计划统筹安排、最优运输计划制定,以及定时或实时的货物状态信息反馈、在途车辆动态跟踪、在途货物温度监控。

上海荣庆国际储运有限公司依托甩挂运输试点项目已经形成了辐射全国二十多个省市的运营网络,在今后的发展过程中,应着力构建网络型甩挂运输体系,从专线甩挂向网络型甩挂转型,发挥网络化运作效益,全面提升整体运作效率。

案例14:上海天地汇——整合物流园区网络资源的公路干线甩挂

上海天地汇集团有限公司(以下简称“天地汇”)以“互联网+物流(园)”的方式整合以“小、散、乱、弱、多”为特征的中国传统公路物流产业,实现互联网、移动互联网、云计算、大数据、物联网等与物流业的结合。“天地卡航”是由天地汇公路港作为第四方平台,整合众多专线物流企业,基于天地汇公路港的网络、信息化系统、品牌等面向中国零担市场推出标准化服务的网络化零担快运产品,实现公路港之间的互通互联。

一、企业高管致辞

中国经济进入缓慢增长的新常态后,物流企业面临巨大的生存困难,应运而生的“互联网+”物流平台模式,也成为行业内最耀眼的模式。2016年天地汇推出的

“天地卡航”干线甩挂运输平台，以精心的模式设计，克服了行业甩挂的重重壁垒，实现了欧美先进而普遍的运作方式，无论是服务水平还是车辆运输效率均达到国际水平，有效帮助实体企业降低了物流成本，在全行业引起相当的反响和竞相的跟进和效仿。

上海天地汇集团有限公司创始人兼董事长　徐水波

伴随着天地汇快步迈入第五个年头，我们也进入了以体系驱动1到N复制的新的管理和发展的阶段，可以预见我们的队伍、我们的业务和我们的合作伙伴都会进入一个新的发展快车道，以终为始，我们必须坚守我们的情怀、价值观和目标，千军万马踏征途，继续用热血和拼搏去实现我们的梦想和情怀。我们也相信类似天地汇平台引发的聚合效应，将会有助于原本分散在物流行业各处的零散资源充分整合，在同一条跑道的竞争中优胜劣汰，推动交通运输行业的发展。

二、企业概况

天地汇成立于2013年7月，是一家基于互联网技术和实体物流园区网络打造的线上线下联动的中国第四方公路物流平台。公司以“互联网+”的方式整合以“小、散、乱、差、多”为特征的传统物流园区和各类物流要素，通过运用互联网、移动互联网、云计算、大数据、物联网等先进技术与物流实际运营相结合，实现天网（基于供应链的SAAS平台）、地网（物流园区网络）、车网（干线甩挂网络）的互联互通，助力全国传统物流企业向网络化、信息化、标准化、集约化和互联网化方向的转型升级，优化物流运营，降低物流成本，助力物流产业发展，大幅度缩小中国物流和发达国家的物流发展水平。

天地汇基于全国连锁物流园区，在各地拥有充足的货源。在两个城市物流园区之间货源量稳定、充足的线路上积极推广甩挂运输模式，搭建基于物流园区的无车承运 + 甩挂运输平台。2016 年实现全年平台运费交易金额 641 亿元，年营收入 20 亿元。

三、甩挂运输开展情况

(一)推进甩挂运输的历程

2015 年年末，天地汇开始开展甩挂运输，“天地卡航”产品初见雏形，首先运作的线路有“上海—成都”线路、“上海—重庆”线路、“广州—成都”线路和“广州—南京”线路。

2016 年，天地汇正式宣布“天地卡航”产品上线，打造干线甩挂运输网络，由年初的 4 条往返线路开始，至年底形成 53 条往返线路，打造连接上海、广州、成都、天津、北京等重要城市节点的甩挂网络；实现产值 3.1 亿元。

2017 年，天地汇立足于上海、广州、成都、天津、郑州、武汉、无锡、西安 8 个城市节点，以 300 条线路为目标。打造干线甩挂运输网络，已开线路 102 条，月发车班次 7000 班次，合作的承运商车辆数达 260 台、货柜 500 台，车挂比接近 1∶2；单车月均行驶里程 2.8 万公里，最大月行驶里程 3.8 万公里；截至 2017 年 6 月，“天地卡航”产值已达 3.5 亿元。

“天地卡航”是由天地汇作为第四方物流平台，联合平台上众多优秀物流会员企业，推出的优质、高效的干线甩挂运输产品。甩挂运输让所有干线运营牵引车和挂车在地网之间高效运转，实现同线专线合作分工，专线企业规模化、集约化，从而为物流企业提升运输质量、降低运输成本、提高市场竞争力。“天地卡航”甩挂运输车辆如图 1 所示。

图 1　“天地卡航”甩挂运输车辆

(二)甩挂运输组织模式

针对公司的运营和货源组织现状,主要适用于一线两点、两端甩挂模式(图2)。具体作业流程如下:

(1)分拨A从附近网点集货,在装卸平台装载干线运输的挂车车厢,经干线运输到达分拨B,将重挂车甩在分拨B的装卸平台;

(2)理想状态下牵引车随即拉上在分拨B已装载好的的重挂车,返回分拨A(理想状态是指任意一辆牵引车到达分拨摘挂后,站场内已有一辆挂车装载完毕,可供牵引车挂上运走,不需等待挂车装卸);

(3)分拨B将甩下的挂车卸载,由网点接货配送;

(4)卸载后的空重挂车再供分拨B装载货物,进入(1)循环;

(5)分拨B与分拨A对向同步进行相同运输流程。

图2 一线两点、两端甩挂示意图

车头配置数量:

对比线路1的始发时间与线路2的到达时间,当线路2的到达时间早于线路1的始发时间1小时,则不需要增加车头,车头数=线路2的天数-线路1的天数;否则,需要增加车头数,车头数=线路2的天数-线路1的天数+1。

车柜配置数量:

对比线路1的始发时间与线路2的到达时间,当线路2的到达时间加上操作时间早于线路1的始发时间,则不需要增加车柜,车柜数=车头数;否则,增加一个车柜,车柜数=车头数+1。

举例:

"上海—广州"线路:出发时间为1日1:30,"广州—上海"线路到达上海的时间为2日5:40,晚于1日出发时间,因此需要增加车头,即需要2个车头;到达时间加上操作时间早于出发时间，不需增加车柜，即需要 2 个车柜，“上海—广州”共需要 2 头 2 柜(表 1)。

表 1

线路	车型	始发地	目的地	始发时间	到达时间	所需车头	所需车柜	理论车辆数
广州—上海	17.5	广州	上海	1 日 8:00	2 日 5:40	1	2	3 头 4 柜
上海—广州	17.5	上海	广州	1 日 1:30	1 日 23:10	2	2	

(三)开展甩挂运输的特点

1. 运输全流程设计

“天地卡航”运输全流程设计理论目标在于在天地汇所有园区之间形成高效的网络卡班运输，“天地卡航”运输全流程示意图如图 3 所示。实现这样的目标，从运营角度上说，至少要具有相对集中的货源、合理的货源结构、标准化的运输规范、透明的在途管理。

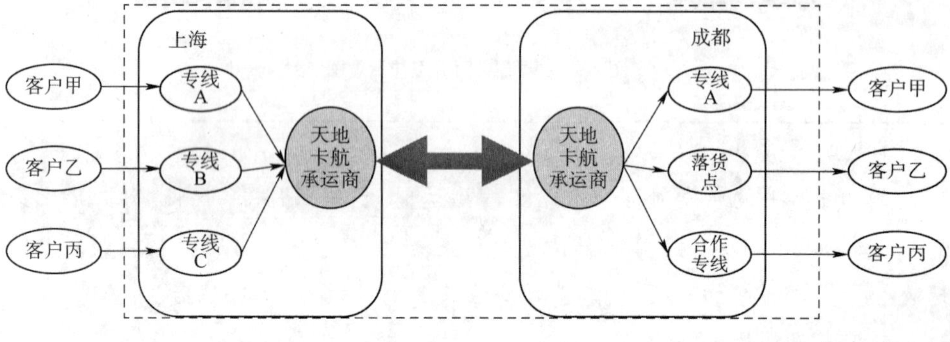

图 3 “天地卡航”运输全流程示意图

以两个园区的单条专线运输为例，在运输流程上，保障单线每天发多趟，首先需要有足够的货源。从市场来说，一天单线 30 趟车的运输需求是硬性的，关键在于承运商的分散，导致每家都很难提升自身的运输能力和运输效率。天地汇把专线分成了专线会员和专线承运商。把专线的前后段集配和提货的功能，与干线运输的功能做专业化分工。把多家同向专线的干线运输部分交由一家承运商来承运。这样，通过货量集中，保证车辆运输，提升车辆的装载效率，增加发车班次，降低单位里程运输成本,通过干线运输和末端配送能力的同步提升,进一步降低单位里程运营成本,提升利润空间,获取定价权。流程设计的关键在于通过集约化货源,实现要点在于切入点选择和利益相关方的利益分配,最终实现干线的甩挂。

2. 多渠道货源保障

"天地卡航"的货源充足是保障车辆运输高效的前提条件,因此,天地汇打造了多途径的引货渠道(图3)。

渠道1——天地汇公路港园区引货:"天地卡航"甩挂是连接物流公路港之间的桥梁,公路港园区内的货物天然就是卡航的运输服务对象;

渠道2——地推人员园区外拓展:天地卡航各个公路港园区有拓展销售人员,这些人员在日常拜访客户、拓展货源时就向专线客户、三方客户销售天地汇的卡航产品;

渠道3——大型三方零担公司战略合作:2016年起,天地汇就和远成物流达成战略合作,服务于远成物流干线运输;

渠道4——天地汇优卡产品引货:优卡产品以无车承运运输为依托,集聚了大量的发货会员、运力经济人和驾驶员会员,通过对优卡发货会员的深度挖掘,寻找对卡航有需求的客户后进行定向拓展。

3. 集中调度

天地汇卡航公司建立集中调度中心,该中心行使全国车辆调动、车辆在途监控等职能。在车辆调动方面可以及时根据线路货量变化,对车辆运行线路进行更改,保障线路运力需求;在车辆在途运行监控方面,由总部直接监控车辆运输情况,对车辆在途状态进行了解,可以及时发现和了解车辆在途运行异常,从而迅速反应,解决车辆运行异常所带来的问题。

根据集中调度平台的设计规划,集中调度平台正在进入智能调度甩挂阶段,天地汇通过车辆状态变化、车辆所属区域以及当日发车计划等条件,设计智能甩挂调度的方式和方法。

4. 区域短驳车业务开展

为保障车辆运输效率提升,降低线路两端客户匹配度的要求,更好地满足客户用车、装卸需求,同时减少干线运输车辆的等待时间,天地汇已在广州、成都和上海等地建立短驳车、甩挂池等附属设施。一个短驳车每天服务于2~3个甩挂班组,执行4~6次货柜提送任务,日行驶里程200公里,做到每公里成本4~6元。相比于市场上临时执行短驳任务的10元/公里的报价,大大降低了成本。区域短驳的好处就是将末端货柜提送和装卸工作由短驳车辆来完成,干线车辆只做线路两端点到点的运输,在较高的车挂比下,每当一辆干线车到达甩挂池站场,都有一个已经装好了的货柜在等待车头,真正做到"货等车"。

四、甩挂运输取得的成效

"天地卡航"的产品核心是以甩挂运输为基础,打造干线运输网络,降本增效,提高物流效率,提升专线运营品质,提高物流收益。"天地卡航"通过提升车辆运输效率来解决公路运输费用高的问题。

甩挂运输的开展降低车辆的等待时间,做到货物排队等待车辆,提高了车辆单月使用效率。"天地卡航"承运商运营的"广州—成都"线路,如图4所示,经过几个月的连续运营,单车月运行里程由最初的月均1.1万公里,提升到3.6万公里。整个运作效率提升了200%。

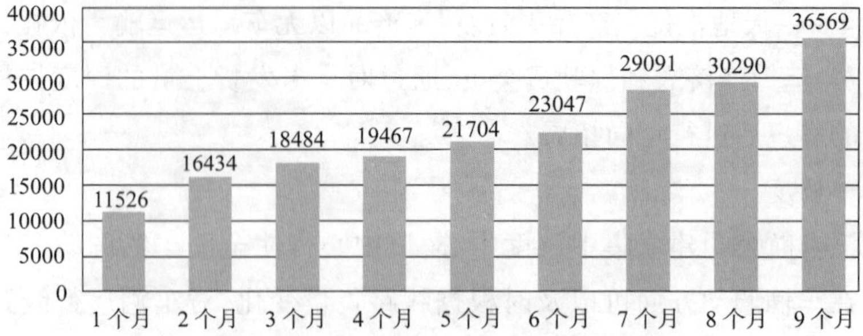

图4 广州—成都线路运行第N月的平均单车里程

成本方面,固定成本如车辆折旧、车辆保险等成本,由原来的每公里1.45元降低至每公里0.44元,减少运输成本1元/公里。

五、甩挂运输发展设想

为让物流行业最大的从业企业"专线"与最大的从业个体"驾驶员"受益,天地汇计划在5年内,用"互联网+"物流模式集聚物流要素,打造1张1000条甩挂运输线路、覆盖30个以上核心节点城市的全国甩挂运输骨干网路,服务于3000多家专线,降低物流成本10%,联合200多个车队、12000多名驾驶员,提升收入5%以上。未来天地汇将实现每年1200亿的平台交易额的目标,年营业收入将达到100亿元。

评　析

上海天地汇集团有限公司以线上互联网为引领、线下物流园区资源为支撑，开行“天地卡航”干线甩挂运输，形成了零担标准化、网络化、品牌化服务，提升了效率、降低了成本，撬动专线资源高效整合，形成行业转型升级，打造出强大的第四方物流平台，是“互联网 + 物流园区”模式的典型代表。

在运作过程中，以货源为龙头，依托公路港物流园区货源吸引能力，大力开展人员地推工作，吸引第三方零担公司战略加盟，对无车承运“优卡”深度挖掘潜在客户，保障了平台货源充足。以信息技术为抓手，建立天地汇卡航调度中心，对卡车航班运力进行调配。以精细化全流程物流设计为导向，从客户委托开始，天地汇通过大数据分析，提供精准化服务，实现全过程的方案设计与运输服务，确保货物高效、安全、低成本。

甩挂运输是天地汇模式核心环节之一，通过甩挂运输，车辆综合使用成本降低将近70%，总体运行效率提升200%，成本的降低、效率的提升，形成了“互联网 + 物流园区”模式的核心竞争力，推动了专线资源的节约与整合。

案例15：河南宇鑫物流——干线甩挂运输 + 末端共同配送组织模式

河南宇鑫物流集团有限公司（以下简称“宇鑫物流”）基于交通优势和其发展战略，有机整合区域、国内、国际业务，开展零担快运、城市配送、3PL为主的一系列业务，与洛阳市大一物流和开封市第二运输总公司共同承担“河南省干支衔接公路甩挂运输主题性试点项目”，努力实现站场、车辆、信息资源的共享和优化配置；通过宇鑫物流一体化物流综合信息平台，实现了供应链物流全过程的可视化、全方位管理，为客户提供了全方位的服务，努力将宇鑫物流打造成中国知名的综合型物流企业。

一、企业高管致辞

宇鑫物流甩挂运输试点项目于2015年8月入选成为“河南省干支衔接公路甩挂

运输主题性试点项目”。宇鑫物流经过十余年发展，带领数万名物流从业人员秉承“诚信人本同发展、务实创新与时竞”的理念，逐步发展为以河南为中心，沿长江经济带和新丝绸之路密布网络，以零担快运、城市配送、3PL、供应链金融物流、电子商务等为主营业务，成为物流、商流、信息流、资金流、薪金流五流合一多业态融合的现代物流模式。企业通过甩挂运输、公铁联运、城市共同配送等运输模式相结合，打造“绿色物流”“环保运输”的物流运营模式。

河南宇鑫物流集团有限公司总经理　邓云旭

二、企业发展概况

河南宇鑫物流集团有限公司成立于2003年1月，年货运量710万吨，年营业收入4亿元。公司位于郑东新区四港联动大道以西、京港澳高速入口处，毗邻郑州国际陆港、航空港区。现有职工3000多人，从业人员10000余人。拥有14个子公司、1个合资公司、700多个网点、1000余部配送车辆、仓库40万平方米，网络覆盖河南、陕西、湖北、山东、安徽、江苏、四川、浙江、湖南、江西、河北、上海等省市，业务辐射九大重点区域，发展成为物流、商流、信息流、资金流、薪金流五流合一多业态融合的现代物流模式。

三、甩挂运输开展情况

（一）推进甩挂运输的历程

“河南省干支衔接公路甩挂运输主题性试点项目”由河南省道路运输管理局组

织实施,宇鑫物流、洛阳市大一物流有限公司(简称大一物流)和开封市第二运输总公司(简称开封二运)三家企业参加并承担具体实施任务。

宇鑫物流在国内较早地开展了甩挂运输业务,主要运输货类为商贸与机械。2003 年开通郑州—开封和郑州—洛阳两条线路,2005 年、2008 年、2010 年和 2013 年,宇鑫物流又增开了多条甩挂运输线路,分别由郑州去往济南、西安、合肥等地。

(二)甩挂运输组织模式

宇鑫物流依托新丝绸之路经济带建设和郑汴洛城市圈一体化,以干线运输和城市配送衔接甩挂为主题,开展"一线两点,两端甩挂与城市末端共同配送衔接""一线多点,循环甩挂与城市末端共同配送衔接"的运营组织模式,具体模式如图 1 ~ 图 4 所示。

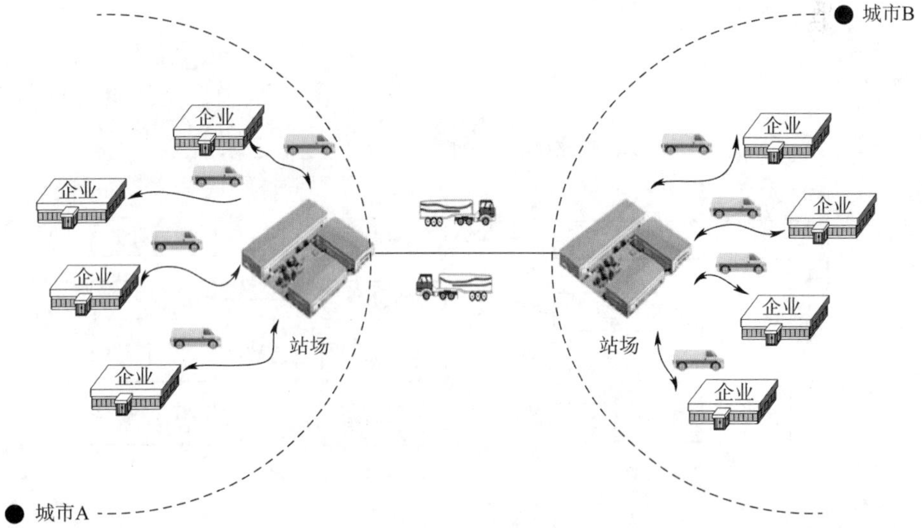

图 1 "一线两点,两端甩挂与城市末端共同配送衔接"示意图

甩挂试点项目开通共建线路 4 条,见表 1。

各参与企业在甩挂运输线路中探索实践"站场互租、线路共建、运力共享、信息互联"等合作模式,逐渐完善合作组织模式和合作运行机制。除了上述共建线路外,围绕干支衔接主题,还拟开通试点干线线路 4 条、城市配送线路 23 条,利用省际、城际、城市陆运网,采取"集散 + 直达"的轴辐式组网模式,打通区域大通道,省域内配送网络采用星形模式直达全省各个县市,城市配送由配送中心直达市内网点。

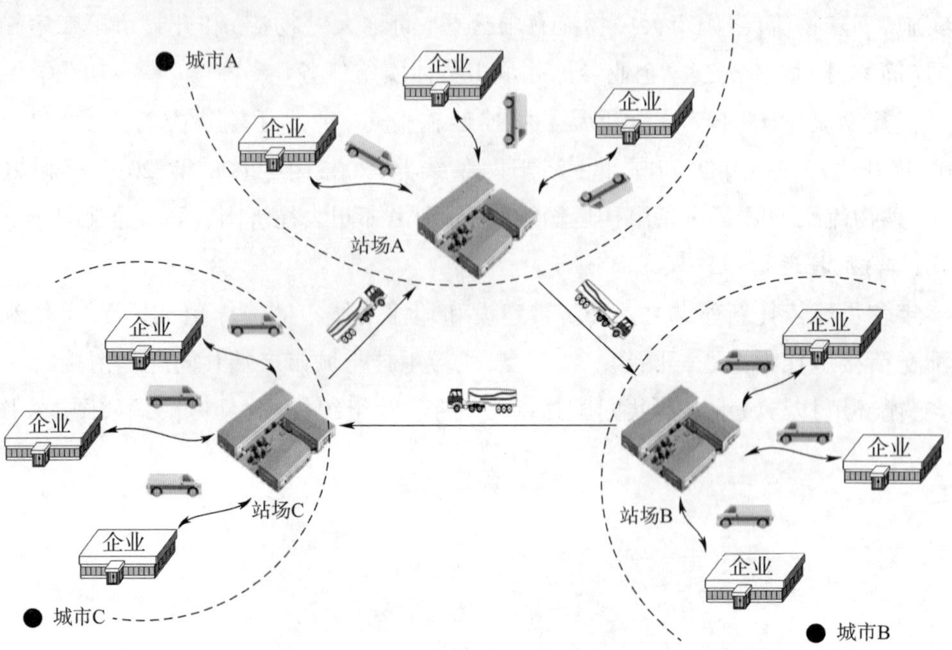

图2 “一线多点，循环甩挂与城市末端共同配送衔接”示意图

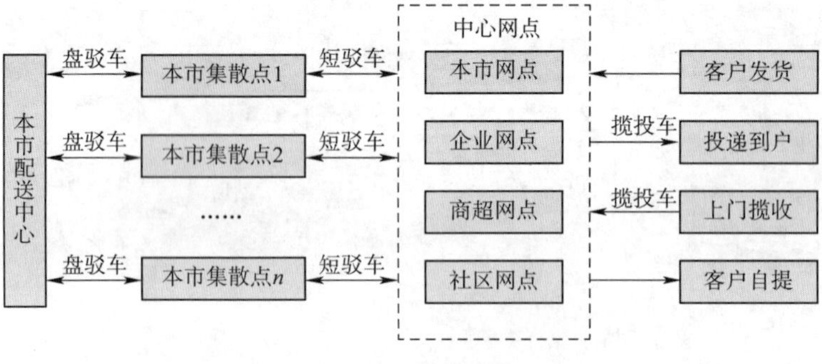

图3 “城市末端配送组织模式”示意图

试点项目开通共建线路 表1

序号	干线甩挂运输	末端城市配送	具体线路
线路1	省内零担货运班车；“一线两点，两端甩挂”	集中配送、统一配送、共同配送	郑州↔开封
线路2	省内零担货运班车；“一线两点，两端甩挂”	集中配送、统一配送、共同配送	郑州↔洛阳
线路3	城际零担货运；“一线多点，循环甩挂”	集中配送、统一配送、共同配送	开封→西安→郑州→开封
线路4	城际零担货运；“一线多点，循环甩挂”	集中配送、统一配送、共同配送	洛阳→天津→开封→洛阳

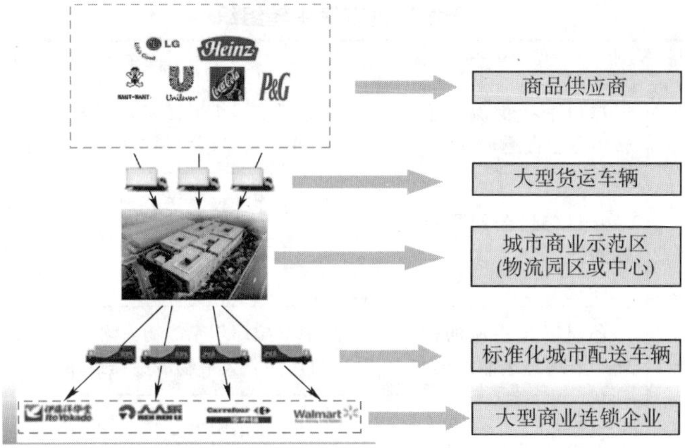

图4　干线甩挂与城市末端共同配送衔接示意图

(三)甩挂运输组织的特点

1. 运力共享

运力共享,主要为挂车的互换共享使用。挂车互换是甩挂运输企业按照既定的合作协议,相互间开展挂车互换、互租、共用,实现运力资源的共享和有效整合。试点共建线路中甩挂运输车辆管理权由对应的运输公司负责,如"开封—西安—郑州—开封"线路由开封二运公司负责,"洛阳—天津—开封—洛阳"线路由大一物流负责,车辆使用权为三家参与企业共同所有。三家公司在使用过程中,提供充足的货源,严格遵循发车时间、卸货时间、车辆运行时间,以确保车辆正常运行流转。宇鑫物流专用挂车如图5所示。

图5　宇鑫物流专用挂车

具体每条线路中,车辆在不同站场的中转见表2。

干线运输车辆中转组织　　表2

线路	场地	车辆中转组织
郑州—开封	郑州宇鑫物流河南中转中心甩挂运输站场	牵引车拉郑州宇鑫物流河南中转中心甩挂运输站场重挂,前往开封二运公司甩挂运输站场
	开封二运公司甩挂运输站场	牵引车在开封二运公司甩挂运输站场卸下重挂,换挂开封二运公司甩挂运输站场重挂,前往郑州宇鑫物流河南中转中心甩挂运输站场
郑州—洛阳	郑州宇鑫物流河南中转中心甩挂运输站场	牵引车拉郑州宇鑫物流河南中转中心甩挂运输站场重挂,前往洛阳大一物流甩挂运输站场
	洛阳大一物流甩挂运输站场	牵引车在洛阳大一物流甩挂运输站场卸下重挂,换挂洛阳大一物流甩挂运输站场重挂,前往郑州宇鑫物流河南中转中心甩挂运输站场
开封—西安—郑州—开封	开封二运公司甩挂运输站场	牵引车拉开封二运公司甩挂运输站场重挂,前往宇鑫物流西安分拣平台
	宇鑫物流西安分拣平台	牵引车在宇鑫物流西安分拣平台卸下重挂,换挂宇鑫物流西安分拣平台重挂,前往郑州宇鑫物流河南中转中心甩挂运输站场
	郑州宇鑫物流河南中转中心甩挂运输站场	牵引车在郑州宇鑫物流河南中转中心甩挂运输站场卸下重挂,换挂郑州宇鑫物流河南中转中心甩挂运输站场重挂,前往开封二运公司甩挂运输站场
洛阳—天津—开封—洛阳	洛阳大一物流甩挂运输站场	牵引车拉洛阳大一物流甩挂运输站场重挂,前往天津奥森物流园
	天津奥森物流园	牵引车在天津奥森物流园卸下重挂,换挂天津奥森物流园重挂,前往开封二运公司甩挂运输站场
	开封二运公司甩挂运输站场	牵引车在开封二运公司甩挂运输站场卸下重挂,换挂开封二运公司甩挂运输站场重挂,前往洛阳大一物流甩挂运输站场

2. 线路共建

线路共建是两家或两家以上的企业就同一条或几条运输线路上共同投运力运营达成协议,规定各线路的班次、运输组织流程、货源组织、各方投入车辆的具体数量等。采用这种方式可以使合作的每一方都能以较少的投入开拓新的市场,迅速扩大运输网络规模,减小了投资风险,从而促进道路运输业的快速发展。

线路共建可以采用共同集货分段运输或者全程运输的方式;可以由企业在合作

企业内部发布货源信息，由其他企业来承运；可将整条线路分段成数条短途线路，以各企业的自有站场为接驳点，分别由不同的企业来承运，以此最大化利用各企业资源，提高运输效率。

具体试点项目，线路干线运输共建主要体现在共同组货和联合运输上。以"开封—西安—郑州—开封"线路为例，该线路虽由开封二运负责全程运输，但货物却由开封二运和宇鑫物流共同组织。若企业自有网络及资源暂时难以满足客户需求，可优先推荐给合作企业。以"郑州—洛阳"线为例，线路为对开班车运输，宇鑫物流承担郑州往洛阳方向的运输组织，大一物流承担洛阳往开封方向的运输组织。甩挂运输货源组织见表3。

甩挂运输货源组织方案　表3

线　路	场　地	空(重)挂	货 源 组 织
郑州—开封	郑州宇鑫物流河南中转中心甩挂运输站场	重挂	由郑州宇鑫物流通过城市配送网点收集货物，运送到站场集拼
	开封二运公司甩挂运输站场	重挂	由开封二运公司通过城市配送网点收集货物，运送到站场集拼
郑州—洛阳	郑州宇鑫物流河南中转中心甩挂运输站场	重挂	由郑州宇鑫物流通过城市配送网点收集货物，运送到站场集拼
	洛阳大一物流甩挂运输站场	重挂	由洛阳大一物流通过城市配送网点收集货物，运送到站场集拼
开封—西安—郑州—开封	开封二运公司甩挂运输站场	重挂	由开封二运公司通过城市配送网点收集货物，运送到站场集拼
	宇鑫物流西安分拣平台	重挂	由宇鑫物流通过城市配送网点收集货物，运送到站场集拼
	郑州宇鑫物流河南中转中心甩挂运输站场	重挂	由郑州宇鑫物流通过城市配送网点收集货物，运送到站场集拼
洛阳—天津—开封—洛阳	洛阳大一物流甩挂运输站场	重挂	由洛阳大一物流通过城市配送网点收集货物，运送到站场集拼
	天津奥森物流园	重挂	由开封二运公司通过城市配送网点组织货源
	开封二运公司甩挂运输站场	重挂	由开封二运公司通过城市配送网点收集货物，运送到站场集拼

3. 站场互租

甩挂运输企业通过站场互租形式的合作,依托各自的网络优势,可以促进各类运输资源在区域范围内的共享,加快推进甩挂运输网络的形成,全面提升整个道路运输行业的作业效率。在这个方面,试点的三家企业达成共识,所属站场由企业共同使用,各企业提供充足的站场资源,以保障项目参与企业货物到达后有站场可卸货、存货、中转及配送。如当前开封二运站场内就有宇鑫物流租用的仓库。宇鑫物流站场如图6所示。

图6　宇鑫物流站场实景

4. 共同配送

根据合作协议,三家参与企业将在各自城市分别打造城市快速配送体系,并在合作三方之间开放或互为配送。通过干线甩挂运输的郑汴、郑洛城际货运班车与城市共同配送体系的紧密结合,使城际快运与城内配送基本同快同价。建立城市共同配送信息平台,实现对货物、车辆的实时跟踪,对货物的分拨、集揽与运输的统一调度。

在此基础上,三家参与甩挂运输的企业也积极探索与其他开展甩挂运输的企业的共建共享,以及与省外试点企业逐步加强联系、沟通,努力实现站场、车辆、信息资源的共享和优化配置,切实提升运输组织效率。

5. 管理制度

为保障甩挂运输的高效开展,宇鑫物流建立的管理制度包括:甩挂运输运行统计监测考核制度、绩效评估制度和目标责任制度。

(1)甩挂运输运行统计监测考核制度。企业建立了甩挂运输运行统计监测考核机制,成立了各级运行统计考核小组,各下级单位的监测考核由企业的运行统计考核小组组织进行,考核小组每季度考核一次,可以做到全面检查、全过程监测、实事求是和公开透明。

(2)绩效评估制度。为了对员工的工作业绩、工作态度进行客观、公正地评估,建立了绩效评估制度,督促员工做好工作。

(3)目标责任制度。通过对工作目标的设计,将组织的整体目标逐级分解,转换为单位目标最终落实到个人的分目标,有益于把每项工作落到实处。在目标分解过程中,权责利明确,而且相互对称。这些目标方向一致、环环相扣、相互配合,形成协调统一的目标体系。

6. 信息管理系统建设

宇鑫物流自主研发的"一体化物流综合信息平台 iLis"已具有较全面的功能,开展甩挂运输的信息管理系统便以该系统为基础,参与甩挂运输的各企业开发系统预留与该系统对接端口,并开设部分权限为合作企业共同使用,以保障信息共享、资源共享。以一体化物流为主线,运用先进的物流理念和技术手段,有效整合了社会资源,为客户提供个性化的服务,实现了供应链物流全过程的可视化、全方位管理。该系统主要包含订单管理、仓储管理、运输管理和同城配送四大业务模块。一体化物流满足了客户在同一合同(订单)中,同时具有多个功能或供应链环节(如仓储、运输、配送)的物流业务。在开展一体化物流业务的过程中,物流部门为客户提供了全方位的服务,包括与客户共同策划运作方案、方案运作后的改进等,进而与客户形成真正的合作联盟和利益共同体。宇鑫物流一体化物流综合信息平台结构如图 7 所示。宇鑫物流城市共同配送信息平台结构如图 8 所示。

订单管理	仓储管理	运输管理	同城配送
电子商务、呼叫中心、企业 EDI 营业网点、书面订单; 委托单管理、订单审核、异常处理、任务单分派、回单处理	收货管理,发货管理,库存管理,常温、恒温、冷藏库,立体、平面库,数字化库房,条形码、RF 作业,数据自动采集,VMI,先进先出,SKU,批号追溯,批次管理,物料匹配,库存分析,台账管理,库存预警、保质期预警、库存冻结,生产期管理等	普货运输、超大超高件运输、冷链运输等多种运输业务形态;支持整车、零担、配送等多种运输模式;回单、代收货款;RDC、BtoB、BtoC、MilkRun、GPS、GIS、矢量地图	订单管理、订单分割、订单汇总、集货、分发封装、运输调度、配载、RF 装卸、发运、客户自提、投递到户、回单、代收货款、RDC、BtoB、BtoC、MilkRun、GPS、GIS、矢量地图

图 7 宇鑫物流一体化物流综合信息平台功能

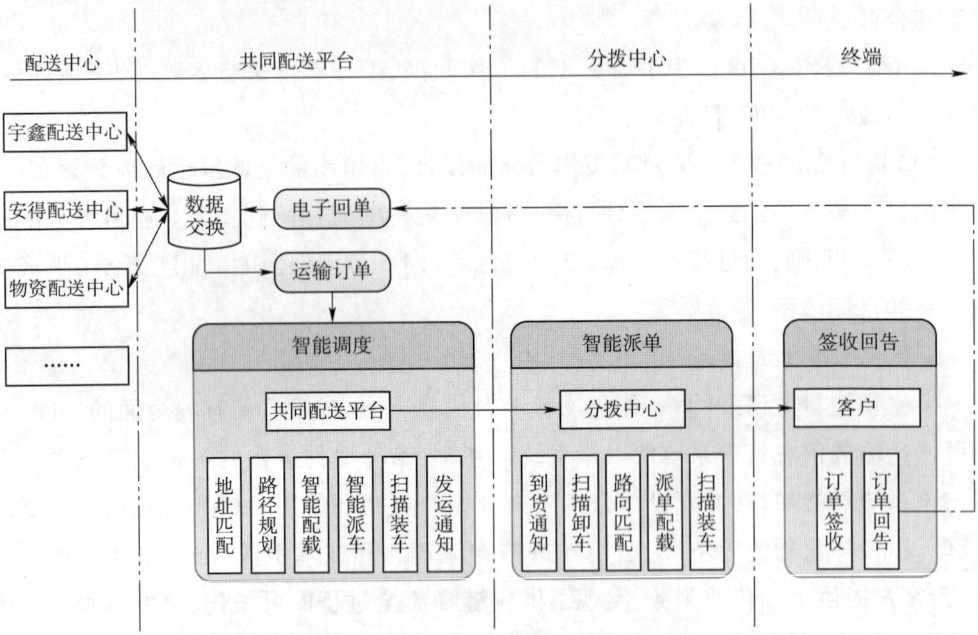

图8　宇鑫物流城市共同配送信息平台架构

四、甩挂运输取得的成效

(1)共同建设基于干线甩挂运输的郑汴、郑洛城际货运班车,共同打造一体化的城市快速配送体系。

①逐渐提高城际货运班车发班密度,充分满足城际快速交流的需要。

②甲乙丙三方在各自城市分别打造比较完善的城市快速配送体系,并在合作三方之间开放或互为配送。

③通过城际班车与城市配送体系的紧密结合,使郑州、洛阳、开封三城市之间的城际零担快运货物送达时间基本接近城内配送,价格基本接近同城配送,即城际快运与城内配送基本同快同价。

(2)共同建设"洛阳—天津—开封—洛阳""开封—西安—郑州—开封"两条城际循环甩挂运输线路,按照主题性试点项目实施方案的要求,在试点线路中探索实践"站场互租、线路共建、运力共享、信息互联"等合作模式,逐渐完善合作组织模式和合作运行机制。

(3)在上述城际班车与共同配送体系建设、城际循环甩挂运输线路建设等合作基础上,逐步扩大合作领域和范围,逐步吸收更多的合作企业,在两年时间内,使郑汴洛城际甩挂运输和城市共同配送的市场份额达到50%以上,两条甩挂运输试点线路"洛阳—天津—开封—洛阳""开封—西安—郑州—开封"实际货运量达到线路货运量60%以上。

(4)加强企业间其他领域的合作,在人才培养、技术创新、经验交流等方面,形成良好的合作关系,以促进企业业务更深入的合作,合作共赢。

(5)运行时效得到提高,降低尾气排放量。车辆在采用甩挂运输模式时并不能提高单车的运营效率和降低单车油耗及排放指标,主要是通过集约化的组织模式,减少车辆的空驶,从而带来单位周转量能耗的下降,使企业整体运营效率提高、成本大幅度减少以及运输利润大幅度上升。

五、甩挂运输发展设想

经过多年的市场精耕细作,宇鑫在快消品、商贸流通、汽车制造、石油能源、IT、服装、医药、家电等行业积累了大量客户,与联想、百丽、苏泊尔、格兰仕、龙工、中石化、安得物流、九州通、日立、尼桑、张裕等客户建立战略合作关系,全国范围内与60多万家中小商贸流通企业建立了长期合作关系。

借势中原经济区、郑州航空港经济综合实验区、丝绸之路经济带建设的发展契机,在地域上——走出国门,区域化、全球化;在运作方式上——公、铁、空多式联运;在业务上——转型升级"与时竞";在创新推广上——标准化项目推进与干支衔接甩挂运输项目相结合。宇鑫物流全网干线班车近期将实现全甩挂运输,同时全网干支线的运输车型升级改造为LNG、CNG清洁能源车辆,打造绿色物流;到2020年,以公司十二个一级中心为核心,将构建点对点式物流中心辐射型网络,完成覆盖全国的网络布局,成为中国知名的综合型物流企业。

评　析

河南宇鑫物流集团有限公司甩挂运输试点项目以零担运输为主要依托,主营业务为零担快运、城市配送和3PL,通过与其他物流企业建立合作关系,从而建立起辐射全国的物流体系网络,有效地整合了周边区域内的零担货物,为开展甩挂运输提供充分的货源基础;与其他物流企业实现站场、车辆、信息资源共享等方式,保证了为甩挂运输提供足够多的装备基础;通过自建物流平台,实现了供应链物流的全方位透明化,提升了甩挂运输的效率。

在开展甩挂运输的过程中,项目依托一体化物流综合信息平台,与其他物流企业签订“站场互租、线路共建、运力共享、信息互联”的合作方式,形成了具有自身独特优势的甩挂运输模式:(1)实现甩挂运输透明化管理。通过一体化物流综合信息平台,使车辆调度、站场监控、仓储管理、装卸过程时时处于监控中,确保车辆调度、装卸协调的有序性,实现对甩挂运输的透明化管理。(2)通过合作机制开展甩挂运输。通过与企业签订合作协议的模式,实现“站场互租、线路共建、运力共享、信息共联”,弥补企业间的不足,整合货源、装备、物流网络等基础资源,完善甩挂运输线路网络、减少运力浪费、提升甩挂运输效率,形成具有自身特色的甩挂运输合作模式。

河南宇鑫物流集团有限公司甩挂运输规模逐步扩大,在今后的发展过程中,应把重点放在企业合作上,应加强各个方面的合作,特别是在人才培养、技术创新等方面,从而达到提升甩挂运输运行效率的目标,进一步提升装备的使用效率、降低运输成本、促进区域间甩挂运输的发展。

第四章　两业联动型甩挂运输

两业联动是指制造业与物流业联动发展，是以制造业与物流业的产业关联为基础，将制造业物流业务与物流企业的物流运作联合起来，进行产业协作，共同促进双方发展的模式。

两业联动型甩挂运输是指在两业联动的基础上，发挥制造业和物流业的核心优势，以制造业货源为依托，与甩挂运输相结合，创新运输组织模式，提高物流运输业的效率。

本章分别介绍了江苏飞力达国际物流股份有限公司、振石集团浙江宇石国际物流有限公司、东方驿站物流科技(武汉)有限公司、上海新杰物流集团股份有限公司、深圳恒路物流股份有限公司等两业联动型甩挂企业的发展模式。江苏飞力达国际物流股份有限公司依托陆港集装箱甩挂模式和高端客户，同时通过一系列甩挂运输作业信息系统，保证运输资源的有效整合；振石集团浙江宇石国际物流有限公司充分发挥两业联动优势，以制造业与物流业两业联动为货源保障，以区位优势为运输通道保障，通过专业团队促进了企业的不断进步；东方驿站物流科技(武汉)有限公司致力于打造一个公共、独立、开放的甩挂运输装备资源服务平台，通过"互联网+物流装备"的分时租赁，帮助客户实现物流装备资源的高效、绿色、安全运营；上海新杰物流集团股份有限公司，形成了独具特色的集供应链服务、汽车物流、金融质押于一身的物流服务体系，同时与多行业进行合作，扩宽自身的业务范围，为甩挂运输与多产业联动奠定了基础；深圳恒路物流股份有限公司，创新性发展"卡车航班"，为甩挂运输奠定了业务基础，企业积累了一批优质客户资源，包括联想、华为、中兴通讯、海尔、三星、艾默生、SONY等知名的IT企业都已成为恒路物流的战略合作伙伴，通过制造业与物流业结合发展甩挂运输。

案例16：江苏飞力达——客户端甩挂与便捷通关服务相结合

江苏飞力达国际物流股份有限公司（以下简称“江苏飞力达”）甩挂运输试点项目以陆港集装箱联运甩挂模式和高端客户群为依托，努力融入品牌商的一体化产业链管理体系。飞力达物流协同品牌商实现“零库存”“零距离”“零障碍”管理，不断拓展物流网络，扩大甩挂运输的辐射范围和规模；项目通过调度管理系统、站场视频监控系统、手机远程监控管理、仓库管理 & 订单管理 & 运输管理系统等一系列甩挂运输作业信息系统，保证各类运输资源的有效整合，努力实现企业成为持续创新物流产业引领者的目标。

一、企业高管致辞

江苏飞力达国际物流股份有限公司昆山综合保税区物流园甩挂运输站场建设项目于 2013 年 8 月由交通运输部和国家发展和改革委员会联合发文，入选成为“2013 年度甩挂运输试点项目”，为保证甩挂运输试点工作的顺利开展，飞力达公司在企业内部成立专门的组织领导机构。一方面保证企业对外与市场和其他企业的充分对接，从而为甩挂运输提供良好的外部保障；另一方面保证企业内部各相关资源能够得到有效整合，为甩挂运输发展提供有效的基础支撑。最终致力于推动现代物流和综合运输发展，促进节能减排和环境保护，从而提升经济运行整体质量。

江苏飞力达国际物流股份有限公司总经理　姚勤

二、企业发展概况

江苏飞力达成立于1993年,注册资本2.44亿元人民币,现有员工2900余人,2011年7月在创业板上市。经过二十余年的发展,飞力达在区域化、综合化、现代化等方面都取得了长足的发展,从事业务涉及国际货运代理、供应链管理服务、第三方仓储物流、贸易物流、逆向物流、备件分拨、电子商务、品质管理等多方面,合并包括50家企业。2015年年底拥有总资产16.9亿元人民币、净资产8.71亿元人民币,年货运量114.24万吨,年营业收入22.3亿元。多年来,公司一直秉承"以卓越的供应链管理和服务,提升客户的竞争力"的使命,将"诚信、成长、关爱、创新、共赢"的核心价值观贯穿于物流服务中,立志成为持续创新的物流产业的引领者。

三、甩挂运输开展情况

(一)推进甩挂运输的历程

为保证甩挂运输试点工作的顺利开展,江苏飞力达在2012年成立专门的组织领导机构。一方面保证企业对外与市场和其他企业的充分对接,从而为甩挂运输提供良好的外部保障;另一方面保证企业内部各相关资源能够得到有效整合,为甩挂运输发展提供有效的基础支撑。

已形成基于仓储物流的综合物流体系、基于货运代理的基础物流体系和开发延伸的特色物流体系联动发展的业务模式,分别在昆山、上海、深圳、南京、重庆、成都、香港、苏州、无锡、常州、天津、淮安、太仓等地设有运营机构,并在亚洲、欧洲、美洲、大洋洲中的36个国家和地区拥有广泛的海外代理体系。

江苏飞力达主要的服务对象是江苏昆山开发区周边的IT产品制造企业和轻工业企业,与六合轻、启佳通讯、仁宝电子、友达光电等公司签有长期运输合同,这些企业在国内生产的产品出口量大,基本无成品库房,江苏飞力达甩挂运输有效降低了企业成本。同时这些企业集装箱箱量多,产品装箱后需及时出口,江苏飞力达可以提供先进的现代物流服务与便捷的报关服务,满足需求。同时,2013年,江苏飞力达被交通运输部评为江苏省甩挂运输试点企业,通过多年的项目开展,深刻体会到提高运输效率、降低运输成本,是达到节能减排目标的重要途径。

江苏飞力达在甩挂运输发展和优化自身运力结构的基础上,逐步扩大甩挂运输的范围和规模,其建设和发展在一定程度上承担了社会公益职能。它的建设作为国家道路甩挂运输作业试点项目，一方面有利于推动国家交通运输业转变发展方式、优化交通运输结构、提高综合运输效率；另一方面还可以推动昆山市物流园区的建设和发展，满足区域完善综合物流体系的基本需求，构建政府规范物流市场的有形载体，向社会提供更加全面的物流服务功能。

（二）甩挂运输组织模式

江苏飞力达主要经营与IT产业相关的硬件设备和零部件的进出口通关、货运代理、运输配送、仓储服务、流通加工、产线喂料、组装出货。此次作为试点项目的五条线路主要分布在江沪地区，运输货物主要为IT产品和轮胎等，这些运输产品均采用“一线两点、一线三点，甩挂甩箱相结合”运输模式，如图1所示。

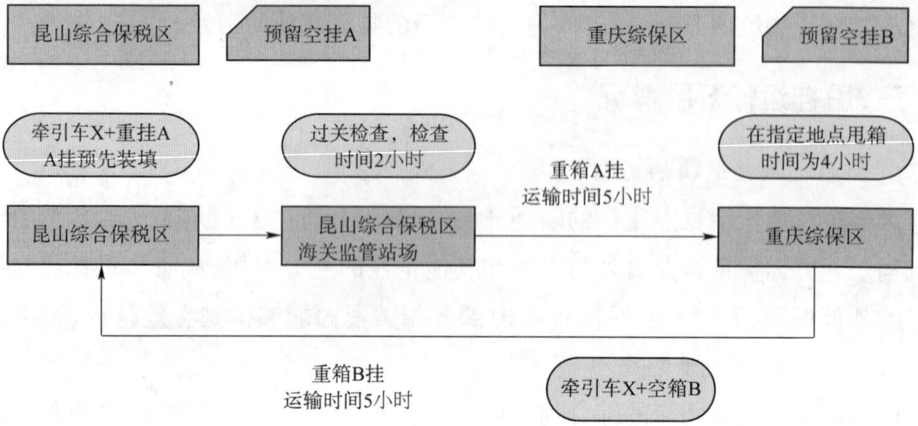

图1　一线三点甩箱作业模式流程图

1. 甩挂运输组织流程

其业务流程因线路的不同而不同，假设经过海关监管站场，昆山综合保税区—重庆综保区的一线三点甩箱作业模式流程，步骤如下。

步骤1：在昆山综合保税区第一大道预留半挂车A，A半挂预先装好。

步骤2：牵引车X挂上装有重箱A的挂车，前往监管站场，到达监管站场后进行过关检查，检查时间为2小时。在收到信息系统的指令后前往重庆综保区。

步骤3：到达重庆综保区后，采用甩挂或甩箱的形式将出口重箱放至基地，甩箱时间为4小时。

步骤4：待收到信息后，牵引车X挂上空箱B挂车返回昆山综合保税区第一大道。

步骤5：返回昆山综合保税区第一大道后，带上已装好的重挂车重复步骤2，进行下一个点对点循环。

2. 甩挂作业站场生产作业流程

根据上述甩挂运输组织流程分析,可得出甩挂运输站场生产作业流程,如图2所示。货物、车辆、装卸作业机具的有序运动形成的流线是站内生产作业的主体流线,站内车辆流线又可分为牵引车、挂车与普通厢式货车流线。

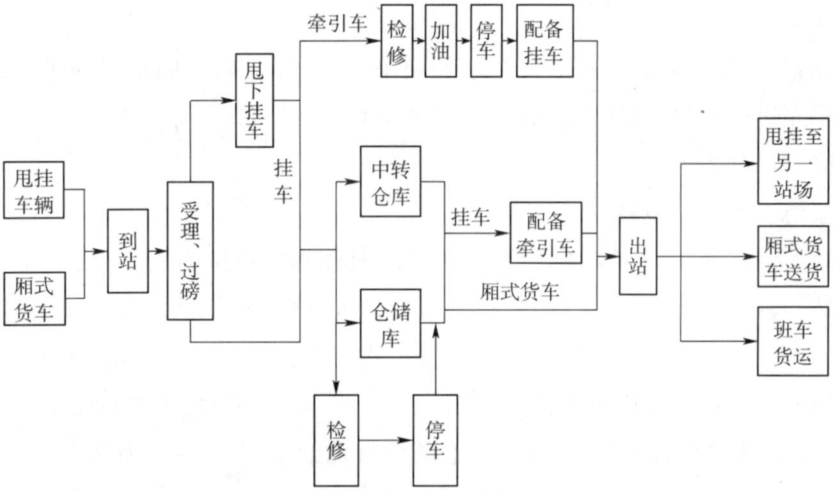

图2 甩挂运输站场生产作业流程

1)业务受理

甩挂项目调度中心负责通过互联网、传真软件等方式接收顾客运输需求,及时进行回复并进行全面分析。

2)指挥调度

根据运营需求和顾客的发车要求,在规定派车时间内到达指定地点装货。由指定的专业甩挂运输车辆负责货物由客户场地至甩挂站场的运营,此后再根据到达的牵引车给予安排,减少货物装运等待时间。

3)车辆进入站场并进行甩挂作业

车辆进入站场后,停靠在不同线路的作业区,由工作人员进行相应运输证照的查验,并对货物进行初步查验,履行相关手续。

4)途中管理

调度中心GPS核算和监控部门负责通过车辆卫星定位、电话跟踪,时时对货物进行途中监控,对车辆进行指导纠偏等工作,并及时向客户进行真实的信息反馈,客户也可以通过XRWL办公协同软件,经过授权,自己查看货物信息,确保信息及时畅通。同时根据在途信息，调度员做好货运站场物资的装运、调拨。

5）货物交接及甩挂作业

车辆即将到达目的地前，调度中心已经与最近的分公司进行联系，该车辆所有货物信息已经进行了科学的系统测算及卸货安排，在到达分公司的货运站场后，将挂车甩下执行下一次任务。

6）结算处理

货物到达目的地后，根据客户要求的回单返回时间，做好回单返回工作，及时根据规定程序进行衔接，按照相关客户合同的结算周期，做好开票结算。

（三）开展甩挂运输的特点

1. 苏浙沪车队联盟模式

本联盟以苏浙沪集装箱甩挂联盟为主体，具体承担单位为联盟的6家企业，即苏浙沪集装箱（上海）股份有限公司、上海华敏储运有限公司、昆山无水港国际物流有限公司、昆山飞力集装箱运输有限公司、振石集团浙江宇石物流有限公司、上海康芸物流发展有限公司。其中苏浙沪集装箱（上海）股份有限公司为项目牵头单位，另外5家为项目支撑单位，联盟其余4家企业为项目辅助单位，如图3所示。

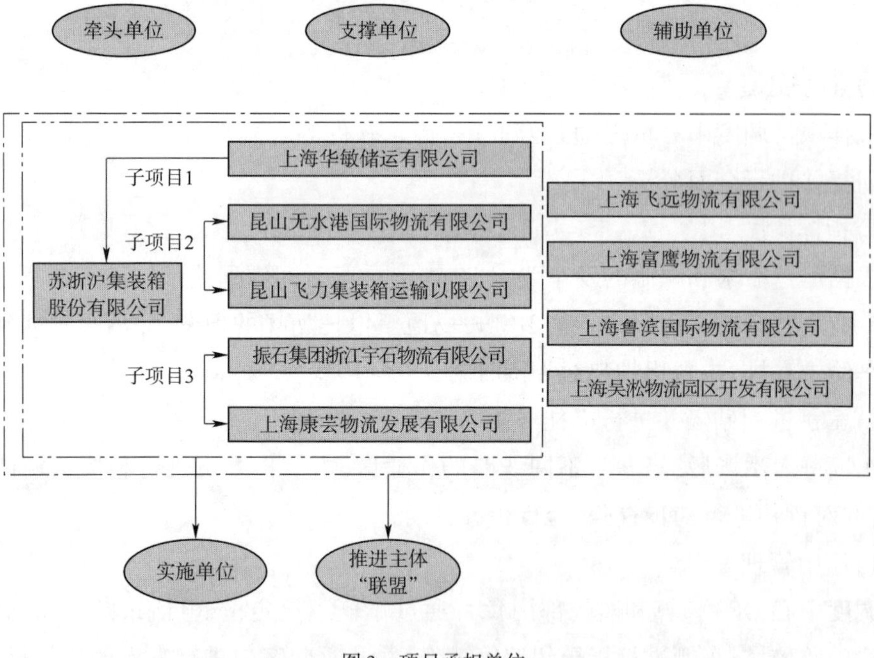

图3 项目承担单位

本联盟试点项目的甩挂线路贯穿江苏、浙江、上海，其中江苏省内2条线路、浙江省内2条线路、江苏和浙江到上海各1条线路,以及上海市内3条线路。以信息化建设为核心,通过联盟化经营,完成苏浙沪三地的线路连接,如图4所示。上海区域联盟甩挂、江苏—上海联盟甩挂、浙江—上海联盟甩挂3个子项目相互独立又互相连接,达到三地集装箱运输的集约化发展。江浙沪9家联盟企业中多数企业经营的是干线运输,具有量大、线多的特点。

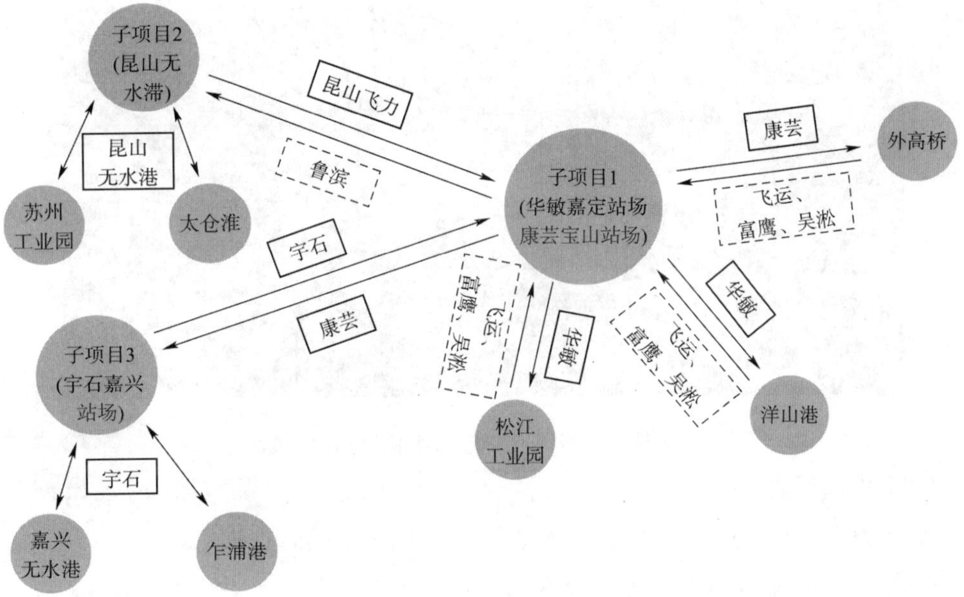

图4 江浙沪三地线路连接示意图

2. 信息系统建设

江苏飞力达为了给甩挂运输试点提供信息化支撑,保证各类运输资源的有效整合,在既有的物流信息管理系统的基础上,对甩挂运输作业信息系统进行升级改造,并开发相关软件,主要包括调度管理系统、站场视频监控系统、手机远程监控管理、仓库管理 & 订单管理 & 运输管理系统等,各个系统的功能如下:

1)调度管理系统

调度管理是甩挂运输信息管理模块的核心功能之一,其主要操作是将物流订单进行运输任务分派,并结合卫星定位辅助系统,合理安排牵引车和挂车,并计算出最佳行走路线,做好调度计划。具体包括:车辆管理,轮胎管理,车辆保险、年检、二维台账记录管理,实时跟踪管理,油控检测管理,油耗模拟管理,里程测算,最长3个月的历史记录回放,短信通知,异常状态实时监控。

2)站场视频监控系统

视频监控管理系统,配置防雷装置,全仓库无缝监控,支持远程手机或电脑终端登录监控,如图5所示。通过对中心内各个库区和站场实施24小时监控,尤其是对停车场内重载半挂车区域以及仓储区、专线作业进行监控,有效增强中心各单体建筑内的安全防范能力。

图5　江苏飞力达站场视频监控系统

3)手机远程监控管理

全程透明化手机远程在途定位管理,支持官网终端实时查询。

4)仓库管理 & 订单管理 & 运输管理系统

支持实时库存监控管理、订单计划管理、运输计划管理、财务管理、后台监控管理、工作人员信息管理、月度数据统计、年度数据统计、人事管理、油耗管理。

四、甩挂运输取得的成效

甩挂运输试点工作启动以来,各甩挂运输试点企业积极开展工作寻求发展机遇,围绕站场基础设施改造、货运市场开拓、运力资源整合、甩挂运输平台搭建等核心问题开展了一系列的探索性实践活动,开辟甩挂运输线路,健全运输网络体系,初步摸索出了适合各自实际的甩挂运输组织管理模式,甩挂运输业务量获得了明显的增长。江苏飞力达开展甩挂运输对其经济效益和社会效益都有着重大意义,主要表现在以下几点:

1. 经济效益

(1)降低了购车成本。一辆牵引车可以拖2个挂车,相当于减少了一个车头、多了一个挂车。本项目传统模式下需配车 128 辆,按一车一挂计算需 5376 万,甩挂模式下需配车 78 辆,按一车两挂计算需 3822 万元,共计节约 1554 万元。车辆投入的减少可以为企业减少流动资金的支出,促进企业更好更快发展。

(2)减少货损货差,减少事故理赔。实行甩挂运输,可提高各环节货物交接的工作效率,各环节有更充足的作业时间,更能保证货物交接的准确性和及时性,减少了货损货差,减少不合格品的发生,从而减少了事故理赔,提高了产品的营运质量。

(3)提高运输时效,减少等待时间。截至 2016 年年底,一个 16.5 米半挂厢车货物的装车、卸车、理货的时间,一般人工装卸需 4.5 小时。如果实行甩挂运输,一个点可以节省 4.25 小时的装车理货时间,来回可节省 8.5 小时,在提高货物运输时效方面有着非常显著的效果。

2. 社会效益

(1)提高社会物流运输能力。随着江、浙、沪近几年经济的稳定快速发展,物流产业不断创新发展,我国物流需求规模进一步扩大,社会经济发展对现代物流业的需求继续增大。甩挂运输作为现代物流的重要环节,对促进现代物流的发展起着重要的作用。据业内专家估计,如果中国的现有运力全部采用甩挂运输,可使效率提高 30% ~50%、成本降低 30% ~40%、油耗下降 15% ~20%、运输能力提高 40% 以上。

(2)减少国家土地占用。甩挂运输在一定意义上,解决了货物因中转、发运过程中对仓库用地的大部分需求,减少了国家土地/非耕地用途的开发,为有效地控制国家土地资源起了积极的推动作用。

(3)能够大幅度降低油料消耗,减少污染,保护环境。

五、甩挂运输发展设想

江苏飞力达开始实施甩挂运输试点项目之后,各个方面都取得了不小的成就,在未来甩挂运输发展的方向,公司从三个方面入手发展:

1. 加快甩挂运输信息系统相关设备研发

公司已形成较成熟的甩挂运作模式,但辅助甩挂运输的信息系统相关软件设备运用稍显落后。

随着新建站场的正式投入运营,公司甩挂运输的运输量越来越大,这时需要借助信息系统,做好数据的归档和整理,做到各类数据分类存储,以便对数据进行处理分析。信息平台要为各地的道路运政信息网提供甩挂运输车辆的基本数据,运管部门可以联网查询,为行政许可、安全监管、运政稽查等提供重要信息。

2. 加强对从业人员的培训,提高整体素质

甩挂运输作业需要专业化的管理与操作。因此,企业员工的专业素质对于甩挂运输作业的顺利进行十分重要。针对企业的现况,建议企业积极开展相关工作人员的业务培训,提高员工的业务水平,对员工进行精细化管理,组织员工部门间互动,要求掌握部门上下游相关业务知识,并到对应岗位进行适当实习与培训,提升人员整体素质。

3. 积极引导和整合社会运力资源

作为国家甩挂运输试点企业,公司不仅要关注企业自身的发展,还应该关注对道路运输行业的引导和带动,利用自身的网络优势、信息化优势,整合社会运输资源,引导其他道路运输企业向集约化、网络化方向发展,有效促进道路运输行业的转型发展。

评　析

江苏飞力达甩挂运输试点项目以陆港集装箱联运甩挂模式和高端客户群为依托,融入一体化产业链管理体系,通过开展甩挂运输的组织模式,通过调度管理系统、站场视频监控系统、手机远程监控管理、仓库管理 & 订单管理 & 运输管理系统等一系列甩挂运输作业信息系统,有效整合各类运输资源,实现了"零库存""零距离""零障碍"的管理目标和物流网络的扩张。

在开展甩挂运输的过程当中,项目通过车队联盟化合作方式,依托其信息系统建立,形成了独具特色的甩挂运输模式:(1)通过苏浙沪车队联盟模式开展甩挂运输。整合货源、装备、物流网络等基础资源,完善甩挂运输线路网络、提升甩挂运输效率,形成独具特色的联盟化甩挂运输组织模式。(2)信息化系统建设。在既有的物流信息管理系统的基础上,对甩挂运输作业调度管理系统、站场视频监控系统、手机远程监控管理、仓库管理 & 订单管理 & 运输管理系统等系统进行升级改造,并开发相关软件,实现对甩挂车的精细化管理。

截至 2016 年年底,江苏飞力达甩挂运输试点项目运营状况良好,江苏飞利达在经济效益和社会效益方面均取得了明显的成绩。在今后的发展中,企业应着重加快信息系统相关设备的研发,积极整合社会运力资源,积极发展物流联盟,以达到成为创新物流产业引领者的目标。

案例17：振石集团浙江宇石国际物流——制造业与甩挂运输深度融合

振石集团浙江宇石国际物流有限公司(以下简称“宇石物流”)甩挂运输项目以制造业为依托,形成稳定的货源优势,开展“多线多点、循环甩挂”的全新甩挂模式,以最优的运距、最佳的甩挂时间、最大的经济效益实施甩挂运输。项目以制造业与物流业两业联动为货源保证,以区位优势为运输通道保障,以专业团队为技术支撑,实现了社会效益和企业经济效益最大化。

一、企业高管致辞

宇石物流甩挂运输项目于2011年8月被交通运输部确定为首批“甩挂运输试点项目”,该项目依托于制造业和物流业两业联动的稳定货源优势,开创了“多线多点、循环甩挂”的全新甩挂模式,以最优的运距、最佳的甩挂时间、最大的经济效益实施甩挂运输。在大幅度提高单车行程的同时,节约经营成本,达到节能减排的目标,真正做到了运距及运时最优化,实现了社会效益和企业经济效益最大化。宇石物流积极引导地区同行开展甩挂运输,树立甩挂运输企业新标杆。

振石集团浙江宇石国际物流有限公司总经理　寿燕军

二、企业发展概况

宇石物流成立于2004年,总部位于浙江省桐乡经济开发区,拥有物流站场10万平方米,现有职工460余人,总箱位510个,重型牵引车168辆,挂车263辆,挂车总吨位达7675吨。公司拥有粮食散装专用运输车20辆,天然气牵引车61辆,并配备粮食散装专用集装箱30个和甩挂作业配套的装载机械设备。

宇石物流是浙北地区具有一定规模的多功能型物流企业、浙江省综合交通物流行业协会理事单位,公司主要从事国际货运代理、国内运输配送、粮油贸易等业务。

公司在上海各港区、码头设有办事处,并在2008年年底至2010年年底期间,相继成立嘉兴市宇石国际货运代理有限公司、四川宇石国际物流有限公司、嘉兴宇石供应链管理有限公司和九江宇石国际物流有限公司四家子公司,并于2014年参股苏浙沪集装箱(上海)股份有限公司。

三、甩挂运输开展情况

(一)推进甩挂运输的历程

1.甩挂运输开展背景

近年来,随着嘉兴市制造企业规模日益壮大,桐乡市化纤业、毛纺业、建材等制造业迅猛发展,在规模企业的带动下,乡镇区域经济异军突起成为物流业发展的基础,为开展客户端甩挂提供了前提条件。随着《桐乡市人民政府关于鼓励和引导企业分离发展服务业的意见》的出台,政府鼓励有条件的生产企业将一些非核心的生产性服务环节剥离出来,通过大力发展货物运输、科技研发、品牌销售等生产性服务业,不断优化资源配置,进一步提升企业的服务质量和运作效率,从而为物流业的发展提供更广阔的空间。这些外部条件为宇石物流发展甩挂运输提供了有利的条件。

2.甩挂运输项目开展

在开展甩挂运输之前,在宇石物流的车头和挂车与制造企业对接的过程中,车辆等待时间通常超过4小时,甚至达到10小时,而客户货物按时装载的要求通常难以得到满足,卸货过程也同样面临等待时间过长的窘境。这导致了物流企业和制造企业互有怨言,车辆使用率低,制造企业物流成本增加。

为摆脱困境,宇石物流开始尝试引入甩挂运输组织模式,并于2011年被交通运输部选为首批甩挂运输试点项目,从此开始了宇石物流的甩挂运输业务。在原有物流站场无法满足宇石物流甩挂运输项目的开展的情况下，公司于 2012 年 2 月开始投资新建 10 万平方米站场，并于 2013 年 4 月竣工并投入使用，与此同时，购置了大量牵引车和挂车以及其他配套设施（图 1），扩大了甩挂运输规模，有效地满足了甩挂运输项目的开展要求。

图 1 宇石物流甩挂运输车辆

2015 年，宇石物流承担的浙江区域集装箱甩挂运输联盟试点项目作为上海市苏浙沪集装箱联盟甩挂运输主题性试点项目，被选为第四批主题性甩挂运输试点项目。

集装箱甩挂运输

集装箱甩挂运输就是对集装箱运输过程中采用甩挂作业的方式，表现形式有“甩挂”和“甩箱”及两者相结合的方式，主要应用于港口或内陆无水港周边，多涉及进出口业务。内陆无水港辐射连接各个分散的进出口企业，在无水港与企业之间开展短驳甩挂运输，利用内陆还箱点的优势，有效汇集区域内出口集装箱运输资源，从而保障无水港至港口之间的干线甩挂运输。在短驳甩挂中，采用甩挂和甩箱两种方式。甩箱即利用正面吊等设备将集装箱从挂车托板上吊下，并吊上另一待运集装箱。一般是在有装卸设备的港口、无水港等进行甩箱作业，在工厂客户端处进行甩挂作业。由于进出口集装箱多涉及海关、商检等报关、检验检疫等诸多手续，环节众多，对于运输有特殊的需求，每个环节的排队等待时间较长，因此采用甩挂模式可以大大提高牵引车的使用效率。

该模式适用于集装箱运输，线路涵盖港口、无水港及周边进出口企业，需要具备大型的集装箱吊装设备。

(二)甩挂运输组织模式

宇石物流开创的“多线多点、循环甩挂”的全新甩挂模式,主要有三种:以制造业客户端为依托开展的干线甩挂运输模式、以宇石物流站场为依托的散发性甩挂模式和以百货散装为依托的一线多点的循环甩挂模式。通过两年多的实践,甩挂运输组织进一步完善,甩挂运输线路已向非试点线路延伸,开发了以散装粮食、罐式车为载体的线路,并产生了良好的经济和社会效益。

1. 桐乡—上海港线路

该线路依托桐乡市各类外贸企业,开展工厂至宇石甩挂作业站场的短驳甩挂运输,宇石甩挂作业站场至上海港开展干线甩挂运输(图2、图3)。

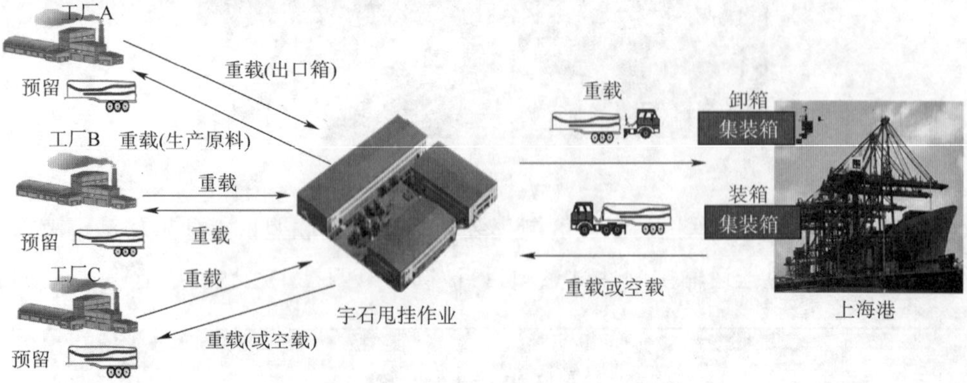

图2 桐乡—上海港甩挂作业组织流程

图3 桐乡—上海港甩挂作业现场

2. 桐乡—江浙沪周边线路

该线路采用“多点多线”的客户端甩挂运输组织模式,以宇石物流站场为依托,形成以桐乡为中心辐射常州、无锡、绍兴、余姚等地分厂、保税区的发散网络(图4)。

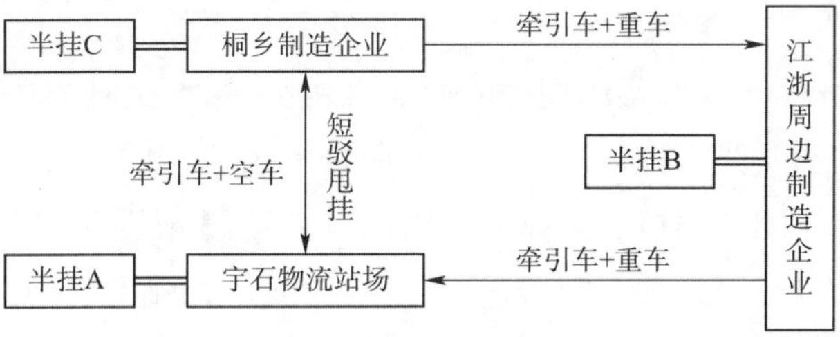

图4　桐乡—江浙沪周边甩挂作业组织流程

3. 嘉兴—上海—桐乡线路

该线路上去程主要完成针对华东地区沃尔玛配送中心零售超市的配送业务,回程时由上海码头提重箱返回桐乡,采用"一线多点,循环甩挂"模式,形成封闭的甩挂运输作业路径(图5、图6)。

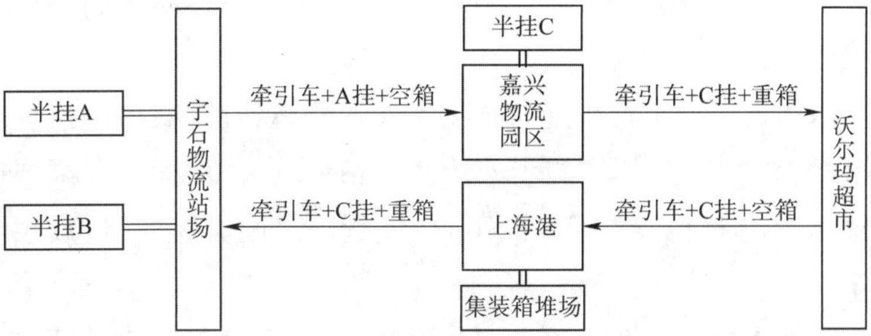

图5　嘉兴—上海—桐乡甩挂作业组织流程

图6　嘉兴—上海—桐乡甩挂作业现场

（三）开展甩挂运输的特点

1. 两业联动提供货源优势

宇石物流依托振石控股集团拥有的产业链优势，与制造业紧密相连、互促互进，获得了大量物流资源，为甩挂运输项目的开展打下了坚实的基础。从宇石物流成立开始，货源均来自集团公司核心企业巨石集团及其下属兄弟企业。随着宇石物流专业化物流服务的发展，当地知名制造业如桐昆集团、华友钴业、新凤鸣集团等也寻求宇石物流的专业物流服务，更加保障了宇石物流甩挂运输项目开展的货源稳定性。

2. 区位独特提供便捷运输通道

宇石物流所处的桐乡市地理位置极为独特，距杭州 70 公里、上海 120 余公里，距周边省市产业密集区在 200 公里范围内，在 500 公里范围内涵盖了长三角绝大部分经济发达城市。同时，各类交通通道便捷，高速路网密布，产业聚集度较高，货源地及运输目的地相对集中，这些特点都为宇石物流开展甩挂运输提供了极为便利的条件。

3. 打造专业团队提供技术支撑

（1）专业队伍支撑。宇石物流拥有物流专业化运作团队，由总经理负责企业甩挂运输发展的总体战略、具体实施步骤及其他相关政策；由运输计调部负责宇石物流甩挂运输的总体指挥调度，保证车辆、站场、货源之间有序衔接，最大限度发挥甩挂作业效率。

（2）基础设施支撑。宇石物流在桐乡市拥有 10 万平方米站场（图 7），200 余辆重型牵引车和挂车，并且配有重型吊装设备，为甩挂运输的开展提供了基础保障。同时，宇石物流拥有车辆维修车间、加油加气站，有效地支持了车辆开展甩挂作业。

图 7　宇石物流站场图

（3）信息技术支撑。宇石物流拥有一套自行研发的信息化系统，并与上游企业进行了互联互通，同时在每辆车辆上配置了 GPS 系统，做到对车辆信息的实时监控。

系统数据的汇总也为甩挂运输提供了数据支撑,可用于检测和改进甩挂线路以实现最优甩挂运输方案,提高甩挂效率。

四、甩挂运输所取得的成效

甩挂运输通过高度集约化的组织,能够有效减少牵引车的空驶里程,通过推荐合理车型降低单车百公里油耗,从而降低完成单位周转量的能耗。甩挂运输不仅在效率上有显著成效,而且在经济效益上也有明显成效,另外还有突出的社会效益。

1. 运输效率提升

通过甩挂运输模式,运输效率的提升主要体现在减少装卸时牵引车的等待时间,从而有效增加牵引车的载重行驶里程以及完成的总周转量。

对于纳入试点的3条运输线路应用甩挂运输组织模式,由于减少了车辆等待时间,单车的年总行程增加了50%,同时由于加强了货源组织,里程利用率从传统模式下的50%提高到70%,单车年载重行驶里程提升了108.5%,单车年周转量增加了108.5%。

2. 运输成本降低

从企业运营成本的角度来看,甩挂运输组织模式能够有效减少企业的运营成本,增加企业的经济效益,主要体现在节省部分牵引车的高额购置费用和减少牵引车的运营成本两个方面。

开展甩挂运输能够通过"一车多挂",减少对牵引车的需求,节约牵引车购置费、租赁费、人工和车辆维护等费用,从而促使企业总体运营成本的降低。

运输成本主要包括:固定成本、可变成本和营业税,其中固定成本包括车辆折旧、保险费等,可变成本包括燃油费、通行费和驾驶员工资等,甩挂运输方式成本较传统模式节约了0.107元/(吨公里),成本下降了27.72%。

3. 社会效益凸显

宇石物流开展甩挂运输的运输效率、单车油耗指标与传统运输方式的数据比较,在完成相同周转量的前提下,传统模式柴油消耗量为5280594.89升/年,折算标准煤6814.61吨/年,折算二氧化碳排放14363.22吨/年;甩挂运输模式下柴油消耗量为4306171.4升/年,折算标准煤5557.11吨/年,折算二氧化碳排放11712.79吨/年。可以计算出甩挂运输模式较传统运输模式减少柴油消耗974423.49升,折算标准煤1257.5吨,二氧化碳排放2650.43吨,节约燃油成本达701万元/年。

五、甩挂运输发展设想

宇石物流在做好甩挂运输试点的同时，今后将引导同行积极发展甩挂运输，根据客户的业务需要，拓展甩挂运输线路，允许同行的社会车辆甩挂至公司站场，合理调配和布置，使甩挂运输得到全面的推广。同时在完成甩挂站场迁建项目的基础上，落实甩挂运输的延续性。

现今的甩挂运输不仅仅局限于公路运输的单一甩挂运输模式，多式联运模式已成为现阶段运输发展的主要趋势。鉴于此，宇石物流在开展甩挂运输的同时，将继续开拓创新，探索甩挂运输与多式联运的有效结合。

1. 建设水运码头，开展水陆联运

宇石物流计划于未来开展水运码头建设项目，项目一旦建设完工后，部分集装箱运输将由长途公路运输转为经公路短驳转运的内河运输。该项目的实施基于区域甩挂项目的“一线两点，甩箱与甩挂相结合”的成功经验。通过该项目将提高车辆的使用率，降低运输成本，减少碳排放。

2. 整合地区资源，探索公铁联运

随着国家“一带一路”政策的出台，铁路运输地位将获得提升，同时随着集装箱车辆标准和铁路集装箱标准的逐渐统一，开展公铁联运的条件愈发成熟。结合明显的区位优势：桐乡总部附近拥有沪杭铁路线、九江宇石地处京九铁路线、四川宇石地处欧亚铁路西南始发点，宇石物流将开展公铁联运的甩挂运输模式作为重要发展方向，提高甩挂运输的多样性。

评　　析

振石集团浙江宇石国际物流甩挂运输项目以制造业为依托，凭借其稳定的货源优势和所处区域独特的地域优势，以专业队伍、基础设施、信息技术为支撑，不断优化资源配置，提升服务质量和运输效率；同时，通过新建站场，购置车辆及其他配套设施，扩大了运输规模，提升了服务水平；最后，以节约成本、节能减排为目标，实现了社会效益和企业经济效益最大化。

在开展甩挂运输的过程中，该项目依托其与制造业和物流业两业联动带来的稳定货源优势，开创了循环甩挂的全新甩挂模式：(1)以制造业客户端为依托开展的干线甩挂运输模式，通过不同方式的短驳甩挂运输提高运输效率；(2)以宇石物流站场为依托的散发性甩挂模式，通过站场和企业间有效的短驳甩挂运输，将当地制造企业和江浙周边制造企业等与宇石物流有效地连接起来；(3)以百货散装为依托的一线多点的循环甩挂模式，依托制造业提供的货源优势，形成封闭的甩挂运输作业路径。

当前宇石物流甩挂运输项目进展顺利，在今后的发展过程中，应继续发展甩挂运输，结合区域优势，拓展运输线路，重点提高甩挂运输的多样性，与多式联运相结合，整合地区资源、探索公铁联运，建设水运码头、开展水陆联运，从而提高车辆使用率，降低运输成本，节约能源，促进区域甩挂运输的推广。

案例18：武汉东方驿站——打造网络化的甩挂运输装备租赁平台

东方驿站物流科技(武汉)有限公司(以下简称“东方驿站”)致力于打造一个公共、独立、开放的甩挂运输装备资源服务平台，通过“互联网+物流装备”的分时租赁，帮助客户实现物流装备资源的高效、绿色、安全运营。东方驿站业务服务包括四大块：装备租赁、站场服务、后市场服务、平台服务。其中平台服务包括：电商平台、智能挂车平台、大数据应用平台。东方驿站将通过全国网络化的布局，形成挂车池网络，实现挂车和集装箱等甩挂运输装备的通借通还。

一、企业高管致辞

2016年，是东方驿站创新开拓腾飞起步的第一年。东方驿站正式在中国市场开启了“互联网+公共挂车池+分时租赁+专业化甩挂站场+后市场服务”新时代。该创新模式的推广获得了行业、市场、资本多方认可与支持。并在当年中国“小谷围”创新大赛1000个报名项目中作为唯一的“互联网+”物流项目荣获全国二等奖。半年间，东方驿站已向市场投放了1000多套标准化甩挂运输装备，与百世、盛丰、中物联、顺丰、京东、众卡、中开财务、中开保理等大客户、行业协会达成了战略合作关系，形成了良好的客户示范效应。

2017年，东方驿站抢抓新机遇、实现新突破。平台甩挂运输装备管理台数一跃超过3000台，运营线路超过500条，轮胎租赁数量超1万条，线下服务站场超10家。此外，“挂驿租”电商平台、智能挂车管理平台已陆续完成开发上线运营，公司将持续推进智慧运营，加快打造智能网络。未来，东方驿站将积极推动国内甩挂运输组织方式的变革升级，促进中国甩挂运输市场的发展；为中国道路运输带来更经济、更安全、更环保的物流环境；以期承担更多的社会责任，实现更大的社会价值。

东方驿站物流科技有限公司董事长　陈波

二、企业概况

东方驿站成立于2016年，是中国南山集团首家实施员工持股单位，南山集团全资子公司深圳市赤湾东方物流有限公司控股75%。公司入选全国甩挂运输第二批试点企业名单。2016年4月，东方驿站正式开始装备租赁业务。2016年11月，东方驿站单月半挂车投放量创历史新高——单月交车220台。东方驿站已在武汉、鄂州、深圳、广州、昆山、福建、江西、河北、上海等多处设立站场及网点。公司主营业务包括：装备租赁服务、站场服务、后市场服务、平台服务。

三、甩挂运输开展情况

（一）推进甩挂运输的历程

控股公司开展甩挂运输业务始于1995年，是深圳市拖车行业协会理事长单位，是国内集装箱甩挂运输的先行和先进企业。

2009年，将深圳集装箱甩挂运输模式复制，开展富士康配套甩挂运输业务。

2010年，入选交通运输部第一批甩挂运输试点企业。

2012年，入选交通运输部第二批甩挂运输试点企业。

2013 年,牵头成立华中甩挂运输联盟(图 1),并当选理事长单位。

2015 年,恒温仓项目入选交通运输部第四批甩挂运输试点项目。

图 1　华中甩挂运输联盟成立仪式

2016 年,东方驿站正式在武汉成立,成为国内首家针对甩挂运输领域提供装备资源的平台服务商。

(二)甩挂运输组织模式

1. 以甩挂运输为纽带推动物流业与制造业联动

随着制造业竞争的加剧,企业对各项成本的控制提出了更高的要求,东方驿站在合作中摸索出了一套通过将甩挂运输嵌入制造企业运营过程,促进物流企业与制造企业联动,推动企业降本增效的方法。如图 2 所示,在制造企业厂区内设立甩挂站场,在厂区内建立拖车池。以运代储,将公司货柜变成客户的移动仓库,实现客户产品不落地。同时,提供客户厂区内物流操作,实现厂区内拼柜、倒柜。

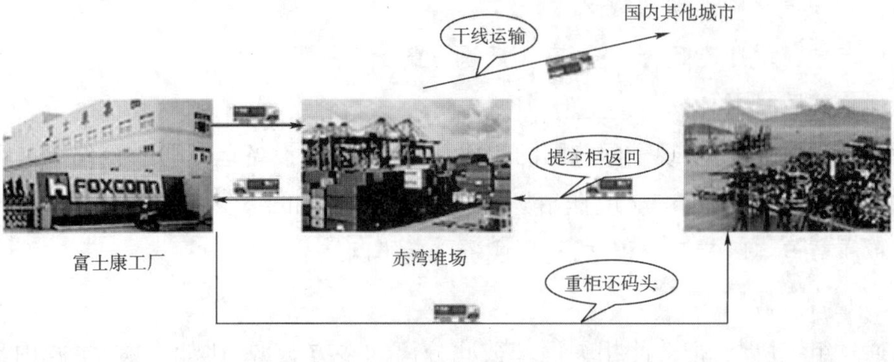

图 2　富士康 JIT 服务示意图

通过甩挂运输在制造业企业中的应用,大幅度提升了物流效率,降低了综合物流成本。传统运输模式下,车辆花费大量时间在等待装货上(平均装货时间超过12小时),单车作业效率低下,日均运量仅为1个集装箱。

甩挂运输模式下,将牵引车在工厂等待装货的时间消化为零。在柜量较大的情况下,日作业量可达到4~5个,如图3所示。

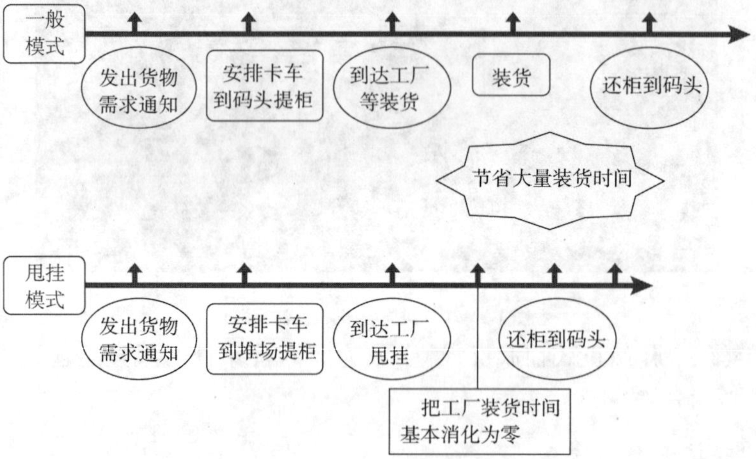

图3　传统方式与甩挂运输效率对比

2. 甩挂模式创新——东方驿站打造网络化的甩挂运输装备租赁平台

东方驿站通过自有储备、社会吸纳等方式打造“公共挂车池”,全国网络化布局“专业化甩挂站场”的建立实现挂车和集装箱等甩挂运输装备任意时间、任意型号、任意节点的通借通还“分时租赁”便捷交易。并提供装备全生命周期的“后市场服务”,为中国甩挂运输的创新发展提供新思路、新方向,如图4所示。

(三)甩挂运输组织的特点

1. 东方驿站打造四网一圈,实现资源的整合和共享

1)搭建物理网

通过设备投放,实现全网范围的租赁及运维,打造设备运营骨干网络;在国内物流节点城市设置枢纽节点(甩挂站场),提供运维资产的综合后市场服务;以骨干网络+枢纽节点+运营网点相结合,形成资产运维网络。

2)整合资源网

通过组织协调,把彼此相关但却彼此分离的多方资源,比如自购、集团内部、外部、资本等不同来源、不同层次、不同结构、不同内容的资源进行整合与优化。

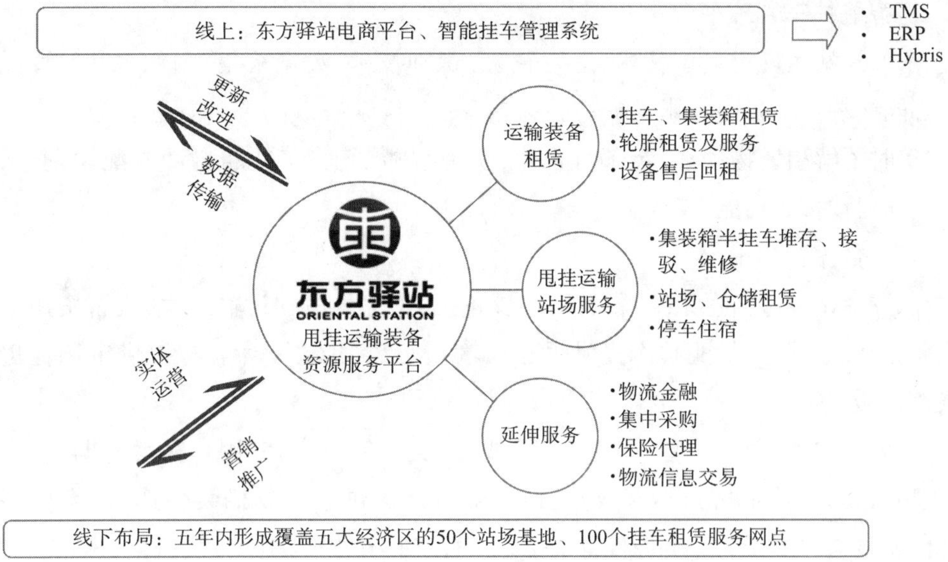

图4　东方驿站基于甩挂运输的全新商业模式

3)建立客户网

东方驿站依托大客户大订单支撑网络搭建、品牌形成；以中小零散客户的灵活租赁服务提供利润支撑。

4)形成数据网

通过基础的GPS数据、运维设备的状态数据、用户画像、货源数据、电商平台大数据，打造数据资源池，实现智能化管理。

5)金融生态圈

东方驿站金融生态圈是基于甩挂运输的实体服务，在互联网的基础上编织的一个金融网络，各个部分彼此影响、延伸。

以运输装备的经营性租赁作为商业模式基础，以大数据为评价条件，叠加能够服务于客户的经营性租赁、融资租赁、商业贷款、保理等金融与类金融业务。

2.东方驿站建设物流信息化平台，助力甩挂运输装备租赁业务的开展

1)互联网电商平台

东方驿站通过选择SAP作为全渠道解决方案供应商，通过SAP-ERP项目将业务流程完全地整合，进行全国一体化管理，实现管理标准化、可视化。打造中国最大的甩挂运输B2B与B2C电子商务平台，其具备强大的产品设计、订单管理、采购管理、数据管理、会员管理、搜索引擎、广告推广、社交工具等集成应用功能。

2)智能挂车管理平台

东方驿站通过对定位技术、运行轨迹、识别技术、数据采集、图像采集、智能预警、智能终端等车联网技术的研究,形成了一套科学有效的装备管理核心技术。让客户实时了解租赁物动态,装备可视化,实现智能调度、车挂厢自动匹配识别、胎压监测、远程预警等功能。

3)大数据应用平台

东方驿站通过信息系统研发、高端设备投入,建立甩挂运输运力、装备资源大数据。利用大数据,为行业政府提供甩挂运输核心数据支持,为客户提供定制化甩挂运输解决方案。

根据客户实际需求,结合客户运输线路、类型等信息,利用车辆大数据,提供专业化租赁建议,降低客户运营成本、提升效率。提供指导车辆装备选型、客户评级定价、站场选址预测、备品备件储备预测、智能匹配提取地点、装备取还路径优化等数据服务。根据货源、车源大数据,引导社会运力的流向,开启甩挂运输 AI 新时代。

四、甩挂运输取得的成效

1. 通过开展甩挂运输,降低了综合物流成本,改善了企业供应链流程

通过测算,与富士康、联想等公司合作实施甩挂运输的过程中,在完成相同周转量的情况下,各线路总油耗比传统模式有 12.5% ~23.1% 的下降。

道路甩挂运输提高了车辆利用率、提高了运作时效;可衔接多种运输方式,采用整箱搬运装卸,几乎可以完全消除货损货差,实现"门到门"运输,使企业"零库存"变为可能,有利于建立循环经济运输产业。

改善制造企业采购、生产、销售的供应链流程,有效形成原材料供应商、制造企业与物流企业的联动。装卸工人不用等箱装货,占用装货的站台少,节约装货时间、提高装货效率、减少装货场地、节约人员成本、减少加班时间。

2. 通过开展甩挂运输装备租赁,实现绿色物流,为企业创造了更好的效益

通过车辆共享,可以灵活调配挂车,降低空载、无效行驶等,有效提升车辆利用率,从而提升企业利润率。通过甩挂运输路由(HUB),使长途干线节点化,驾驶员驾驶时间单程小于 8 小时,节省单程运输时间,2 天内可返程,驾驶员能回归家庭。驾驶员不再长时间等待、帮忙装卸货、盖篷布,降低劳动强度,提升工作满意度及

社会地位。通过客户数据，使用先进的甩挂运输组织模式，物流企业整体营收翻倍增长，车辆利用率提升20%以上，利润率提升10%以上，驾驶员平均流失率下降了28%。

3. 通过开展甩挂运输装备租赁，实现更为环保、更为安全的物流

更环保的物流：东方驿站通过建立甩挂运输大通道 + 新能源配送车辆，投入轻量化、标准化装备，甩挂运输中牵引车利用率提升、投入数量下降，可减少碳排放20%以上。

更安全的物流：东方驿站致力于提供优质、标准化的物流装备，同时配以高标准的维修，保证了物流装备状态的最优；在全国建立甩挂运输基地，让干线运输节点化，重型车辆不进入城市，降低市内危险；通过网络化布局甩挂运输基地，驾驶员单程的驾驶时间不超过8小时，减少疲劳驾驶。

4. 通过开展甩挂运输装备租赁，实现社会化公共挂车池

通过采用租赁方式，有效降低装备购置费用，只需使用少量的资金杠杆撬动较大的运营资产，减少资金占用，降低风险。在运力采购时不再对挂箱资源投入大量资金，优化资产负债，实现轻资产化运营。

通过挂车池投放，解决在相近干线运营线路上，甩挂资源投放过剩、效率低下等问题，进一步减轻成本虚高问题，解决干线运输供应商之间挂车不通用、无法实现资源互换问题，实现全国网络化甩挂。该方式有效降低如"双11"等运力需求波峰带来的资源匮乏风险。

诸多知名快递快运企业如：顺丰、京东、百世、德邦、众卡等正在通过东方驿站实现企业内公共挂车池，通过其作为独立第三方提供装备租赁服务，由承运商提供运力，实现挂箱资源的共享，如图5所示。

SCANIA　　百世物流　　蜂网投资

图 5

盛丰集团

中物联

中开财务、中开保理

图5　东方驿站已与多家知名企业、协会达成战略合作

五、甩挂运输发展设想

未来中国南山开发集团将进一步加大在物流领域的投资力度，五年内物流版块总投入将超过100亿元人民币。东方驿站作为集团物流版块的主要企业之一，母公司将在未来3至5年内给予大力支持。在母公司大物流战略指导下，结合“一网三平台”的布局，实施“四网一圈”的发展战略，将建立覆盖全国的循环甩挂运输网络，实现全社会公共挂车池装备互换、共享，将为甩挂运输领域各类企业提供更优质的装备及服务，打破中国市场上规模化挂车运营商空白，积极促进甩挂运输在我国的标准化发展。

到2020年，东方驿站管理挂车数计划将超过2万台，50个站场，100个服务网点，真正做到“挂车池”网络甩挂装备租赁市场占有率全国领先。通过提高资产效率、资金利用率，增加收入机会，促进业务的规模化增长，改善成本结构，实现利润最大化，致力成为中国最大的甩挂运输装备资源服务平台。

评　　析

东方驿站甩挂运输试点项目致力于打造一个公共、独立、开放的甩挂运输装备资源服务平台，通过“互联网 + 物流装备”的分时租赁，帮助客户实现物流装备资源的高效、绿色、安全运营；同时打造“四网一圈”，实现资源的整合和共享，提高了运输效率，节约了物流成本；最后，建设物流信息化平台，助力甩挂运输装备租赁业务的开展，推动企业降本增效。

在开展甩挂运输的过程中，项目依托其丰富的客户类型和客户资源优势，形成了新型甩挂运输组织模式：(1) 以甩挂运输为纽带推动物流业与制造业联动。随着制造业竞争的加剧，企业对各项成本的控制提出了更高的要求，赤湾东方在合作中摸索出了一套通过将甩挂运输嵌入制造企业运营过程，促进物流企业与制造企业联动，推动企业降本增效的方法。（2）东方驿站打造网络化的甩挂运输装备租赁平台。东方驿站作为国内首家正式开展甩挂运输装备资源的服务平台，将通过自有储备、社会吸纳等方式打造"公共挂车池"，全国网络化布局"专业化甩挂站场"的建立实现挂车和集装箱等甩挂运输装备任意时间、任意型号、任意节点的通借通还"分时租赁"便捷交易。并提供装备全生命周期的"后市场服务"，为中国甩挂运输的创新发展提供新思路、新方向。

当前，东方驿站甩挂运输试点项目进展良好，未来应着重建立覆盖全国的公路干线运输网，搭建站网结合的物流站场平台、物流装备租赁平台和物流金融平台，进一步推进甩挂运输联盟的发展；在加大投资力度的同时，需注意融资渠道的多元化，严格把控各类风险。

案例 19：上海新杰物流——基于甩挂运输服务体系创新物流营利模式

新杰物流集团股份有限公司（以下简称"新杰物流"）依托自身甩挂运输线路优势，积极引进先进的甩挂运输技术，完善甩挂运输基础设施，不断丰富和完善自身的甩挂运输网络。与此同时，集团积极拓展物流业务范围，从电子产品物流拓展到汽车物流、快消品物流、医药物流，深入发掘服务价值，形成了独具特色的全国性合同型零担服务网络，与制造业企业形成了深度融合，探索了物流营利新思路。以甩挂运输为依托，不断创新物流发展模式的新杰物流集团，已经成为行业内甩挂运输开展和物流服务创新的旗帜标杆。

一、企业高管致辞

自 2008 年起，新杰物流在国内率先探索引入甩挂运输作业模式，先后开通了长短 10 多条甩挂线路，有效地降低了公司的运输成本，提高了运输效率，降低了能耗，提升了企业的竞争力，对客户、对社会、对企业都有益，因面甩挂运输是转变物流发展方式的重要举措。新杰物流集团在甩挂运输方面尝试早、起步早，做出了一些成绩，受到了各级政府部门的肯定。

上海新杰物流集团股份有限公司总经理　王坚

二、企业发展概况

新杰物流成立于1997年5月，是一家总部设在上海的国内领先的综合物流和货运服务公司，年销售额达到10亿，日发货量超过2000吨。通过遍布国内的1800多名专业而富有经验的员工，新杰物流为200多家跨国公司和中国领军企业在国内提供优质和可靠的服务，这200多家客户中的80%属于财富500强。目前新杰物流在全国90个城市拥有运营点，上海、深圳、武汉、成都、西安、天津、沈阳等7个城市拥有区域性公路转运中心，门到门运输服务覆盖800～1000个国内城市。同时，在国内36个城市可提供仓储服务，管理仓库总面积达210000平方米。新杰物流现具备空运、铁运的一级代理资质和公路运输一级运营资格，在主要口岸拥有国际货运一级代理资质，是一家集空、铁、陆运能力均衡的综合性物流企业。

新杰物流的85%以上的货物通过公路运输方式发运，由于公司主要服务于电子行业的客户，因此公司从其成立之初就使用厢式货车，从12.5米厢式半挂货车逐步发展到14.6米厢式半挂货车，正是由于其一开始就使用半挂车，为甩挂运输的推行打下了良好的基础。

三、甩挂运输开展情况

（一）推进甩挂运输的历程

“十一五”期间，随着燃油价格的快速上涨，整车和零配件价格、劳动力成本的上升，物流站场租金的提高，普通单车的传统运输组织方式因其实载率低、车辆运营效率低，车队运营面临着非常大的压力。当时公司在经营上有几种可以选择的方案。一是不经营车队，租用或外包使用社会上不规范的所谓“大型车辆”降低运营成本；二是通过提高运行效率，降低单公里运输成本，保持市场的竞争力；三是提高运价，将成本增加传递给客户。

为在成本急剧上涨的压力下保持自己的竞争力，新杰物流认真分析了当时的形势，结合国外运输公司的发展路径，做了一些数据模型的分析，认为保持自有车队可以提高服务质量，在旺季时更好地为客户服务，而提高运价将使客户流失，正确的思路是：以提高效率为主要抓手，努力降低车队单公里成本，保持自有车队，为客户提供更多的价值。

提高车辆的效率，一方面需要能够每月行驶 20000 公里以上的牵引车，另一方面需要改变车辆的运营组织方式，尽可能减少车辆装卸等待时间。适逢交通运输部推广甩挂运输，在参照了美国的甩挂运输模式后，通过模型测算，新杰物流认为甩挂运输的成本有竞争力，也能减少碳排放，是一个一举多得的好方式。甩挂运输之所以能降低成本，在于企业减少了驾驶员使用数量，减少了牵引车的投入，提高了工作效率。

从 2007 年开始，新杰物流购置了解放、东风、豪沃、中集等一批吨位大、运载能力强、能源消耗低、出勤率高的牵引车和挂车（图 1），在个别线路上先行先试甩挂作业，取得了一定的成效。2008 年公司优化发展部将甩挂运输单独立项研究，建立了单车运输模型和甩挂运输模型进行分析对比，通过数学模型的分析，从理论上验证了甩挂的成本优势和节能减排效果。2010 年，在局部试运行取得明显成效的基础上，新杰物流扩大了甩挂运输规模，建立了以上海、天津、深圳、武汉为中心的运作枢纽，并取得了良好的经济和社会效益。自此，新杰物流将发展甩挂运输作为转变增长方式、提高车辆运营效率、调整物流结构的重中之重，凝聚上下合力，协同推进实施。

图 1　新杰物流甩挂运输车辆

2011 年新杰物流提出《甩挂运输项目试点实施方案》，并在上海、深圳、天津、武汉做甩挂运输线路的尝试。公司成立了以总经理牵头的甩挂运输推进小组,从运输信息化系统升级、运输流程变革、站场改造、车辆和挂车统一等多方面推进这项工作,同时仔细分析了现有货量,在来回程货源比较平衡的线路上全面推进甩挂运输。

(二)甩挂运输组织模式

甩挂运输线路的成本优势,带动了新杰物流业务的发展,甩挂线路的推行,大大提高了当地分公司的揽货能力,为新杰物流销售额的提升做出了贡献。在分析了甩挂运输优势之后,结合自身的货源特点,新杰物流认为长短途甩挂必须结合在一起,才能最大限度地提高效率。

目前,新杰物流开展了14条甩挂运输线路,依次是"上海—苏州""上海—天津""上海—杭州""上海—合肥""上海—成都""上海—武汉""上海—广州""上海—深圳""上海—厦门""武汉—北京""武汉—深圳""武汉—成都""深圳—北京""广州—深圳"。

同时新杰物流开展了甩挂运输车辆统一自动化管理,在100多辆挂车箱安装了跟踪系统,并且做到挂车箱与车头由系统自动调配。公司还与中国重型汽车集团一起研发了挂车灯光检测仪,提高了挂车灯光的完好率。

以新杰物流服务的某大型生产企业为例,该公司在上海设有生产基地,货物主要运往成都,货物为纸箱包装,尺寸较小,装货时间较长,上海工厂内的装货月台数量较多,可以放下空余的挂车。成都卸货仓库属VMI仓库,库容有限,有时卸货会等2~3天时间,造成押车的情况。公司在分析客户出货特点后,决定采用甩挂运输的方式为客户提供服务,公司在上海提供一个挂车常年放在客户的仓库,公司派一名现场人员在装货仓库与客户完成货物交接手续,待装满后通知公司调度带空挂来拉走重挂。货物抵达成都后,事先联系收货人,如果他们能及时卸货,车辆直接到收货人仓库卸货,如果需要等通知送货的,牵引车将挂车拖到成都新杰仓库,将重挂放到成都新杰,牵引车拖已经装完的重挂回上海。成都新杰接到客户通知后,会另派牵引车将停在场地上的重挂拉到收货人那里完成卸货。该运输模式如图2所示。通过流程的优化,大大提高了干线牵引车的使用效率,降低了成本,也受到了客户的好评。

(三)甩挂运输组织的特点

1.大量的客户保证了足够的来回货源

新杰物流作为一家合同物流公司,货物以零担为主,集物流方案策划、货运代理、普通货物运输、集装箱运输、仓储配送和危险品运输为一体的第三方物流企业,面向全社会提供物流服务。目前,在企业的服务对象中,如惠普、联想、3M、华硕、通用医疗、泰科电子等大中型企业产生的货运量占比约 60%，其余 40% 多为中小企业产生的零担货运量，总计客户达 1000 多家。依托广泛的客户群，新杰物流拥有了稳定的货源，保障了甩挂运输的顺利开行。

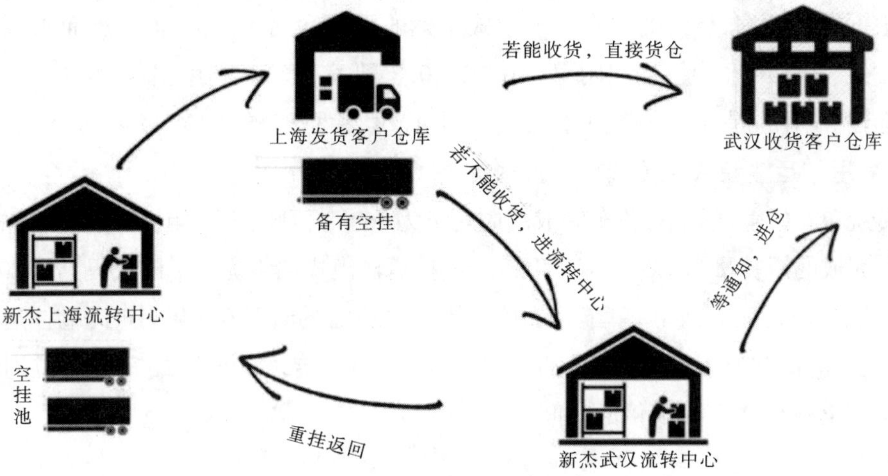

图 2　新杰物流甩挂运输模式示意图

2. 运行效率的提升是甩挂成败的关键

甩挂带来的成本降低，使企业能在国家补贴结束后持续地坚持使用这种运输方式。甩挂运输为什么能带来成本的降低，奥秘就在于车辆运输效率的提高。企业应时刻关注车辆每月的行驶公里数，并设法将公里数提高到每月 25000 公里以上，目前国产车的质量已经能达到这个行驶强度。

3. 必须提升管理效率以满足甩挂运输的高效率要求

甩挂运输由于效率的提高，对管理效率也提出了相应的要求，挂车配备 GPS，保障了头挂的匹配。由于开展甩挂运输后，驾驶员停车时间短，公司必须保证驾驶员的休息，最大限度减少驾驶员报销、交接的时间，这样才能保证安全的运行。

4. 选择合适的车型

开展甩挂运输后，车辆每月行驶里程大幅度增加，客观上要求车辆的出勤率高，因此选择合适的车型至关重要，新杰物流在对比国内厂家多个车型后，最后选择中国重汽的 MAN 系列产品，有利地保障了甩挂运输的推行。

四、甩挂运输取得的成效

1. 提高运输效率

传统运输模式下，一般车辆每天的工作时间为 12 小时，平均行驶里程为 1.3 万公里/月，年行驶里程为15.6万公里；甩挂运输模式下，一般车辆每天的工作时间为21小时，平均行驶里程为3万公里/月，年行驶里程为35万公里。与传统单车运输模式相比，甩挂运输牵引车的工作效率提升了110%。

根据统计数据，传统的单车运输模式车辆的里程利用率一般为0.7；而采用甩挂运输方式，车辆的平均里程利用率为0.75～0.8，即实际箱容利用率0.75～0.8(因为甩挂运输采用的是厢式车，由于货物外形尺寸多种多样，箱容利用率不会达到100%)，甩挂运输模式比传统单车模式提高了106%。

传统单车运输模式下，单车完成的周转量为163.8万吨公里/年；甩挂运输模式下，牵引车完成的周转量为495万吨公里/年，甩挂运输模式比传统单车模式提高了202%。

传统单车运输模式下，单车完成单位周转量所需的时间0.048小时；甩挂运输模式下牵引车完成单位周转量所需的时间0.016小时，传统单车模式完成单位周转量要比甩挂运输模式多用3倍的时间。

2.降低运输成本

运输成本主要包括：固定成本和可变成本，其中固定成本有车辆折旧费、修理费(实际操作过程中，通常企业会按照不同的运输方式进行这项费用的核定，属于固定费用)、驾驶员工资、保险费、其他费用、税金等，可变成本一般包括燃油费和通行费等。根据新杰物流统计，甩挂运输方式成本为0.36元/(吨公里)，传统运输方式成本为0.45元/(吨公里)，甩挂运输节约了0.09元/(吨公里)，成本下降了20%。单公里成本也由原来的7元/公里，降低至6元/公里。下降幅度达到了15%。

3.大幅度降低碳排放

柴油的碳排放量为2.72千克/升，根据公司统计数据计算，与传统单车运输方式相比，采用甩挂运输方式车辆百吨公里二氧化碳排放量可下降1.9千克，降低率为29.5%。

4.降低周转仓库面积、均衡仓库作业

由于采用了甩挂运输模式，挂车部分替代了周转仓库，使同样的仓库面积能承受更大的作业量，过去季末、年末出现的爆仓现象基本消失。同时由于甩挂的推行，仓库作业更加均衡，减少了仓库作业人数，降低了流转库的成本。

五、甩挂运输发展设想

鉴于甩挂运输的优势和发展甩挂运输的要求，新杰物流集团在下一步的发展中，将进一步推进甩挂运输的辐射范围和适用深度，加大对甩挂运输车辆、站场等基础设施的投入，同时拓展甩挂运输的运营线路，进一步实现甩挂运输提高组织效率、降低运营成本、提升管理信息化程度的优势，为资源节约型、环境友好型社会的建设做出企业应做的贡献。

新杰物流也将进一步探索甩挂运输的新模式，在包括租用社会挂车、在客户处设立挂车池、发展接驳甩挂等新模式上做出自己的尝试，也愿意与同行一起发展共同甩挂模式，将现有的简单的线路甩挂发展成为网络型甩挂模式。

评　析

甩挂运输能够降低运营成本及仓储成本，甩挂运输创造的时间效益使得材料随订随到变为可能，有效地增强货物的流动性，为实现零库存创造了条件，节省了货物仓储成本，使得供应链外包成为可能；甩挂作业使牵引车和挂车能够自由分离，减少货物装卸的等待时间，加速牵引车周转，提高牵引车生产效率，提高集约化程度；甩挂运输对道路货运业整体的技术水平有较高的要求：一是需要专业化的甩挂作业站场，提供摘挂、停车、理货、装卸等生产流程服务，二是需要信息管理系统，提供车辆管理、车辆监控与调度、订单管理、仓储管理、装卸理货管理、企业综合管理等功能，三是需要标准化的车辆配备，确保不同的牵引车和挂车之间能够自由组合，能够促进道路货运业的技术水平的提高。

上海新杰物流集团股份有限公司依托 14 条内部甩挂线路，建立了上海、深圳、武汉、天津等多个运作枢纽，其门到门运输服务可以覆盖 800 ~ 1000 个国内城市。企业引进先进的厢式半挂货车，采用高效的甩挂运输组织模式，提升了甩挂运输的工作效率，降低了甩挂运输的成本，减少了碳排放和周转仓库面积。同时，企业开拓了电子产品物流、汽车物流、快消品物流、医药物流等多元化业务，形成了独具特色的全国性合同型零担服务网络。

新杰物流将发展甩挂运输作为转变增长方式、提高车辆运营效率、调整物流结构的重中之重。在大力推进甩挂运输的过程中，形成了一系列鲜明的特点：(1) 扩大客户规模，保证货源充足。新杰物流作为一家合同物流公司，货物以零担为主。其中，大中型企业货运量约占 60%，中小型企业货运量约占 40%，客户总计达 1000 余家。(2) 提升运行效率和管理效率。为降低运输成本，新杰物流将车辆每月的行驶公里数提高到 2.5 万公里以上，同时，为挂车配备 GPS，保障头挂的匹配。(3)选择合适的车型。甩挂运输要求车辆的出勤率高，因此需要选择合适的车型。新杰物流使用中国重汽的MAN系列产品，可以保证甩挂运输的顺利推行。

新杰物流自发展甩挂运输以来，在降本增效方面取得了积极的效果。在企业下一步的发展中，应继续推进甩挂运输的辐射范围和适用深度，加大对甩挂运输车辆、站场等基础设施的投入，同时拓展甩挂运输的运营线路，探索甩挂运输的新模式，进而提高甩挂运输的组织效率、降低运营成本，提升管理信息化程度，促进中国公路货运现代化的发展。

案例20：深圳恒路物流——依托IT制造业的卡车航班甩挂运输模式

深圳恒路物流股份有限公司（以下简称“恒路物流”）建立了覆盖全国的开放式运营平台和公路干线网络，为甩挂运输提供了有力的支撑。企业发展的过程中高度重视创新发展，引进了先进的物流管理系统，优化现有的运输组织模式，在提升运输效率的同时，可以提供高质量的物流服务，同时企业优质的客户资源也为其以后的发展奠定了坚实的基础。恒路物流提出的“卡车航班”已经成为企业的核心业务，为企业提供了新的发展方向。

一、企业高管致辞

恒路物流作为第三方物流中的领先企业，率先在国内引入甩挂运输技术，推出“卡车航班”服务，填补了航空货运与普通公路货运之间的空白。随着业务规模变大、技术设备及网络覆盖的进一步完善，恒路物流将总结经验教训，提升物流装备水平和管理水平，为同行树立典范。恒路物流近年的快速发展，得益于各级党政领导、专家以及各界朋友的关心，得益于广大客户的大力支持和帮助，我代表恒路物流表示衷心的感谢。

二、企业发展概况

恒路物流是招商局物流集团旗下公路快运平台，致力于成为“中国最专业的公路快运平台运营商”。恒路物流在深圳、北京、上海、成都、沈阳、武汉、西安、乌鲁木齐等地建设了多个面向全国的开放式物流运营平台和覆盖全国的公路干线运输网络，通过各平台和干线网络快速联接物流运作节点，高效整合货物流、信息流、资金流、商务流，为全国加盟伙伴、广大客户提供全程一体化、可视化的高端物流解决方案。

深圳市恒路物流股份有限公司总经理　沈浩

恒路物流是以公路零担货物运输为主的第三方物流企业，主营业务包括国内外空运、甩挂运输（速达卡航）、供应链管理、物流解决方案提供、仓储配送、流通加工、逆向物流、代收货款、物流银行等全方位物流服务；配合恒路物流发达的网络覆盖及技术优势，为客户及合作伙伴提供专业第三方综合物流服务。

三、甩挂运输开展情况

（一）推进甩挂运输的历程

目前恒路物流已在国内开通了近百条运输线路，同时推出“卡车航班”服务，填补了航空货运与普通公路货运之间的空白。在发展过程中，恒路物流选择货量稳定、车辆周转率高、时效要求紧迫的线路开展甩挂运输，以提高运输时效和车辆的周转率，从而更好地服务客户；通过甩挂可以节省装卸运作的时间，提高运输效率，减少二氧化碳的排放。2011 年，恒路物流在“卡车航班”的基础上，率先在深圳至北京、深圳至上海和深圳至成都三条线路开展甩挂运输，并取得了明显的成效，如图 1、图 2 所示。“卡车航班”的运营管理，以及甩挂运输的探索，为恒路物流顺利开展国家甩挂运输试点工作奠定了坚实的业务基础。目前恒路物流开展了 16 条甩挂运输线路的干线二端甩挂运输，积累了大量的运营数据和经验。

图1　恒路物流深圳分拨中心

图2　恒路物流甩挂运输车队

(二)甩挂运输组织模式

根据恒路物流的业务特点以及企业资源状况,采用"短驳甩挂"与"干线甩挂"相结合的模式,即深圳运作园区与东莞分拨平台之间采用短驳甩挂的形式,深圳/东莞与北京、上海等广东省外地区之间采用干线甩挂的形式。

1. 双平台之间的短驳甩挂

恒路物流深圳运作园区可辐射深圳、惠州、粤东地区,东莞分拨平台可辐射东莞、广州、粤西地区,两个平台根据各自的辐射半径分别集散货物。

双平台之间的甩挂运作:如果一个平台发往一个目的地的货物满足一个整车,则货物由始发站直接发车,不在另一个平台配载;如果两个平台同一方向的货物都不满一整车,则中间配载一次,而这次配载采用甩挂作业的模式。即发往上海、杭州等华东地区的车辆,在东莞分拨平台挂上挂车,到深圳运作园区摘下挂车继续装载,等装满货物后,由牵引车牵引到目的地;发往西安、成都等西北、西南地区的车辆,在深圳运作园区挂上挂车,到东莞分拨平台摘下挂车继续装载,等装满货物后,由牵引车牵引到目的地。

2. 城市之间的干线甩挂

恒路物流城市之间的甩挂运输采用"一线两点、两端甩挂"的运输组织模式,并形成往返封闭的甩挂运输路径。货物抵达中心城市后,摘下满载挂车进行卸货分拨等作业,通过呈星形的支线运输网络将货物分流至周边城市及区域。同时牵引车头挂上事先装载好货物的挂车,从该中心城市驶往其他目的城市。

部分线路甩挂组织模式如图3所示。

(三)甩挂运输发展特点

珠三角作为我国改革开放的前沿,经济发展迅速,货物运输需求旺盛,特别是随着对外贸易的快速发展,较早地开展了集装箱运输。随着工厂与码头之间、集装箱堆场与码头之间集装箱运输规模的不断扩大,甩挂运输组织模式应运而生,因此珠三角地区也成为我国最早开始尝试甩挂运输组织模式的地区之一。总体上,道路甩挂运输在珠三角地区的发展呈现起步早、速度快、前景好的特点。恒路物流作为珠三角地区道路甩挂运输的先行者,具有以下特点。

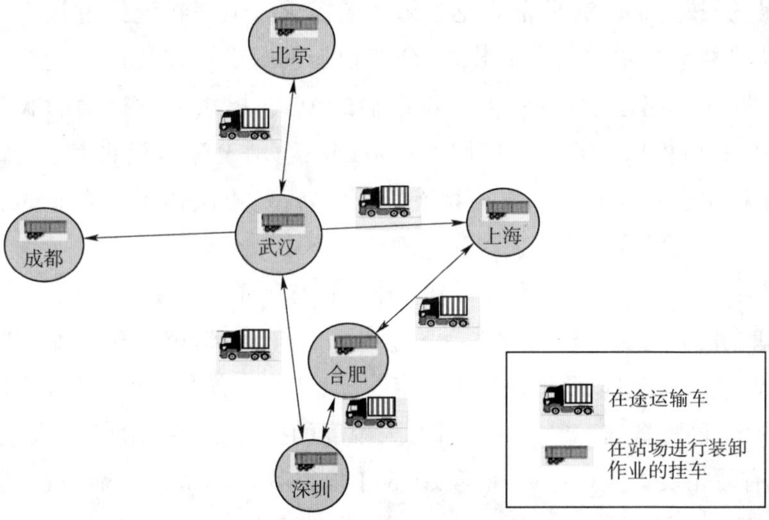

图 3　城市之间的干线甩挂示意图

1. 前景好——优质客户资源,为甩挂运输提供了货源保障

恒路物流是一家典型的以大客户为主(大客户的货运量占企业总货运量的近 60%),主要提供国内公路干线运输服务的物流企业。从经营航空货运到目前,企业积累了一批优质客户资源,包括联想、华为、中兴通讯、海尔、三星、艾默生、SONY 等知名的大型企业都已成为恒路物流的战略合作伙伴。

深圳是我国主要的 IT 产业聚集地之一,随着深圳产业结构的调整升级,IT 产业在深圳工业结构中的比重还将进一步增加,国内广阔的消费市场已经成为深圳 IT 产品的主要消费地。同时,恒路物流在长三角、京津唐、成渝经济圈拥有稳定的客户群。因此,地处深圳市的恒路物流,依托现有的客户资源及其广阔的内陆市场,为甩挂提供了充足的干线运输货源,奠定了甩挂基础。

2. 起点高——由航空货运转型,为甩挂运输导入了先进理念

恒路物流成立于 1993 年,主营业务起源于航空货运,并于 1995 年获中国民航总局批准经营民航物流及运输服务。1999 年获中国商务部批准经营国际货运代理服

务。1996 年，恒路物流率先采取包舱、包机合作模式，并取得骄人业绩。1998 年，恒路物流推出“普件当急件”服务。

恒路物流主营业务由航空货运转型，进入公路货运领域。经过近十年的发展，恒路物流运输规模大幅度增长，并且积累了诸多 IT 客户资源，为企业的转型发展奠定了良好基础。与众多航空物流企业类似，当运输规模大幅度增长的时候，面临航空资源不足的问题，难以满足企业业务拓展的需求。恒路物流经过认真研究，发现依托高速公路网络和先进的运输装备，公路快运的时效性堪比航空运输。基于此，恒路物流果断向公路运输转型，以公路运输的模式，提供航空运输的服务和时效。2003 年，恒路物流推出“卡车航班”服务；2005 年，再增设深圳至北京、上海、常州、青岛等地的全程快运专线业务。恒路物流的成功转型，再次拓展了企业的业务范围，同时也为企业尝试甩挂运输导入了先进理念。

3. 业务精——发展“卡车航班”，为甩挂运输奠定了业务基础

“卡车航班”是恒路物流的核心业务之一。目前，恒路物流“卡车航班”线路已经覆盖全国所有中心城市以及地级以上城市。随着“卡车航班”的成熟和发展，恒路物流的业务规模、网点覆盖和管理水平都有大幅度的提升。“卡车航班”大大提高了企业竞争力，有效拓展了企业业务规模，2016 年恒路物流的货物运输量达到 82 万吨，是“卡车航班”开行初期的 10 多倍。与此同时，恒路物流在国内已建立了十多家分支机构，12 万平方米的仓储资源分布于全国七大区域，业务范围辐射全国所有一级城市和 200 多个二、三级城市。此外，企业经营管理水平大幅度提升，恒路物流依托专业的员工队伍和 1200 多台配送车辆以 Bar-code、VMI、WMS、GPS、恒路 E3 物流管理系统、EDI 等现代信息技术手段，为客户提供高质量的物流服务。

四、甩挂运输取得的成效

与传统运输方式相比，甩挂运输效率更高，一方面减少了装卸等待时间，增加了牵引车有效工作时间，另一方面多配备的挂车提供了较为充足的装卸时间，提高了实载率和里程利用率。经过测算，甩挂运输牵引车年总行驶里程提高了 25%，载重行驶里程和单车周转量提高了 56%，完成单位周转量所需时间节约了 36%。开展甩挂运输的线路都是恒路经营多年的线路，货源稳定、辐射范围广，且都为国内长距离干线运输，所用车辆都是进口的沃尔沃、斯堪尼亚等世界著名品牌。

1. 节省运输成本

运输成本主要包括：固定成本和可变成本，其中固定成本有车辆折旧费、修理费

（实际操作过程中，通常企业会按照不同的运输方式进行这项费用的核定，属于固定费用）、驾驶员工资、保险费、其他费用、税金等，可变成本一般包括燃油费和通行费等。

发展甩挂运输对降低运输成本的效果较为明显，除了通行费成本不变外，其余各项成本都有明显下降，特别是车辆维护和管理费用分摊到单位周转量后，运输成本下降较为明显，总成本下降了约15%。

2. 降低能源消耗

恒路物流采用甩挂运输模式后，对原有车辆进行了更新，相比之下，车辆的燃油经济性更好，开展的9条甩挂运输线路起到了节能减排的效果。

恒路物流的各条甩挂运输线路在车辆更新、实载率提高等方面没有太大差异，所以各条线路的节能效果相当。在完成相同周转量的情况下，与传统模式相比，甩挂运输各条线路总油耗都有10%～17%的下降。9条采用甩挂运输的线路比传统运输方式共计节约柴油近273万升，折合节约标准煤3423吨，平均燃油消耗节约率为14.0%。

3. 减少碳排放

根据相关统计指标，柴油的二氧化碳排放量为2.72千克/升，则按9条试点线路每年节约273万升柴油测算，可减少二氧化碳排放7431吨；同时带动社会车辆按每年节约76万升柴油测算，可减少二氧化碳排放2067吨，总计可以减少二氧化碳9498吨，较传统模式节能减排约14%。

五、甩挂运输发展设想

依托20多年的专业积淀，秉承感恩、积极、和谐、创新的企业文化，恒路物流将持续打造更多更好的运营平台，使之成为兼具运输平台、个性化仓储服务平台、加盟商创业平台功能的强大载体，整合物流信息网络和公路干线、支线网络资源，承载众多加盟伙伴，共同将恒路物流打造成为中国物流行业领军品牌。

恒路物流将进一步推进甩挂运输的辐射范围和适用深度，加大对甩挂运输车辆、站场等基础设施的投入，同时拓展甩挂运输的运营线路，进一步实现甩挂运输提高组织效率、降低运营成本、提升管理信息化程度的优势，为资源节约型、环境友好型社会的建设做出企业应做的贡献。

评析

深圳恒路物流股份有限公司地处深圳，是我国主要的IT产业聚集地之一，IT产业在深圳工业结构比例中不断增加，形成了大量由深圳向IT产品消费地辐射的运输需求，以此为基础，恒路物流紧紧围绕IT制造业，打造“卡车航班”甩挂模式，形成了两业高效融合的发展新模式。

恒路物流长年深耕IT产业，瞄准IT产业高效、高端的货运需求，在航空运输出现服务能力不足的情况下，及时推出了“卡车航班”服务，保障了IT客户运输需要，联想、华为、中兴通讯、海尔、三星、艾默生、SONY等知名IT制造企业成为其战略合作伙伴。随着IT制造业运输需求不断提升，传统运输模式难以满足高效、精准化服务要求，恒路物流及时开展甩挂运输模式，减少了装卸货等待时间，提升了牵引车运行效率，提高了客户满意度，也降低了物流成本，逐步形成了伙伴关系进行深度合作。

恒路物流经过摸索发现，甩挂运输牵引车行驶里程提高了25%，载重行驶里程和单车周转量提高了56%，单位周转量时间节约了36%，取得了良好的效果。

第五章　多式联运型甩挂运输

多式联运是指由两种及其以上的交通工具相互衔接、转运而共同完成的运输过程。这种先进的运输组织形式,综合利用各种运输方式的优点,巧妙地结合多种运输方式,有效地完成整个运输过程。

多式联运型甩挂运输是基于甩挂技术的集装箱多式联运,即以集装箱作为基本运输单元,应用甩挂技术,将不同的运输方式有机地整合起来,构成一体化服务的运输方式。甩挂运输作为提高运输效率、降低运输成本的有效手段、先进的运输模式,最充分的体现是在多式联运甩挂中,即从道路运输站场要甩挂到航空运输的机场、铁路运输的货场、水路运输的港口,从而实现多式联运的甩挂,进而显现甩挂运输对行业转型升级和实现绿色、安全、高效发展的先进性。将甩挂技术应用于集装箱多式联运中,是新时期现代物流发展的必然选择。如此,既可以在实践中很好地检验和改进甩挂技术,又可以更好地完成集装箱多式联运,提高联运的效率和效益。

本章案例介绍的无锡众盟物流有限公司创新性地提出了企业联盟的发展新模式,提高企业资源共享的同时,降低了企业的风险,并采用众筹的方式筹资购置了新的场地,新建了甩挂枢纽站场,提高了运输规模;民生国际集装箱运输有限公司依托重庆寸滩港和果园港的港口优势,在民生轮船江运集装箱运输方面支持的基础上,从事集装箱甩挂运输、内陆公水、公铁联运等服务;西安远洋国际货运公司采用"一点多线"客户端甩挂、"公铁联运"集装箱甩挂和"两点一线"集装箱甩挂模式作业,其中"公铁联运"集装箱甩挂模式,体现西安远洋将甩挂运输和多式联运两种组织模式相结合的思想;重庆嘉峰物流有限公司甩挂运输站场设置均在两种运输方式的节点中,例如火车站、港口等,实现公铁联运和公水联运的多式联运形式,降低物流成本,推动现代物流和综合运输发展。

案例21：无锡众盟物流——公铁联运短驳甩挂运输

无锡众盟物流有限公司（以下简称“众盟物流”）依托优越的地理位置和先进的发展理念，不断创新，把握市场动向，创新性地提出了企业联盟的发展新模式，在甩挂运输的发展中走出了一条新的道路。联盟的模式在提高企业资源共享的同时，也为企业分担了风险，同时由于规模的扩大，成本大幅度下降，提高了企业的竞争力。无锡众盟甩挂运输在发展中不断总结经验，保障联盟成员的利益，并将甩挂运输和多式联运进行结合，开创了联盟发展新的模式。

一、企业高管致辞

众盟物流于2014年入选成为“公路甩挂运输试点项目”，项目依托联盟自身的货运专线和铁路运输优势，发展以集装箱甩挂运输为主体、平板挂车甩挂运输为辅的长短途甩挂运输服务。众盟物流坚持致力于甩挂运输模式的不断探索和创新，致力于在长途干线运输以及多式联运短途公路运输中将发挥甩挂运输的最大效能。

无锡众盟物流有限公司董事长　夏茂化

众盟物流甩挂运输现有的模式是“一线两点对流长途甩挂以及多式联运中短途甩挂”，在已经实施的甩挂运输项目中取得了一定的成功，但众盟物流的甩挂运输发展规划还在逐步推进，依托联盟整合的资源优势和网络优势，众盟物流甩挂运输下一步还将发展“长途接力甩挂和区域短驳甩厢”作业模式，不断提升甩挂运输的组织化水平、效率及服务功能，向着高质量、高层次的甩挂运输模式不断探索奋进。

二、企业发展概况

众盟物流是一家以“联盟+甩挂运输+公铁联运”为主要特色的综合物流企业，从事公路、铁路、海运、空运、集装箱、大件运输等多运种服务，是中国铁路总公司多式联运加盟商，是中远、中海中铁、中储、中国物流等大型央企合作商。现有快货线路近50条，其中有34条被江苏省评为品牌快货线路，业务覆盖长三角、珠三角、东北、华南、华中、华北、西南、西北等广大地区，市场信誉好，口碑好，服务品质一流。

众盟物流新建了甩挂枢纽站场，位于无锡市锡山经济开发区芙蓉三路138号，注册资金3000万元，自有运营车辆200多辆，合作联营车辆1000多辆，站场合计使用面积10万平方米，各类大中型装载机械100余台(套)。

在进行内部研讨与外部调研的基础上，众盟物流依托联盟的综合资源优势，从事集装箱运输、双重甩挂运输、多式联运、内陆水路运输、仓储堆场、城市配送等服务。主要服务对象包括签订货物运输协议的无锡市周边200多家生产型及商贸型客户企业、300多家货代企业，具体服务的主要企业有苏州福基斯、苏州蓝格赛电器有限公司、锡压股份、中天科技、中远物流、中海物流、中铁物流、中储物流、中国物流、应达工业(无锡)有限公司、宏达科技、无锡华鹏、无锡豪普钛业、金坛正兴有限公司、无锡正发有限公司、江阴法尔胜有限公司、苏州东方铁塔有限公司、无锡会通新型材料有限公司等大中企业。

企业依托股东企业经验与资源，大力发展甩挂运输，先后开通了无锡—沈阳、广州、东莞、长春、大连、北京、上海、南京、哈尔滨、重庆、镇江、成都、天津、临沂、营口、丹东等16条长途甩挂，甩挂运输量占到了总运量的30%。

三、甩挂运输开展情况

(一)推进甩挂运输的历程

众盟物流的前身夏氏物流，早在2006年就开始尝试单重集装箱短途甩挂运输，即利用牵引车把集装箱从货场直接运送到客户所在地，甩下挂车上的集装箱留待客户卸载，再把空箱挂车拉回货场。

在短途甩挂运输取得效益后，2011年12月，夏氏物流开始尝试“无锡—沈阳”长途线路甩挂，在干线试行甩挂也取得了显著的效益之后，按照“择优培育、精心实施”的原则逐步发展到多条甩挂线路。

（二）甩挂运输组织模式

根据现有甩挂货源、线路结构等资源，众盟物流现已开通了多条长途和短途甩挂线路，并采取"物流联盟+甩挂运输+多式联运"的发展模式，依托联盟体的不断扩大，扩展甩挂线路的范围，进而形成全国的甩挂运输网络。众盟物流采用的主要是"两点一线"对流长途甩挂和"一线四点"两端甩挂的短途作业+多式联运的模式。

单程甩挂只能实现单程的快运时效，而在货物充足和满足操作条件的情况下，双向对流甩挂运输模式是最好的甩挂模式，能实现整体的快捷时效，增加运营的趟次，车辆利用率最高，众盟物流的甩挂线路都致力于两端对流甩挂，发挥最大的甩挂运输效果。

1. 一线两点，两端甩挂

众盟物流"两点一线"甩挂运输模式，以"无锡—沈阳"甩挂作业车辆为例。

线路一：无锡众盟的甩挂站场至众盟沈阳的区域分拨中心，运距为1600公里，如图1所示。

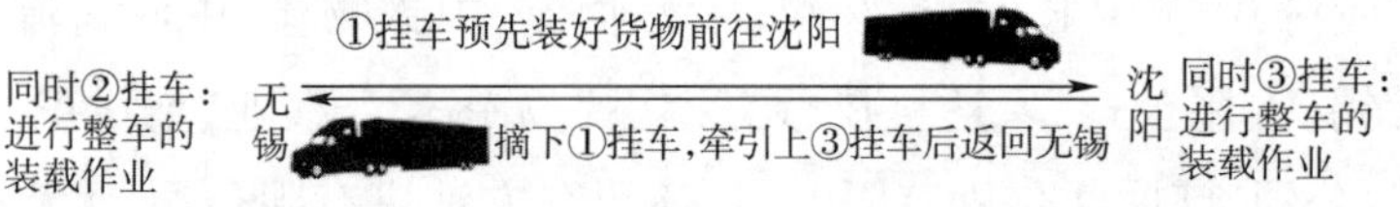

图1 "无锡—沈阳"甩挂作业模式

步骤1：在众盟物流甩挂站场预留2个半挂车（①半挂车和②半挂车，①半挂预先装好），在众盟沈阳甩挂站场预留一个半挂车（③半挂车），进行整车的装载作业。

步骤2：牵引车从众盟物流甩挂站场牵引完成装载①半挂车前往众盟沈阳甩挂站场，在众盟沈阳甩挂站场摘下①半挂车。

步骤3：牵引车挂上在众盟沈阳甩挂站场已完成装载的③半挂车返回众盟物流甩挂站场。

步骤4：在众盟物流甩挂站场，牵引车挂上已完成装载的②半挂车前往众盟沈阳甩挂站场，重复步骤1，进行下一个循环。

2. 多式联运+甩挂运输

众盟物流在多式联运的过程中采取了两端短途甩挂运输的模式，提高了多式联运的整体效率，减少了装卸的次数，降低了货损，提高了车辆利用率，推动了多式联运的快捷化运作方式，创新了甩挂运输在多式联运中的综合运用，起到了综合运输的组合示范作用。

众盟物流"一线四点"甩挂运输模式(图 2),以众盟物流的甩挂站场节点到无锡铁路南站货场、广州铁路货场运达众盟广州区域分拨中心为例。

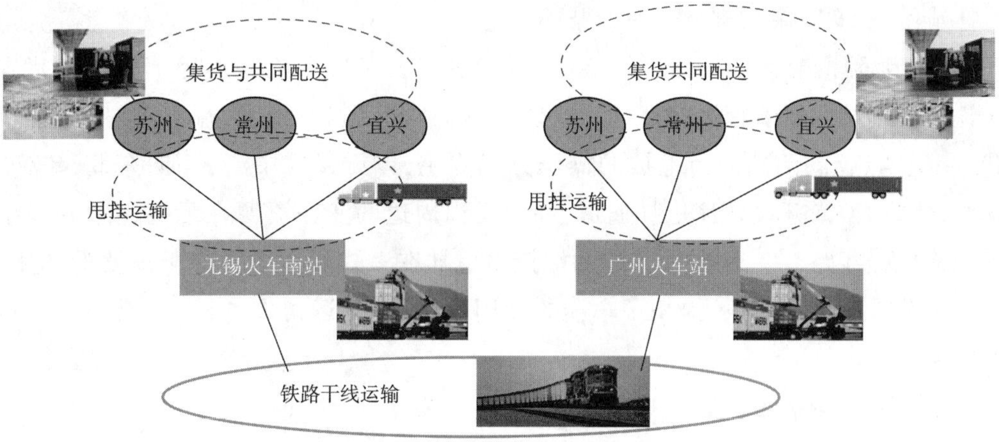

图 2 "一线四点"短途甩挂 + 铁路运输 + 短途甩挂

线路一:众盟物流的甩挂站场节点到无锡铁路南站货场,运距 20 公里;

线路二:广州铁路货场运达众盟广州区域分拨中心,运距 10 公里。

无锡起运点。

步骤 1:在众盟物流甩挂作业站场预留 2 个半挂车(①半挂车和②半挂车,①半挂预先装好),在无锡铁路南站货场预留一个半挂车(③半挂车),进行整车的装载作业。

步骤 2:牵引车从众盟物流甩挂作业站场牵引①半挂车前往无锡铁路南站货场,在无锡铁路南站货场甩挂作业站场摘下①半挂车。

步骤 3:牵引车挂上在无锡铁路南站货场③半挂车返回众盟物流甩挂作业站场。

步骤 4:在众盟物流甩挂作业站场,牵引车挂上②半挂车前往公无锡铁路南站,重复步骤 1,进行下一个循环。

广州到站点。

步骤 1:在广州铁路货场甩挂作业站场预留 2 个半挂车(①半挂车和②半挂车,①半挂预先装好),在众盟物流广州区域分拨中心甩挂站场预留一个半挂车(③半挂车),进行整车的装载作业。

步骤 2:牵引车从广州铁路货场甩挂作业站场牵引①半挂车前往众盟物流广州区域分拨中心甩挂站场,在众盟物流广州区域分拨中心甩挂站场摘下①半挂车。

步骤3:牵引车挂上在众盟物流广州区域分拨中心甩挂站场的③半挂车返回广州铁路货场甩挂作业站场。

步骤4:在广州铁路货场,牵引车挂上②半挂车前往众盟物流广州区域分拨中心甩挂站场,重复步骤1,进行下一个循环。

众盟物流既有区域公路干线之间的两端甩挂,又有多式联运环节中的集货点与铁路货场端的集装箱甩挂运输。具体的运作以"两点一线、两端双重对流甩挂"和"一线四点"的两端接力甩挂的操作方式为主,以无锡为中心,面向东北、华南、华北、华中、西南开设长途甩挂通道,利用无锡周边的业务资源在无锡周边开设多条短途甩挂线路。"一线四点"的两端接力甩挂在多式联运中发挥了重要的作用,加快了公铁联运的时效,提高了车辆的利用率,减少了运营成本,大大增加了集运的效率。

(三)甩挂运输组织的特点

1. 众筹方式兴建甩挂运输枢纽站场

众盟物流原有的站场面积较小,甩挂运输作业受到了严重的束缚和限制,无法实现甩挂运输线路集中、高效、便利化的运作,影响了众盟物流甩挂运输高档产品整体效应的发挥,制约了企业甩挂运输的发展。为了打破这个瓶颈,众盟物流采取众筹的方式筹资购置了新的场地,新建众盟物流甩挂枢纽站场,该枢纽站场位于无锡市锡山经济开发区,具有区位优势,距无锡硕放机场、铁路南站、无锡港口较近,西与无锡高速出口相距4公里,北距228省道1公里,南距342省道、312国道3公里。东临张家港、常熟,北临江阴市,南临近无锡新区,辐射面较广。道路四通八达,交通方便。众盟物流枢纽站场的建立将进一步助力企业更快地发展,今后众盟物流将采用更多的众筹方法推动项目的实施。

2. 选择确定适宜的甩挂运输线路

众盟物流的甩挂线路是从货运专线的基础上发展起来的,企业首先选择货源量大、数量充足、物件小、货型适宜集装箱的零担专线开始试行。为了保障货源的供应,企业组织销售人员加大甩挂业务的开发力度,积极商谈拓展大宗客户;同时在当地的物流市场上大力宣传甩挂运输产品的优点,吸引和促进一些三方的物流企业和做物流代理的散户选择甩挂运输,同时提高服务水平和时效。

3. 确定甩挂事项优先原则

为保证甩挂运输的顺畅运行,企业做出了甩挂事项优先解决的原则规定,六优先包括甩挂投入的资金优先安排；甩挂车辆优先装卸，不参加排队装卸车；团队人员选拔优先；车辆购置优先；车辆附件配备优先；费用结算优先等。优先保证用于甩挂资金的拨付，甩挂团队企业人员任凭挑选，需要购置的甩挂车辆优先购置。甩挂车辆装卸载时，其他车辆让位让道，不能与甩挂车辆装卸载相冲突。车辆上需配置的附件如夹板、垫木、隔板、雨布、网兜、大绳、边绳等优先配备，运输费用优先结算。企业在内部明确了甩挂运输优先的地位，从而为企业甩挂运输的发展奠定了基础。

4. 加大甩挂车辆的投入与信息化建设

为实现稳定强大的运力保障，众盟物流新购置了 8 台沃尔沃、25 台欧曼、18 台陕汽德龙等品牌的牵引车，挂车 100 多台，来保证甩挂运输线路的用车需求，新车的购置有效地提高了车辆的利用率，降低了车辆的故障率，提高了车辆的运行效率。

信息化系统是甩挂运输不可或缺的条件之一，对甩挂运输有重要的支撑作用，因此，众盟物流十分重视信息化建设，专门请相关单位为本企业研发甩挂运输信息化系统，包括甩挂车辆管理系统、统一订单管理系统、统一集配送系统、甩挂车辆在途监控系统、货物信息查询系统、甩挂站场监控系统等。

5. 打造多式联运经营人

众盟物流的联盟致力于形成一个紧密的联盟体，打造多式联运经营人，坚持高品质稳步前行原则，走"紧密型"联盟发展的道路。众盟物流联盟对联盟成员走精品路线，原则上采取补充性优质企业加入联盟，避免同一线路进行竞争，如果发生了同一条线路两家企业加盟现象，众盟鼓励推动两家企业进行兼并重组。众盟物流联盟从一开始就约定了众盟与各联盟成员之间的利益分配关系和比例，采用静态投资收益加上动态业绩贡献分成模式，很好地解决了联盟成员利益分配机制，推行至今该分配机制一直未变，说明了该分配机制的合理性。此外，在联盟推进过程中，实行分阶段、分步骤推进整合，由浅到深，第一步整合包括：统一标识、统一合同、统一运单、统一票据、统一保险、统一采购等。

四、甩挂运输取得的成效

众盟物流通过甩挂运输经营方式的转变，货运时效、车辆利用率、营利效益、客户满意度等都有了提高，运输成本、货差货损、客户投诉率有了明显的下降，并且节能减排，取得了良好的经济效益和社会效益。同时，提升了企业核心竞争力，提升了专线品质档次，企业整体水平上了一个新台阶。主要体现在：

1. 到货时效加快

通过整体比较,甩挂运输的到货时效比普通的货运模式快12%,主要原因是减少了装卸等待的时间,以及车辆的改善提高货运的时速,增加了车辆行驶的稳定性。

2. 运输成本减少

通过企业的综合计算,在运输成本上,甩挂运输方式单位成本节约了0.022元/(吨公里),比普通货运下降了10.7%,单车年平均运输周转量6235644吨公里,单车可节约成本13.7万元/年。

3. 货差货损减少

采用甩挂运输方式装卸的货物,装卸制度比较严密,装卸管控力度加大,有的货物可有提送货车辆直接装到干线甩挂车上,不用进入仓库后再装到车上,减少了一次装卸环节。多种因素降低了货损货差,货损货差率下降了15%,客户投诉率有了下降。

4. 节能和减排

众盟物流经测算甩挂运输每百吨公里的油耗为33~35升,比普通传统货运下降了0.13升,以单车每年完成6235644吨公里的综合运输量计算,单车每年可节约8106升燃油。众盟物流甩挂运输每年可节约燃油729540升,相当于节约标准煤892吨。

根据相关指标统计,柴油的二氧化碳的排放量为2.63千克/升,单车每年节约8106升的油耗,使用甩挂运输一年单车可减少二氧化碳排放量21000吨。甩挂运输同时也为环境保护做出了重要贡献。

五、甩挂运输发展设想

在企业自身货运专线的基础上,计划到2020年发展到40条甩挂线路,还将发展"长途接力甩挂和区域短驳甩厢"作业模式,加快网络布局,建设国内各个集散分拨中心之间的线路,建立企业通达全国的甩挂运输网络,甩挂运输量达200万吨,占企业年货运总量的一半,甩挂货物周转量达240000万吨。

把物联网技术运用到企业的甩挂运输运营中,把货物的储存、出库、装运、分拨等流动过程全部系统化、数字化、清晰化管控,减少货差货损的出现,降低货差货损率。众盟物流甩挂枢纽站场正在建设,占地80亩的一期工程将交付使用,全部工程计划于"十三五"期间完成,为众盟物流的甩挂运输发展奠定良好的基础。计划到

“十三五”末投入牵引车280辆、挂车580辆,用于企业甩挂运输的运营。通过甩挂运输实现运输成本、车辆百吨公里油耗下降10%以上的节约目标,创造节能减排新的经济效益和社会效益。

评　析

无锡众盟甩挂运输试点项目依托优越的地理位置和先进的发展理念,不断探索和创新甩挂运输模式,整合联盟各企业的物流优势和网络优势,优化运输流程,提高企业的市场竞争力和抗风险能力,在长途干线运输以及多式联运短途公路运输中发挥甩挂运输的最大效能;项目已在“一线两点对流长途甩挂以及多式联运中短途甩挂”模式上取得一定成功,同时发展“长途接力甩挂和区域短驳甩厢”等高质量、高层次的作业模式,开创了联盟发展新的模式。

在开展甩挂运输的过程中,依托联盟体的不断扩大,扩展甩挂线路的范围,构建了全国的甩挂运输网络,其甩挂运输模式具有以下两大突出特色:(1)重点开展两端对流甩挂模式。通过“两点一线”对流长途甩挂和“一线四点”分别两端甩挂的短途作业+多式联运的模式,提高了整体运输的效率,推动了多式联运的快捷化运作方式,创新了甩挂运输在多式联运中的综合作用,起到了综合运输的组合示范作用。(2)众筹方式兴建甩挂运输枢纽站场。为实现甩挂运输线路集中、高效、便利化的运作,联盟采取众筹的方式新建了甩挂运输枢纽站场,打破了企业甩挂运输发展的瓶颈。

无锡众盟甩挂运输试点项目在货运时效、车辆利用率、营利效益、客户满意度等都取得了较大幅度改善,运输成本、货差货损、客户投诉率明显下降。在今后发展中,应加快区域网络节点布局以扩大规模,发展信息甩挂运输以提高效率,加快甩挂枢纽站场建设以集约运营,真正形成现代化、集约化、信息化、标准化的国内一流品牌,促进区域甩挂运输的发展。

案例22:重庆民生集装箱公司——公水联运甩挂运输

民生国际集装箱运输有限公司(以下简称“民生集装箱公司”)甩挂运输试点项目以园区为依托,在民生物流配送中心甩挂运输站场、民生现代综合物流中心甩挂运输作业站场和其所服务的生产型企业之间开展市内公路集装箱甩挂运输业务，创新集装箱甩挂运输营利新模式。项目通过创新的运输营利模式，提升甩挂运输的组织化程度、效率和营利水平；通过创建甩挂运输管理系统，确保甩挂运输日常业务开展的需要，实现线上运营。

一、企业高管致辞

民生集装箱公司甩挂运输试点项目于2012年10月入选成为"公路甩挂运输第二批试点项目"。项目以集装箱甩挂运输为主营业务，依托"民生精神"和"民生宗旨"，凭借对公路集装箱运输经营思想、运营体系、市场定位的准确把握以及对公路运输业务流程的精确掌控，创造了集装箱甩挂运输营利的新模式。项目致力于提升集装箱运输的组织化程度、效率和营利水平，提升企业的市场竞争力，向着集装箱甩挂运输的新高地前进。

民生国际集装箱运输有限公司总经理　黄勇

二、企业发展概况

民生集装箱公司是经交通运输部批准，于1993年成立的专业集装箱运输公司，总部位于重庆市的民生物流配送中心。民生集装箱的主营业务包括普通货运、货物专用运输（集装箱）、大件货物运输（一类）、危险货物运输（第3、5、8、9类）等，公司注册资金5000万元，固定资产11887.53万元。

经过20余年的发展，民生集装箱公司的业务范围、运输服务能力和公司规模得到了快速发展。民生集装箱公司现拥有半挂牵引车110辆、各种型号的半挂车207

辆,所有车辆都安装了卫星定位系统,并且拥有海关监管运输车辆资质;拥有自有站场1处,站场库房面积约36000平方米,停车场6000平方米,具备一次性完成220TEU运量的运输服务能力,是我国西南地区公路国际集装箱运输领域实力较强的专业化运输公司,为全国二级道路货物运输企业,2015年实现营业额1.06亿元,净利润667万元。民生集装箱公司已经在上海、广州、南京、武汉、成都等地设立了陆运分支机构,形成了一个完善的沿海、沿江公路运输网路。公司还与全国各地的多家运输企业建立了业务合作关系,使得民生集装箱公司的运营线路覆盖了西南、华东、华中、华南四大区域,服务范围和服务能力进一步提升。

运输一体化与甩挂运输

现代运输需求越来越要求提供"门到门"的服务,发展一体化运输是未来交通运输发展的必然趋势。综合运输一体化是对单一运输体系而言的,就是各种运输方式在社会化的运输范围内和统一的运输过程中,按其技术经济特点组成分工协调、有机结合、连接通畅、布局合理的交通运输综合体。随着经济和社会的发展、科学技术的进步,运输过程由单一方式向多样化发展,运输工具由简单机械向现代智能化发展,而物流的全过程往往要使用多种运输工具才能实现,因此运输生产本身就要求把多种运输方式组织起来,形成统一的运输过程。

运输一体化是运输合理化的高级阶段。而运输一体化涉及基础设施、枢纽建设、运输装备、多式联运、信息交换等各个方面,重点是促进不同运输方式之间的有效衔接与协同发展。不同运输方式之间实现有效衔接的重要基础便是要有标准化的单一运载单元。牵引车与挂车分离后,挂车可以作为单位运载单元在火车或货船上进行转运,有利于提高公路运输与铁路运输、轮船运输的衔接水平。甩挂运输的发展是推进运输标准化的具体体现。

民生集装箱公司依托重庆寸滩港和果园港的港口优势,在民生轮船江运集装箱运输方面的支持下,从事集装箱甩挂运输、内陆公水、公铁联运运输等服务。主要服务对象包括重庆市、四川省、贵州省1000多家汽车企业、化工企业、高新企业、货运代理企业等。具体服务企业有长安福特、长安汽车、重庆外运、富士康、康师傅、重庆巴斯夫、四川一汽丰田、吉利汽车、四川汇维仕、贵州烟叶等。主要运输的货物有汽车零配件、化工原料、烟叶、面粉等。涉及的区域有重庆市、四川省、贵州省等省市。

三、甩挂运输开展情况

(一)推进甩挂运输的历程

民生集装箱公司开展的甩挂运输试点项目入选交通运输部2012年10月全国第二批甩挂运输试点项目。民生集装箱公司以重庆港、团结村国家级铁路集装箱中心站、西永综保区、空港保税港区、寸滩保税港区等为依托，在民生物流配送中心甩挂运输站场、民生现代综合物流中心甩挂运输作业站场和其所服务的生产型企业之间开展市内陆路集装箱甩挂运输业务；在重庆与四川之间，以成都、自贡作为甩挂运输节点，开展成渝甩挂运输。

民生集装箱公司开展的甩挂运输线路包括："重庆—成都""重庆—自贡"2条长线以及"重庆市内的长安民生RDC—佳通轮胎""综合保税区—国家级铁路中心站""综合保税区—空港保税区"3条短线等线路。通过甩挂运输试点推动、示范引领，大力发展甩挂运输，逐步扩大甩挂运输的范围和规模，力争提高甩挂运输的生产力，甩挂运输周转量在道路货运中的比例明显增加，道路运输业节能减排工作取得明显成效，为发展现代物流业、实现国家节能减排目标做出积极贡献。

(二)甩挂运输组织模式

民生集装箱公司已开通重庆至自贡、重庆至成都以及重庆市内2条线路，共计4条线路(表1)。

项目线路开通情况　　表1

序号	线　路	甩挂方式	路 线 安 排	线路开通情况
1	重庆—自贡线路	循环	民生物流配送中心—寸滩港—自贡客户工厂—寸滩港/民生物流配送中心	已开通
2	重庆—成都线路	循环	民生物流配送中心—寸滩港—成都龙泉驿物流中心—客户工厂—寸滩港/民生物流配送中心	已开通
3	重庆市内线路1	循环	民生物流配送中心—长安民生RDC—佳通轮胎—寸滩港—民生物流配送中心	已开通
4	重庆市内路2	循环	民生物流配送中心—团结村中心站—长安民生RDC—民生物流配送中心	已开通

1. 重庆—自贡线路

(1)运行线路。

"民生物流配送中心—寸滩港—自贡客户工厂—寸滩港/民生物流配送中心"线路(图1)主要在重庆寸滩港至自贡之间开展公路甩挂运输,主要是在民生物流配送中心及自贡两点进行甩挂。涉及的节点包括民生物流配送中心、寸滩港、自贡客户工厂。

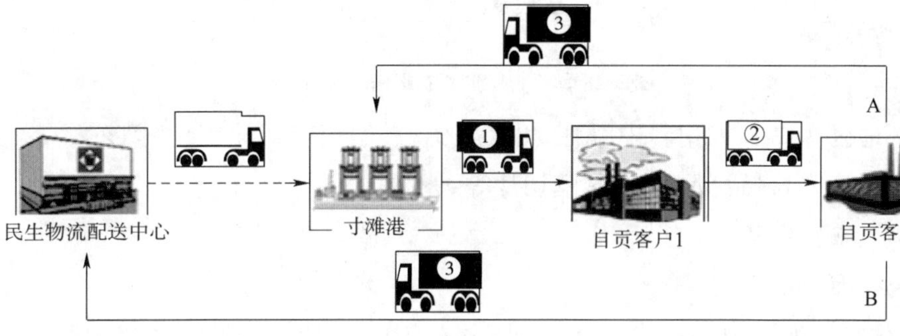

图1 甩挂运输线路示意图

(2)车辆安排。

该线路安排牵引车16辆,挂车32辆。

(3)甩挂货物。

客户1:四川汇维仕,货物包括基础化工原料。

客户2:四川玖大盐业、自贡鸿鹤化工、自贡大西洋焊材等,货物包括化工产品、焊材等。

2. 重庆—成都线路

(1)运行线路。

"重庆民生物流配送中心—寸滩港—成都龙泉驿物流中心—客户工厂—寸滩港/民生物流配送中心"(图2)线路主要在重庆至成都之间开展公路甩挂运输,主要是在民生物流配送中心及成都龙泉驿物流中心两点进行甩挂。涉及节点包括民生物流配送中心、寸滩港、成都龙泉驿物流中心。

(2)车辆安排。

该线路安排牵引车24辆,挂车48辆。

(3)甩挂货物。

成都龙泉驿服务客户:四川一汽丰田,货物包括汽车零部件。

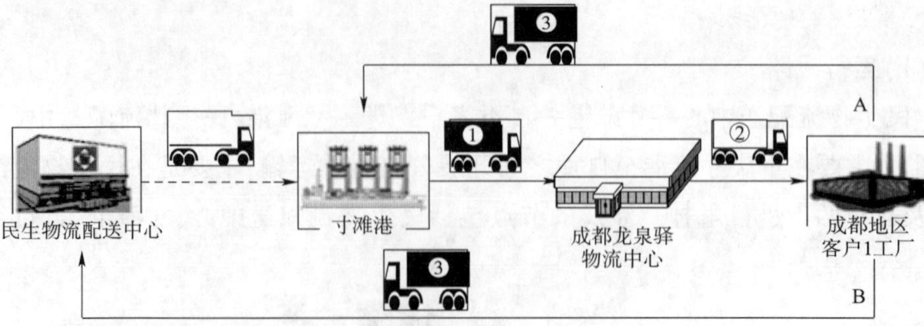

图 2 “重庆—成都”甩挂运输示意图

成都地区客户 1:四川新中原、四川其亚铝业、四川南风化工、绵阳东材等,货物包括陶瓷制品、铝制品、元明粉、聚酯切片等。

3. 重庆市内线路 1

(1)运行线路。

“民生物流配送中心—寸滩港—长安民生 RDC—佳通轮胎—寸滩港”线路(图 3)为循环甩挂运输。涉及节点主要有民生物流配送中心、寸滩港、长安民生 RDC、佳能轮胎工厂。

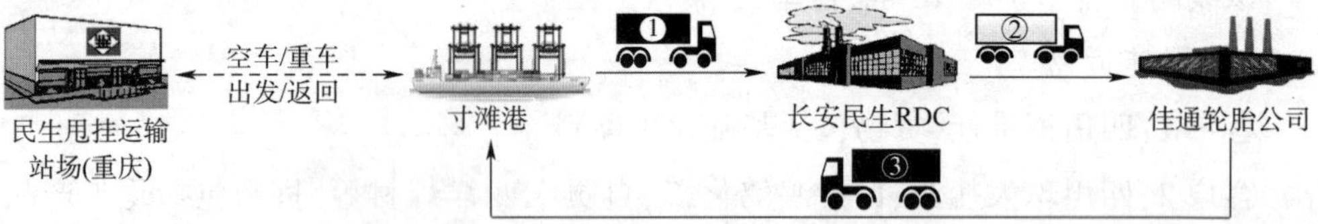

图 3 重庆市内线路 1 甩挂运输示意图

(2)车辆安排。

该线路安排牵引车 19 辆,挂车 50 辆。

(3)甩挂货物。

长安民生 RDC 客户:长安福特,货物包括汽车零部件。

佳通轮胎客户:重庆佳通轮胎,货物包括轮胎。

4. 重庆市内线路运行 2

(1)运行线路。

“民生物流中心—团结村中心站—长安民生 RDC—民生物流配送中心”线路(图 4)为循环甩挂运输。涉及节点主要有民生物流配送中心、团结村中心站、长安民生 RDC。

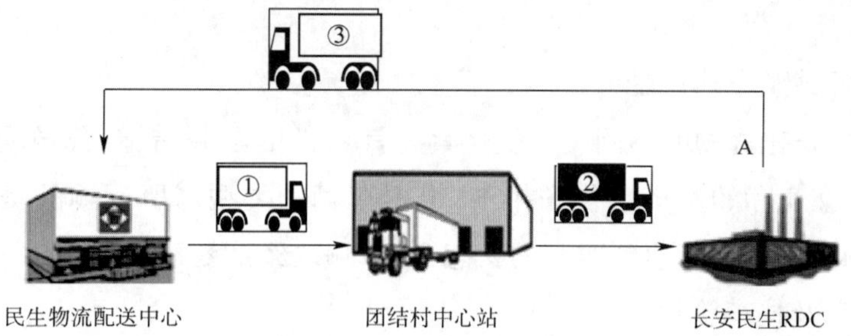

图4　重庆市内线路2甩挂运输示意图

(2)车辆安排。

该线路安排牵引车5辆,挂车10辆。

(3)甩挂货物。

客户:长安福特,货物包括汽车零部件。

5. 设备情况

民生集装箱公司为开展好甩挂运输,配置半挂牵引车110台,半挂车207台(表2)。

试点项目新购车辆信息表　　　　表2

线　路	车辆配置		新增车辆		拖挂比
	牵引车	挂车	牵引车	挂车	
重庆—自贡线路	16	32	11	20	1:2
重庆—成都线路	24	48	16	30	1:2
重庆市内线路1	19	50	12	23	1:2.6
重庆市内线路2	5	10	4	8	1:2
合计	64	140	43	81	1:2.2

(三)开展甩挂运输的特点

公司的甩挂运输中涉及客户、运输、港口等多个环节,因此在实际操作中需要在货运组织、车辆调度与信息化建设中对各方都进行统一安排指挥。

1. 统一车辆调度

公司根据货源信息,专门组织、设计甩挂运输网络和线路。同时,公司利用自有的甩挂运输站场的枢纽功能进行集货或车辆甩挂作业。公司通过陆运系统对所有运营车辆采取统一的调度,并及时掌握各线路的货源及车辆信息,并对货运车辆信息进行大量的数据分析,及时组织回程货物,对线路上的车辆进行合理的调配,减少空箱运输,提高运营效率。

1)货物配载及车辆调配

根据客户委托货物的不同类型制定具有针对性的配载措施,公司现有几种不同类型的车辆,在实际的生产工作安排中,根据车辆的类型与所运输的货物特性进行安排,使每趟次运输都能达到匹配的状态,使单趟次经济效益最大化。

2)牵引车及挂车管理

公司安排以设备维护、管理为主要责任的运输管理部对全部牵引车辆、挂车进行统一的管理。通过一系列的管控措施,使设备处于随时可用、证照随时可取的状态,为甩挂运输的正常运行提供有力的支撑。

3)在途控制

公司针对在途车辆的运行管控,专门设立了监控岗位,负责对在途车辆进行统一跟踪掌控。对于生产任务执行过程中的异常情况进行及时发现、及时反馈、及时处理,保证在途车辆的生产运行处理可控状态。

2. 建设民生甩挂运输管理系统

公司拥有专门的信息化团队,通过对集装箱陆运管理系统改造升级,已基本建成甩挂运输管理系统,其中包括业务管理板块、车辆管理板块、财务管理板块等,确保了公司甩挂运输日常业务开展的需要,后续将根据甩挂运输开展的情况,逐步进行完善和整合。

四、甩挂运输取得的成效

1. 项目经济效益分析

现将项目传统运输模式与甩挂运输模式的经济效益进行对比分析。甩挂运输开展后,项目单车年周转量为 333 万吨/公里,与传统模式相比,增加了 43%。

甩挂运输开展后,单位货物周转量的运输成本与传统运输模式相比,实现节约 0.08 元/吨公里,降低了 23%。

2. 项目社会效益分析

通过测算可知,甩挂运输模式相对于传统运输模式每百吨公里节约燃油 0.2 升,节约 12%。与试点前相比,项目实现柴油节约 42 万升/年,折算 531 吨标准煤(柴油密度按 0.86 千克/升,一吨柴油折算标准煤按 1.4571 吨测算)。减少二氧化碳排放量约为 1153 吨,节能减排效益明显(柴油的碳排放因子为 2.72 千克/升)。

3. 项目运行效果总结

开展甩挂运输的四条线路的运行情况及效果为：在经济效益方面，与传统运输模式相比，项目实现单车载重行驶里程提高 33%，单车完成周转量提高 43%，单位运输成本降低 23%；在社会效益方面，与传统运输模式相比，项目实现单车百吨公里油耗节约 12%，减少二氧化碳排放量 1153 吨。项目有效地提高了运输效率、降低了物流成本、同时也实现了节能减排的要求。

五、甩挂运输发展设想

继续完善甩挂运输站场监控管理系统、甩挂运输站场作业管理系统升级与改造。根据甩挂运输业务需求，完善甩挂运输车辆高度管理系统、卫星定位监控系统、订单管理系统等内容。

根据甩挂运输开展情况，适当增加车辆投入与配置，更好地保障甩挂运输的开展与运行。随着民生国际在重庆新建综合物流基地逐步建成投入使用，结合成都龙泉驿物流基地，公司将进一步加大甩挂运输推动力度，完善各线路甩挂运输运营情况，开通更多的甩挂运输线路，为节能减排做出更大的贡献。

评　析

民生集装箱公司依托重庆寸滩港和果园港的港口优势，积极拓展集装箱甩挂运输、内陆公水、公铁联运的服务项目，在集装箱甩挂运输方面探索出了新的模式。(1)“客户端 + 港口”甩挂运输组织模式。在甩挂运输站场和其所服务的生产型企业，以及港口之间开展循环甩挂运输业务，依托自身水路运输的优势，高效完成了集装箱运输向陆路运输的延伸，形成了一个完善的沿海、沿江公路运输网路。(2)“综合保税区”循环甩挂模式。“综合保税区—国家级铁路中心站”“综合保税区—空港保税区”线路的开通，在客户端、配送中心以及铁路中心站和港口等之间形成高效的连接，实现公水联运。

集装箱多式联运与甩挂运输模式的相互融合，创新了集装箱甩挂运输的新模式，具有较强的示范推广作用。未来应加快推进多式联运与甩挂运输相融合的组织模式，进一步提高我国货运的生产组织效率。民生国际集装箱运输有限公司作为有益的探索者，应加强模式创新，更好地发挥龙头骨干作用。

案例23：西安远洋——基于多式联运的甩挂运输

西安远洋国际货运公司（以下简称“西安远洋”）集装箱甩挂运输开展以公铁联运甩挂为主、集装箱甩挂为辅业务，以信息技术为基础，整合货源信息，依托集装箱运输综合资源，创新“公铁联运”集装箱甩挂运输作业模式。项目将多式联运与甩挂运输完美结合，设定完整的作业流程，最大化地发挥甩挂运输与多式联运两种运输组织模式优势，减少车辆的空驶率，提高运输效率，带来明显的节能减排效果。

一、企业高管致辞

西安远洋集装箱甩挂运输项目于2012年9月入选为交通运输部“公路甩挂运输第二批试点项目”。西安远洋以集装箱公铁联运甩挂业务为主、城市间集装箱甩挂为辅，并结合公司业务特点，以公司集装箱作业站场为货物集散地向周边地区辐射，以信息技术为支撑，整合货源信息，采取了“一点多线”客户端甩挂、“公铁联运”集装箱甩挂和“两点一线”集装箱甩挂模式作业，使公司建立起了一套现代化的集装箱运输物流平台，并在技术上、经济上和社会效益上都已显现明显优势，推行甩挂运输提升了企业的市场竞争力。

西安远洋国际货运公司总经理　孙海鹏

二、企业发展概况

西安远洋成立于1986年，是经国家工商行政管理局批准注册的国有企业，是得到(原)国家对外经济贸易合作部批准的一级国际货物运输代理企业,拥有 21000 平方米的国际集装箱堆场,位于西安市临潼区,占地面积 21063 平方米(约 31 亩),场内拥有法国达飞、马士基、美总、长荣、韩进、MSC 等多家船公司及远洋公司的自备集装箱,公司现有集装箱牵引车 28 辆,40 英尺、20 英尺集装箱挂车 56 辆。

西安远洋同陕西地区以及周边近百家具有进出口经营业务的公司建立并保持着广泛稳定的业务关系,与天津、青岛、上海、连云港、大连、厦门、宁波等港口,保持着良好的合作伙伴关系并且与中外多家船公司都有着密切的业务联系。西安远洋是法国达飞、马士基、美总、中海在西安的指定代理,并和东方海外、外运、地中海航运、中远等船公司都有着广泛而深入的合作关系,同时,公司购置了 1000TEU 的国际标准 20 英尺自备集装箱,在全国三十多个城市开展国内内贸货物的运输业务。

西安远洋依托于集装箱运输的综合资源,利用在内、外贸方面的优势,依据远洋国际集装箱站场采取“一点多线”“公铁联运”和“两点一线”的集装箱甩挂模式开展运输服务。公司主要经营海运、空运、拼箱和散杂货物的国际运输代理业务,包括为货主提供租船、订舱、集装箱的整箱运输、拼箱运输、拆装箱和中转等服务;代理报关、报检报验、保险和汽车货物配送、短途运输等服务;国际货运代理业务咨询服务。主要服务对象包括陕西省 300 多家国际货代企业、全省进出口业务贸易商及生产企业、全省各外贸基地、产业园内等相关企业。具体服务的企业有恒通果汁、海升果业、延长橡胶、陕西有色、陕西煤化、咸阳钢管、陕西龙飞、陕西富化、山西欣中达、雪花啤酒等。

三、甩挂运输开展情况

(一)推进甩挂运输的历程

西安远洋于 2008 年开展集装箱甩挂运输业务,是陕西省首批甩挂运输试点企业,是交通运输部第二批甩挂运输试点企业。项目经过多年的开展,不仅使企业达到一定规模,也使企业的运输组织模式在全省范围内得到推广,从而提高了运输效率,降低了运输成本,达到了节能减排的目标。

西安远洋以集装箱甩挂运输为特点,利用现有的外贸、内贸业务平台,以集装箱站场为依托,推动集装箱甩挂运输业务的发展。以集卡拖车带挂车组成的物流运力已成为远洋国际的运输业务主力依托,也成为其业务的重要支撑点,如图 1 所示。通过甩挂运输降低了物流成本,有效减少了牵引车和驾驶员的配置数量,提高了运输

图1 西安远洋集装箱甩挂站场及车辆

效率,减少了货物装卸时间,加速了牵引车周转,提高了牵引车生产效率,实现了节能减排的目标。通过集装箱甩挂运输业务的发展,促进了道路货运的组织化、规模化、信息化和标准化的发展,同时促进了公铁海联合的运输方式,促进了综合运输体系和现代物流业的发展。

(二)甩挂运输组织模式

西安远洋以集装箱作业站场为货物的主要集散地,向周边地区辐射,以信息技术为支撑,整合货源信息,主要采取"两点一线""一点多线"以及"公铁联运"的甩挂运输模式作业。

由于公司注重货运信息平台的开发和建设,通过双重运输物流服务平台,公司整合物流信息及车辆资源,能够对回程货运量进行有效匹配,对于长线甩挂运输,能够基本实现去程和回程的货运量保持相对稳定,实现了在大部分甩挂运输线路的双重运输。对于公铁联运路线及市内短驳路线,考虑到其运输组织模式及货品的特殊性,一般为单重运输。

西安远洋甩挂运输项目主要使用甩箱作业,一般在作业点上会预留多个集装箱,对于有集装箱整箱吊装设备的站场,直接进行甩箱,1∶2 的甩挂比即可满足甩挂要求;对于不具备集装箱整箱装卸设备的站场或客户端作业,使用箱车同甩的形式,根据线路的具体情况配置挂车,达到效率最优化的目的。

西安远洋主要采取"公铁联运""一点多线"以及"两点一线"的甩挂模式作业,不同的甩挂模式,其运输作业流程也不尽相同。

1. 公铁联运作业流程

(1)指令受理流程。

①托运人填写铁路集装箱全程运输服务委托单,在车站办理货物托运手续,使用甩挂运输管理系统与之进行对接,系统自动生成运输指令。

②确认能满足托运人运输要求后与托运人签订运输服务合同并填写"集装箱货物运单",同时向托运人收取全程的运输费用。运输指令发送至相应的甩挂运输作业车辆的终端,与车站进行初步对接联系,同时将信息反馈至客户。

(2)调度监控流程。

①甩挂车驾驶员通过车载终端接收智能控制中心的调度指令。

②现场调度工作人员手持终端随时把握甩挂车辆的动态,通过GPS、电话、短信息等方式随时把握车辆动态。

③依据车辆情况做好车辆排班,确保车辆司乘人员有效工作和休息时间。

④合理安排挂车的货位,确保所有挂车高效循环利用。

⑤对脱班、故障车辆及时安排替班车辆,确保各甩挂线路不脱班、准点运营。

⑥向牵引车驾驶员预付往来费用,安排车辆加油。

(3)安检控制流程。

①对车场内待用的挂车进行安全检查,确保挂车可靠。

②对车场内轮休牵引车辆进行检查,确保牵引车辆技术安全,并对上述两项检查进行登记,对发现的隐患进行整改、维修。

③监控货物收发过程,杜绝三品上车。

④监控挂车装载过程,确保货物安全、合理装车,减少货损货差。

⑤对待发车辆进行技术安全检查,对牵引车与挂车连接情况进行检查,对车辆保险情况进行检查,确保车辆无隐患发车。

⑥安检无异常后通知调度可以发车,并向驾驶员发放车辆相关证件。

(4)货物组织、装载流程。

①业务部门取得货源信息。

②制定集装箱货物集配计划。

③客户送货到公司或公司派货车将货物接回。

④各网络单位将货物运回总部分拣中心,转运至相关货位。

⑤货位保管员接收客户、驾驶员或中转分拣保管交接的货物(在视频监控范围内)。

⑥货位保管员安排装卸工将货物装入货位上的挂车(装车位置在监控范围内,其他车门上锁)。

⑦在指定时间货位保管员将挂车封门上锁,并制作随车货物清单。货位保管员将货物清单交接给牵引车驾驶员,完成装车流程。

(5)在途控制流程。

①车辆一旦离开站场或接点要定时报告或由调度询问其到达位置,随时了解车

辆动态。

②车辆在途停驶、加油和休息必须在调度指定地点和位置,不得擅自做主,确保车辆可以按要求准时到达。

③车辆在途发生拥堵等无法按指定速度行驶事件,必须第一时间通知调度部门,调度部门在接到相关报告后应立即调增车辆安排,确保相应班次不受影响,车辆在途发生事故后应第一时间报警,同时报保险,并通知公司安全及调度部门。

(6)到货处理流程。

①无论是总部还是接点,货物到达应第一时间迅速组织人员卸车分拣,确保在指定的时间内挂车可以上货位。

②货物分拣后受理货物方应立即按客户要求通知提货、送货或进行中转。

③按客户要求回收回单、代收货款等附加服务条款。确保货物安全准确到达。

④及时定期组织人员回访客户,及时处理客户投诉及货损货差理赔。

2.“一点多线”运输作业流程

(1)指令受理流程。

①客户端每日生成中转计划,甩挂运输管理系统与之进行对接,系统自动生成运输指令。

②运输指令发送至相应的甩挂运输作业车辆的车载终端和现场调度人员手持终端,同时将信息反馈至客户。

(2)调度监控流程。

①甩挂车驾驶员通过车载终端接收智能控制中心的调度指令。

②现场调度工作人员手持终端随时把握甩挂车辆的动态,通过 GPS、电话、短信息等方式随时把握车辆动态。

③依据车辆情况做好车辆排班,确保车辆司乘人员有效工作和休息时间。

④合理安排挂车的货位,确保所有挂车高效循环利用。

⑤对脱班、故障车辆及时安排替班车辆,确保各甩挂线路不脱班、准点运营。

⑥向牵引车驾驶员预付往来费用,安排车辆加油。

(3)安检控制流程。

①对车场内待用的挂车进行安全检查,确保挂车可靠。

②对车场内轮休牵引车辆进行检查,确保牵引车辆技术安全,并对上述两项检

查进行登记，对发现的隐患进行整改、维修。

③监控货物收发过程，杜绝三品上车。

④监控挂车装载过程，确保货物安全、合理装车，减少货损货差。

⑤对待发车辆进行技术安全检查，对牵引车与挂车连接情况进行检查，对车辆保险情况进行检查，确保车辆无隐患发车。

⑥安检无异常后通知调度可以发车，并向驾驶员发放车辆相关证件。

(4)货物组织、装载流程。

①业务部门取得货源信息。

②客户送货到公司或公司派货车将货物接回。

③各网络单位将货物运回总部分拣中心，转运至相关货位。

④货位保管员接收客户、驾驶员或中转分拣保管交接的货物(在视频监控范围内)。

⑤货位保管员安排装卸工将货物装入货位上的挂车(装车位置在监控范围内，其他车门上锁)。

⑥在指定时间货位保管员将挂车封门上锁，并制作随车货物清单。货位保管员将货物清单交接给牵引车驾驶员，完成装车流程。

(5)在途控制流程。

①车辆一旦离开站场或接点要定时报告或由调度询问其到达位置，随时了解车辆动态。

②车辆在途停驶、加油和休息必须在调度指定地点和位置，不得擅自做主，确保车辆可以按要求准时到达。

③车辆在途发生拥堵等无法按指定速度行驶事件，必须第一时间通知调度部门，调度部门在接到相关报告后应立即调增车辆安排，确保相应班次不受影响，车辆在途发生事故后应第一时间报警，同时报保险，并通知公司安全及调度部门。

(6)到货处理流程。

①无论是总部还是接点，货物到达应第一时间迅速组织人员卸车分拣，确保在指定的时间内挂车可以上货位。

②货物分拣后受理货物方应立即按客户要求通知提货、送货或进行中转。

③按客户要求回收回单、代收货款等附加服务条款。确保货物安全准确到达，及时定期组织人员回访客户，及时处理客户投诉及货损货差理赔。

3."两点一线"甩挂运输模式作业流程

(1)指令受理流程。

①客户下发运输指令至远洋公司物流受理中心,由工作人员通过甩挂运输管理系统受理。

②经管理系统受理后,通过甩挂运输管理智能控制中心将受理结果以指令形式发送至甩挂车辆上的车载终端和现场调度人员手持调度管理终端,同时将信息反馈至客户端处。

(2)调度监控流程。

①甩挂车驾驶员通过车载终端接收智能控制中心的调度指令。

②现场调度工作人员手持终端随时把握甩挂车辆的动态,通过GPS、电话、短信息等方式随时把握车辆动态。

③依据车辆情况做好车辆排班,确保车辆司乘人员有效工作和休息时间。

④合理安排挂车的货位,确保所有挂车高效循环利用。

⑤对脱班、故障车辆及时安排替班车辆,确保各甩挂线路不脱班、准点运营。

⑥向牵引车驾驶员预付往来费用,安排车辆加油。

(3)安检控制流程。

①对车场内待用的挂车进行安全检查,确保挂车可靠。

②对车场内轮休牵引车辆进行检查,确保牵引车辆技术安全,并对上述两项检查进行登记,对发现的隐患进行整改、维修。

③监控货物收发过程,杜绝三品上车。

④监控挂车装载过程,确保货物安全、合理装车,减少货损货差。

⑤对待发车辆进行技术安全检查,对牵引车与挂车连接情况进行检查,对车辆保险情况进行检查,确保车辆无隐患发车。

⑥安检无异常后通知调度可以发车,并向驾驶员发放车辆相关证件。

(4)货物组织、装载流程。

①业务部门取得货源信息。

②客户送货到公司或公司派货车将货物接回。

③各网络单位将货物运回总部分拣中心,转运至相关货位。

④货位保管员接收客户、驾驶员或中转分拣保管交接的货物(在视频监控范围内)。

⑤货位保管员安排装卸工将货物装入货位上的挂车(装车位置在监控范围内,其他车门上锁)。

⑥在指定时间货位保管员将挂车封门上锁,并制作随车货物清单。货位保管员将货物清单交接给牵引车驾驶员,完成装车流程。

(5)在途控制流程。

①车辆一旦离开站场或接点要定时报告或由调度询问其到达位置,随时了解车辆动态。

②车辆在途停驶、加油和休息必须在调度指定地点和位置,不得擅自做主,确保车辆可以按要求准时到达。

③车辆在途发生拥堵等无法按指定速度行驶事件,必须第一时间通知调度部门,调度部门在接到相关报告后应立即调增车辆安排,确保相应班次不受影响。

④车辆在途发生事故后应第一时间报警,同时报保险,并通知公司安全及调度部门。

(6)到货处理流程。

①无论是总部还是接点货物到达应第一时间迅速组织人员卸车分拣,确保在指定的时间内挂车可以上货位。

②货物分拣后受理货物方应立即按客户要求通知提货、送货或进行中转。

③按客户要求回收回单、代收货款等附加服务条款。确保货物安全准确到达。

④及时定期组织人员回访客户,及时处理客户投诉及货损货差理赔。

多式联运甩挂运输

多式联运甩挂运输是依托铁路、港口等多式联运枢纽节点,围绕公铁、公水联运,开展与铁路、水运对接的集疏运甩挂。从甩挂网络形态看,主要呈现以铁路、港口等为核心的一点多线的放射状分布。其具体表现形式是滚装甩挂运输与铁路驮背甩挂运输。滚装甩挂运输是专门运输半挂车的水陆联运,即由牵引车将半挂车牵引上滚装船后,牵引车与挂车脱离,由滚装船将挂车运输至目的港,再由目的港的牵引车将船上挂车牵引至最终目的地的运输组织过程。铁路驮背运输的原理与滚装运输相同,只是中间过程使用的是专用铁路平板车。

以厢式半挂车为标准运载单元的滚装甩挂、驮背甩挂等多式联运甩挂模式,已成为欧美国家内贸多式联运的主要形式。由于各种运输方式具有各自不同的技术经济特点,卡车长途货运在成本、能耗等方面并不具有优势,因此各国普遍在长途货运中尽可能使用铁路和水运等相对低成本、低能耗的运输方式,但解决最后一公里"门到门"服务仍需依赖卡车运输,故而必须更多使用联合运输(欧洲称 combined transport)的组织方式——即以厢式半挂车为基本运载单元、运输过程中无须拆解、能够实现卡车—船(火车)—卡车便捷转运的一种特殊多式联运。水路滚装甩挂、铁路驮背甩挂就是这种特殊多式联运的主要表现形式。

当前,适应绿色、低碳发展的需要,多式联运已经成为货物运输的主要发展方向。按照"尽可能将更多的卡车货运转向铁路和水运"的基本思路,只要综合运网条件具备,只要是适箱货物,则尽可能采用滚装甩挂、驮背甩挂等多式联运方式,尤其是长途货运,必须充分挖掘多式联运的最大潜力。

在中国,近海航道条件良好,内河航运条件也在不断改善,铁路货运能力正在逐渐扩大,未来发展滚装甩挂、驮背甩挂的潜力巨大。但要真正发展起来,当前还面临综合运网衔接不畅、设施设备标准化程度不高、缺乏具备精细化运作能力的多式联运经营主体等突出问题,尤其是作为基本运载单元的厢式半挂车标准落后、车型杂乱,缺乏与之相匹配的专用滚装船、专用铁路平车,相关的管理和服务规范也是完全空白,滚装、驮背甩挂中的车、船、站、运、管难以一体化协同,以厢式半挂车为标准运载单元的内贸多式联运体系基本上还未起步,未来发展任重而道远。

(三)甩挂运输组织的特点

在甩挂运输方面,西安远洋根据企业业务特点,以集装箱作业站场为货物集散地向周边地区辐射,以信息技术为支撑,整合货源信息,采取"一点多线"客户端甩挂、"公铁联运"集装箱甩挂和"两点一线"集装箱甩挂模式作业,其中"公铁联运"集装箱甩挂模式,体现西安远洋将甩挂运输和多式联运两种组织模式相结合的思想,并拥有一套完整的作业流程。西安远洋拥有成熟的多式联运式甩挂运输成为其运输组织最大的特点。

四、甩挂运输取得的成效

西安远洋集装箱甩挂运输项目建成后，运行良好，站场和信息化建设达到预期目的，新购置和更新车辆满足甩挂运输的各项要求，经过2013—2015年的运行，已达到项目原定实施方案的基本要求，2015年甩挂运输完成货运量50万吨以上。

1. 经济效益

(1)运输效率提高。采用甩挂运输方式后，运输效率的提升主要体现在减少牵引车装卸等待时间，将会有效减少牵引车的使用数量，增加单车载重行驶里程以及完成的总周转量。采用甩挂模式，牵引车单车年总行程提高了60%，单车载重行驶里程上升了94.29%，单车完成周转量提高了94.29%。

(2)减少车辆空驶。由于集装箱甩挂运输组织模式能更好地提高车辆运力的利用率，因此可将传统单车平均行驶里程的里程利用率从以往的70%提升到80%，百吨公里油耗降低了17.65%。

2. 节能减排效果明显

西安远洋5条甩挂运输线路单位周转量能耗不高于2.46升/百吨，预计每年实现减少二氧化碳排放2398.4吨。

五、甩挂运输发展设想

整箱干线及客户端甩挂是西安远洋的甩挂模式之一，但仅仅依靠目前的线路，采用“一线两点”“一点多线”的甩挂作业模式难以发挥网络上运作效益，下一步西安远洋将依托多个网点和5条甩挂运输线路，通过与企业联营合作的模式，逐步扩大企业甩挂运输的辐射范围，通过站场、线路、车辆的整合，构建起网络型甩挂甩箱运作体系，实现单一甩挂模式向网络型甩挂的转型。

针对近年来业务量有着明显淡旺季的特征，西安远洋将会科学地、辩证地理解和对待这一问题，一方面调整人员配置，另一方面将在淡季积极争取更多的客户，或在淡季增加其他物品的货运量，力求淡季不淡，以争取更多的经济效益。作为国家交通运输部甩挂运输试点企业，西安远洋不仅要关注自身企业自身的发展，还应关注对道路运输行业的引导和带动，利用自身的网路优势、信息化优势，整合社会运输资源，并引导其他道路运输企业向集约化、网络化方向发展，有效促进道路运输行业的转型发展。

评　析

西安远洋依托于集装箱运输的综合资源，以及企业在内、外贸方面的优势，形成以集卡拖车带挂车组成的物流运力为运输业务主力，有效支撑了业务发展；充分发挥甩挂运输与多式联运两种运输组织模式优势，设定完整的作业流程，实现多式联运与甩挂运输有机结合，减少了车辆的空驶率，提高了运输效率，带来明显的节能减排效果，达到了组织化、规模化、信息化和标准化的发展。

在开展甩挂运输的过程中，西安远洋以信息技术为支撑，整合货源信息，形成了独具特色的甩挂运输模式：(1)实现甩挂运输和多式联运结合作业。通过建立一套完整的作业流程，形成了“公铁联运”的甩挂模式作业，最大化地发挥甩挂运输与多式联运两种运输组织模式优势，提高运输效率。(2)实现精准化甩挂运输。通过双重运输物流服务平台，整合物流信息及车辆资源，对回程货运量有效匹配，实现在大部分长线甩挂运输线路的精准化双重运输。

西安远洋的站场和信息化建设已达到预期目的，新购置和更新车辆满足甩挂运输的各项要求，近年来货运量、货运周转量实现稳定增长。未来发展方向上，应加深与企业联营合作模式，整合站场、线路、车辆资源，构建网络型甩挂甩箱运作体系，实现单一甩挂模式向网络型甩挂的转型；注意引导和整合社会运力资源，加强对从业人员培训，根据运输淡旺季特点，制定适合的发展模式，实现集约化、网络化方向发展。

案例24：重庆嘉峰物流——公铁联运甩挂运输

重庆嘉峰物流有限公司(以下简称“嘉峰物流”)凭借稳固的市内甩挂运输基础，开展实施甩挂运输试点项目，积极响应政府号召，依托具体甩挂项目进行试点，发挥试点企业的示范和引领作用，实施公铁联运甩挂运输模式。项目依托甩挂运输信息系统实现了作业站场管理、车辆智能调度、运输组织与订单管理等功能，满足试点项目集约化、规模化和网络化要求。

一、企业高管致辞

嘉峰物流甩挂运输试点项目于2013年8月6日纳入重庆西部城市综合甩挂运输第三批试点项目。项目在重庆市江津区的嘉峰站场、火车东站货场、建设港、以及大型商贸交易市场等节点之间开展市内甩挂运输。嘉峰物流围绕载重货车全链条经营系统中,主要承担物流运输业务板块的营运管理,是集团五大业务板块(物流运输、货运市场管理、汽车销售、车辆管理、商用车4S店等)中规模及社会影响力较大的一个支柱产业。嘉峰物流公司成立于1995年,在行业中经历了20余年的风雨磨砺,在重庆市物流业界赢得了良好的口碑并且树立了较高的地位,倍受行业管理部门和业界同仁的赞赏。

重庆嘉峰物流有限公司董事长兼总经理　张劲游

二、企业发展概况

嘉峰物流是重庆嘉峰实业(集团)有限公司的全资子公司,位于重庆江津双福新区津马大道66号,实缴注册资金800万元人民币。拥有货运车辆1000余辆,站场总占地面积8万多平方米,用于甩挂运输和配送配套服务。在建及建成仓储面积4万平方米,其中1号仓库14946平方米,2号仓库14946平方米,装卸作业区7500平方米,甩挂车辆停车区域42000平方米(含集装箱堆场10810平方米)。主要经营范围:普通货运、货物专用运输、货运代理、货运信息咨询服务、仓储、停车服务、货运站场经营、房地产开发三级,多年来为数百家生产型企业提供着优质、优惠、完善的物流服务。

三、甩挂运输开展情况

(一)推进甩挂运输的历程

2013 年 8 月嘉峰物流西部城市综合甩挂运输试点项目被交通运输部、财政部确定为公路甩挂运输第三批试点项目,嘉峰建设中的嘉峰双福货运站场项目是由嘉峰物流有限公司投资建设的一个专业货运站场,站场建设手续齐备,符合重庆市建设西部物流战略高地和物流集散中心的发展要求。此项目凭借紧邻内环高速公路、交通便利的区位优势,整体建成后将进一步降低物流成本,提升物流效率,有力承接中心城区仓储物流西迁的发展趋势,进一步满足重庆制造业仓储物流的需求。

重庆嘉峰物流中心甩挂运输站场位于重庆市江津区双福工业园区内,在成渝高速江津走马下道进入津马大道三公里处,成渝高速公路、城市快速通道交汇园区,形成了便捷的公路交通网络。园区内配套基础设施完善。物流公司主要经营全国往返公路货物运输、集装箱运输、大重件运输、仓储配送服务等项目。嘉峰物流多年来为重钢集团、西南铝业、格力电器、川维厂、大江集团、能源集团、外经贸集团、机电集团、长安福特等上百家生产型和贸易型企业提供着优质、优惠、完善的物流服务。

试点项目在重庆市江津区的嘉峰站场、火车东站货场、建设港以及大型商贸交易市场等节点之间开展市内甩挂运输。主要承接的货源种类为:摩托车、建材、食品、农贸产品以及部分汽车配件等。

(二)甩挂运输组织模式

嘉峰甩挂运输试点项目以嘉峰物流站场为依托,在嘉峰物流已经成熟运营的“嘉峰站场—重庆市火车东站货场”“嘉峰站场—建设港”“双福国际农贸城—重庆市火车东站货场”等线路上开展集装箱集疏站(港)甩挂运输,如图 1 所示。

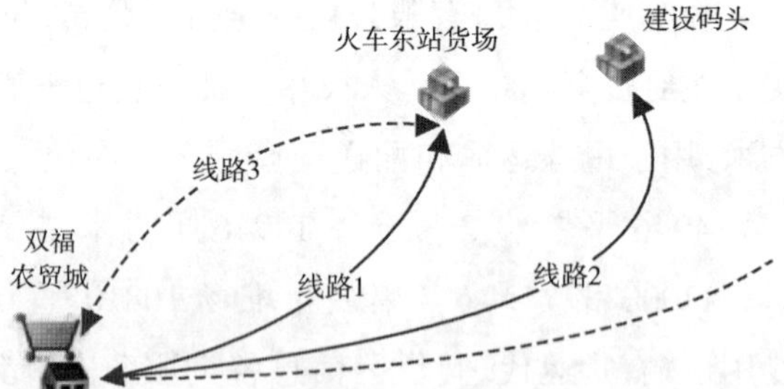

图 1 嘉峰物流甩挂运输线路

线路运行情况见表1。

项目线路运行情况　　表1

线路编号	甩挂方式	路线安排
线路1	循环	重庆嘉峰物流中心甩挂运输站场—重庆市火车东站
线路2	循环	重庆嘉峰物流中心甩挂运输站场—建设港
线路3	循环	双福国际农贸城—重庆市火车东站

1. 重庆嘉峰物流中心甩挂运输站场—重庆火车东站货场

本条线路共涉及重庆嘉峰物流中心甩挂运输站场、重庆市火车东站等两类作业节点,在各类节点之间开展重庆市域范围内的一线两点甩挂运输(图2)。该条线路分为一般甩挂运输和集装箱甩挂运输两种类型。

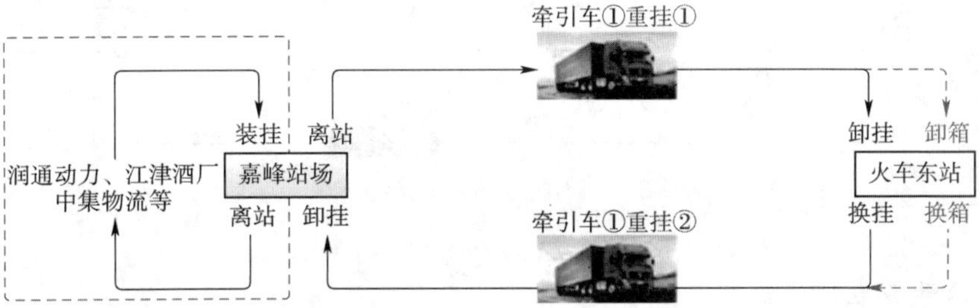

图2　线路1甩挂运输组织示意图

2. 重庆嘉峰物流中心甩挂运输站场—建设港

本条线路共涉及重庆嘉峰物流中心甩挂运输站场、建设港等两类作业节点,在各类节点之间开展市域范围内甩挂运输(图3)。该条线路分为一般甩挂运输和集装箱甩挂运输两种类型。

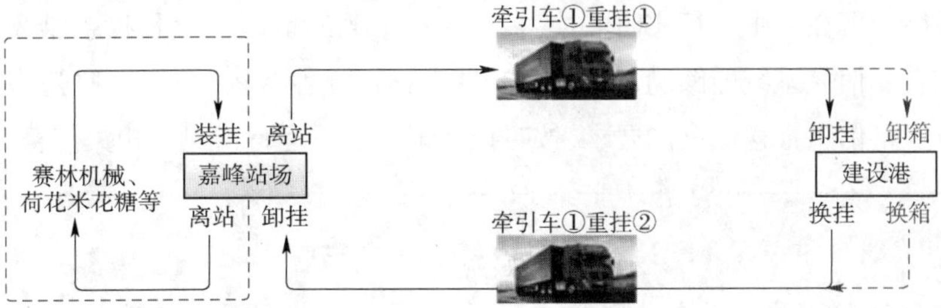

图3　线路2甩挂运输组织示意图

3. 双福国际农贸城—重庆市火车东站

本条线路共涉及重庆嘉峰物流中心甩挂运输站场、双福国际农贸城、火车东站货场等三类作业节点，在各类节点之间开展市域范围内甩挂运输（图4）。线路类型分为整车运输和零担运输两种类型。

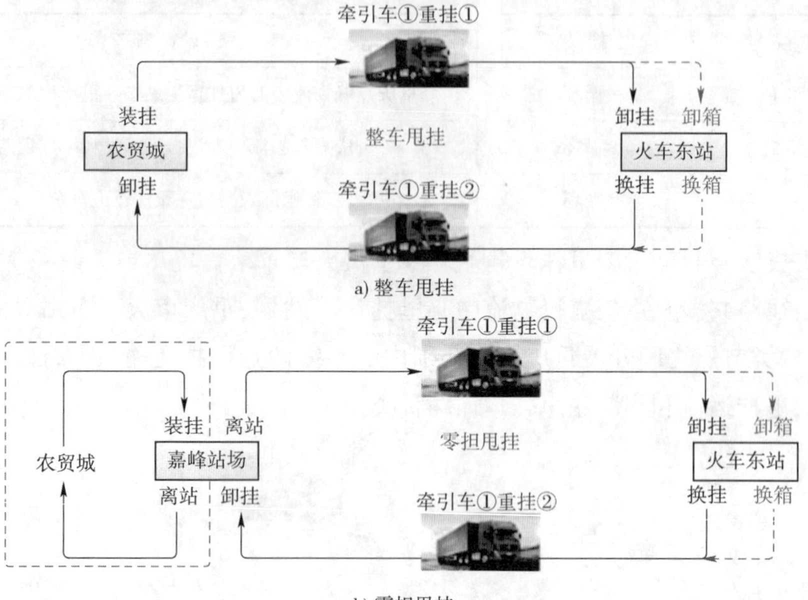

图4　线路3甩挂运输组织示意图

（三）开展甩挂运输的特点

甩挂运输要充分发挥效益，必须走集约化、规模化和网络化经营的道路，从市场、货源、道路、站场、车辆和信息管理等方面创造必要条件。另外，甩挂运输的组织工作较为复杂，尤其是循环甩挂和载驳运输对货源组织、装卸时效、作业条件等要求较高。因此，根据甩挂运输的需要，重庆嘉峰物流建设的重庆西部城市综合甩挂运输信息系统实现了作业站场管理、车辆智能调度、运输组织与订单管理等功能，利用卫星定位车载终端可在途中进行实时监控，实时查看车辆的地理位置和状态以及是否可供使用等信息。信息系统能够满足该公司开展甩挂运输业务需求；能按照公路甩挂运输试点项目运行信息报送制度的要求，按时报送试点项目运行情况等相关信息。

循环型甩挂运输模式

循环型甩挂是牵引车从起点出发后经过线路中多个节点后重新回到起点的甩挂运输过程，当前的应用是以“一线多点”的形式体现。“一线多点”的甩挂模式是在“一线两点”组织模式的基础上发展而来的，二者之间的区别是“一线多点”在线路上拥有2个以上的甩挂作业点。完成一趟运输作业过程中,在闭合行驶回路上,牵引车在前一个作业点甩下空箱挂上重箱,然后继续向下一个作业点行驶,并在最终回到起始点开始下一个运输循环(图5)。

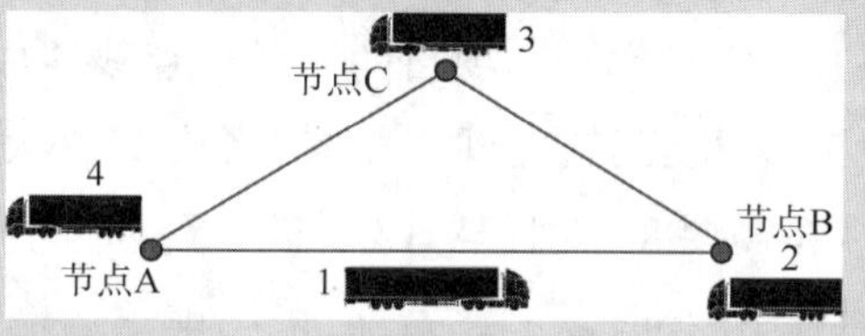

图5 循环型甩挂模式示意图

循环型甩挂运输以一线多点甩挂模式为代表。以一线三点、多点甩挂的模式为例,具体组织过程如下:

(1)调度中心根据订单信息,发送指令到B和C站场,分别安排B、C两站场内空闲挂车2、3进行装货。

(2)与此同时,牵引车拖带挂车1从站场A出发行驶至站场B。牵引车到达站场B后,将挂车1托至卸货区,与站场管理人员完成相关单证交接后,驾驶员将挂车1卸下。牵引车进行系列检测后据调度中心指令,挂上装载好的挂车2驶往站场C。

(3)此时处于站场C的挂车3已经完成了货物的装载。牵引车拖带挂车2到达站场C后,驾驶员检查货物装载及施封情况,与站场C工作人员交接相关单证,驾驶员将挂车2摘下。牵引车经简单维护后,挂上挂车3驶往站场A(或站场B)。

(4)与此同时,根据调度中心发出的指令,安排站场A的空闲挂车4装载运往站场B的货物(或B的空闲挂车5装载运往站场A的货物)。

(5)牵引车到达站场A的卸货区,完成挂车货物的交接后,摘下挂车3,对牵引车维护后,挂上挂车4,驶往站场B。(或牵引车达到站场B后,完成挂车货物的交接后,摘下挂车3,对牵引车维护后,挂上挂车5驶往站场A)重复上述步骤。

四、甩挂运输取得的成效

甩挂运输作为一种集约、高效的运输组织模式,已成为提高道路货运和物流效率的重要手段。发展甩挂运输,对于降低物流成本、推动现代物流和综合运输发展、促进节能减排、提升经济运行质量,具有重要意义。

1. 提升运输效率

在提升运输效率方面,甩挂运输能大大提高运输车辆的周转使用频率,提高运输效率,减少车辆在路上的空驶率。本项目的三条试点线路以线路1为例,传统运输方式下,平均运输里程30公里,运输时间1小时(考虑交通状况),传统货车(一头一板)平均完成一次掏、装箱需要8小时(含车辆排队等候时间),因此传统货车完成一次全程运输作业平均需要10小时以上。另外,采用单车运输时,实载率多在70%~75%。采用甩挂运输后,基本能够达到90%以上,并可以有效提高牵引头的使用效率,节省组货、装箱的等待时间。在单程在途运输里程及运输时间不发生改变的情况下,甩挂运输车辆两端完成甩挂需3小时,加上1小时在途运输时间,甩挂运输车辆完成单趟次作业仅需4小时,极大地提高了运输作业效率和单车效益。甩挂后比甩挂前单车完成年周转量提高了56%。

2. 降低运输成本

运输成本主要包括:固定成本和可变成本,其中固定成本有车辆折旧费、修理费(实际操作过程中,通常会按照不同的运输方式进行这项费用的核定,属于固定费用)、驾驶员工资、保险费、其他费用等,可变成本一般包括燃油费、通行费及税金等。单车运输装卸的次数多,劳动强度大,货损货差高;平均油耗大,驾驶员配置人数多,人工费管理费用多,物流成本高。通过分析计算,甩挂运输方式单位成本为0.45元/吨公里,传统运输方式成本为0.56元/吨公里,甩挂运输节约了0.11元/吨公里,成本下降了20%。

3. 经济效益和社会效益

通过对实施甩挂运输的三条线路就年周转量、运输效率、运输成本、节约燃耗、减排等指标进行对比分析,甩挂后完成单位周转量的时间比甩挂前提升48%,运输效率提高了56%,运输成本下降20%,百吨公里燃油消耗量降低14%;在减排方面,有效减少二氧化碳排放量约326吨。实施甩挂运输方式既有利于公司提高车辆使用效率、降低成本,又有助于实现节能减排的要求,具有显著的经济效益和社会效益,因此,大力发展甩挂运输是符合发展可持续交通的重要手段。

五、甩挂运输发展设想

嘉峰物流将继续从以下几个方面加大对重庆西部城市综合甩挂运输的投入与

开发,深化培育与发展业务规模、提升项目营运效率与营运效益,打造高效、环保的甩挂物流体系:

进一步加大对项目资金与资源投入,推动项目的规模化与集约化经营;进一步加大市场的开发力度,寻求与大型制造企业、大型物流企业、货运站场的合作,建立稳定、对流的货源基地和建立跨区域的业务网络体系,促进经营主体联盟化。

加大市场推广力度,制定社会物流企业实施城市综合甩挂运输的优惠措施,打造甩挂运输公共平台;加强对从业人员培训,提高整体素质。甩挂运输作业需要专业化的管理与操作,因此,企业员工的专业素质对于甩挂运输作业的顺利进行十分重要。积极开展相关工作人员的业务培训,提高员工的业务水平,对员工进行精细化管理,都有利于提升人员整体素质。

评　　析

重庆嘉峰物流主要依托铁路货运站场、港口以及大型商贸市场之间开展甩挂运输,开展集装箱集疏运甩挂运输,形成了特色鲜明的"公铁联运"甩挂运输模式。重庆嘉峰物流的运输组织主要在重庆市内开展,在各节点处开展,将一般甩挂运输、集装箱甩挂运输、整车运输、零担运输等类型融为一体,在业务开展期间,通过甩挂运输信息系统实现了市域内运输组织的合理安排,高效运行,完成了循环型甩挂。

多式联运在我国目前尚处于萌芽阶段,需要不断创新组织模式,充分发挥综合运输的综合优势。甩挂运输是公铁联运发展的重要基础,嘉峰物流应保持现有运作模式,不断创新发展,继续加深甩挂运输与多式联运的深度融合。

下篇

美国公路甩挂运输

随着我国社会经济的发展和道路运输基础设施的不断完善，传统的运输方式已经无法满足当前社会经济发展的需求，所以需要寻求一种全新更加高效的、资源节约型的道路运输方式，来促进道路运输业的转型发展。甩挂运输作为一种先进的道路运输生产方式，在降低运营成本、集约利用资源、提高运输效率等方面具有显著的优势。现已经在发达国家以及一部分发展中国家得到了广泛的应用，甩挂运输已成为美国等发达国家的主流运输方式，代表着道路货运业的发展方向。

甩挂运输在国外起步于20世纪40年代，是为了配合多式联运中的驮背运输和滚装运输而出现。由于欧美国家强调多式联运是基于标准化运载单元的全程无隙运输，因此甩挂（甩箱）运输成为不同运输方式间快速转换的基本要求。作为多式联运的基础环节，欧美的多式联运中，甩挂运输非常普遍。因此甩挂运输作为一种先进的运输方式，在国外发达国家已经得到了长足的发展，早已进入了成熟阶段，在卡车运输和多式联运中广泛应用，成为运输行业的常识，因此并没有文献对甩挂运输进行专门的研究。

本篇第六章对美国甩挂运输总体发展情况进行介绍，包括美国甩挂运输的主要运作模式、美国甩挂运输的主要特点和美国经验对我们的启示三个部分。第七章选取了6个卡车运输的案例，对美国的甩挂运输业务情况进行介绍，以此来总结我国企业可以学习的经验。J. B. 亨特运输服务公司（J.B. Hunt Transport Services Inc.）是北美最大的运输物流企业之一，主要采用多式联运的运输方式，为遍及美国、加拿大和墨西哥的不同客户群体提供安全可靠的运输服务。世能达物流公司（Schneider National Inc.）是美国领先的整车运输、物流和多式联运服务提供商，主要业务包括整车运输、专用运输、区域运输、大宗货物运输、多式联运、经纪业务、供应链管理和港口物流服务，为客户提供广泛的产品服务组合。斯威夫特运输有限公司（Swift Transportation Co. Inc.）是北美最大的卡车承运商，公司根据客户需求，提供最佳的运输解决方案，为满足客户对货物跟踪的需求，公司积极开拓网络化服务，建立网络终端，以便随时随地了解运输信息，既提高了运输效率、减少管理支出，又为客户提供了便利，实现双赢的效果。耶路全球物流公司 (YRC Worldwide) 是全球最大的运输和物流服务供应商之一，拥有美国最大的零担运输组织网络，以美国、加拿大为核心，业务网络遍及全世界，提供全球运输服务、运输管理方案和物流管理。C.H. 罗宾逊全球物流有限公司（C.H.Robinson Worldwide， Inc.）是全美最大的第三方物流企业之一，拥有全美最大的卡车运输网络，以“无车承运人”模式实现高速增长，高效的信息系统和庞大运输网络是其核心竞争力，通过运费差价和服务收入营利。罗宾逊的发展和壮大，得益于美国建立了一整套较完整的无车承运人经营许可、运输保险、服务保障制度。沃尔玛公司（Wal-Mart Stores Inc）是世界上最大的连锁零售企业，多年来在全球500强企业排名中位居榜首，沃尔玛一直被业内人士称为“伪装成零售企业的物流企业”，其供应链管理是其成功的关键因素。

第六章　美国甩挂运输发展情况介绍

第一节　美国甩挂运输的主要运作模式

根据美国开展甩挂运输的情况，总结甩挂运输的主要运作模式基本包括以下几种类型。

一、网络型甩挂运输

网络型甩挂模式是甩挂运输发展到一定阶段的产物，适合多个装卸作业点的长途运输。网络型甩挂运输的路线不一定是线性的，而是将整个运输线路有机地结合起来，网络中的各个装卸作业点可能对任何其他作业点产生货运需求，网络型甩挂运输组织模式如图1所示。

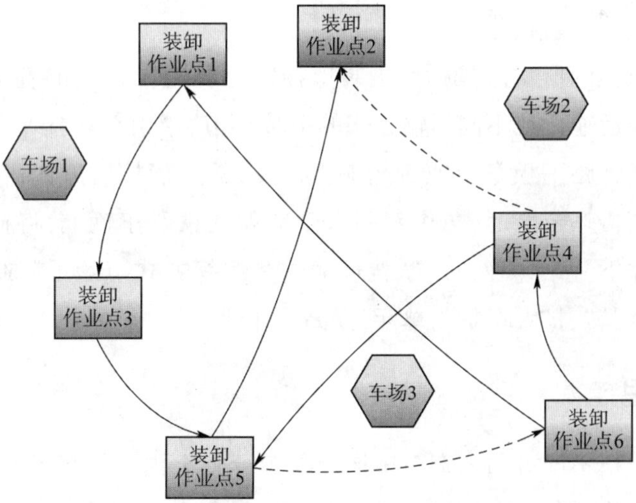

图1　网络型甩挂运输示意图

通过网络化运作可以提高挂车的利用率，降低运输的空驶率，最大限度提高运输的效率和效益。网络型甩挂运输的核心是运输网络的构建,其中最为重要的是广泛布局且多层次的中转节点,以及连接这些节点的运输线路。这些网点和线路的布局对零担、快运企业的经营形态会产生很大的影响。

运输企业采用化零为整的转运,以及网络内部的运输的有效组织和衔接,能够最大限度地发挥网络的优势。这其中,构建依托分拨中心所形成的轴辐中转式网络甩挂是当前最主要的网络形态。

从甩挂运输组织模式看,依托规模化货源和运营网络所形成的网络甩挂是美国甩挂组织的主要形式。

二、多式联运型甩挂运输

依托铁路、港口等多式联运枢纽节点,围绕公铁、公水联运,开展与铁路、水运对接的集疏运甩挂。

从美国来看,甩挂运输已经成为多式联运体系的重要组成部分。从其甩挂组织模式来看,主要依托港口、铁路货运站为甩挂节点,将半挂车运至站场后,甩下挂车,等待铁路编组,或者牵引至滚装船舱后甩下挂车,牵引车挂上已经装卸好的半挂车开展第二次运输。

甩挂组织主要是“一线两点”甩挂作业,甩挂网络形态主要呈现以铁路、港口等核心的一点多线的放射状分布。

多式联运甩挂的形式是“驮背/滚装甩挂”,是将甩挂运输的基本原理应用于集装箱或挂车换载运输。在不同运输方式的衔接环节,牵引车将挂车或载有集装箱的底盘直接拖带到铁路平板车上或者船舶上停妥,然后摘挂后离去,在到达下一次不同运输方式的衔接环节之时,再由牵引车到船舶或铁路车辆上,将挂车或集装箱底盘直接拖挂运往下一个作业点。驮背运输这一组织方式节约了装卸及换载运输时间,加速了车辆周转,扩大了货物单元,提高了作业效率。

三、接驳甩挂

接驳甩挂是指不同方向的牵引车拖带挂车行驶至预定停车场所,然后不同牵引车与挂车实行互换,形成新的牵引车和挂车组合后,继续前行的过程。接驳甩挂在欧美国家并不少见,主要有两种模式:

一是在相向运营线路上,牵引车和挂车组合对向行驶,在中间地带的某一停车场所进行挂车互换，牵引车各自拖带对方原有挂车原路返回，如图 2 所示。即所谓“对向行驶、中间换挂、原路返回”。这种模式一般在线路双向货源稳定、距离超长(800 公里以上)、运营组织计划性强的线路上普遍使用。

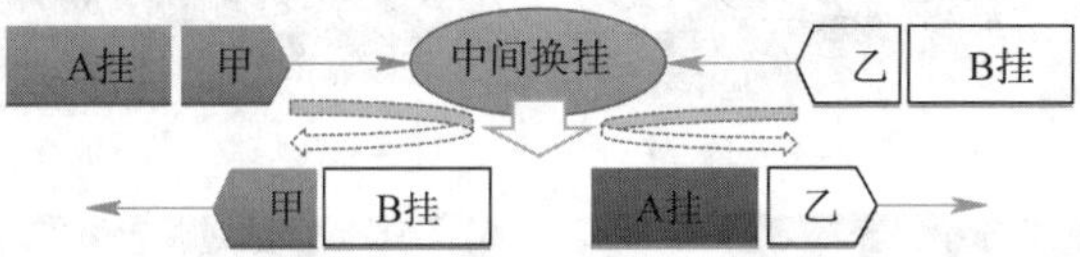

图 2　相向对驶的挂车接驳互换模式

上述接驳甩挂有利于减轻驾驶员的劳动强度，减少行车安全隐患。对于超长线路(如 800 公里以上)的卡车运输，即使配 2 名驾驶员轮流驾驶，长时间停留在驾驶舱内，也会有心理上的疲劳。如果在相向运营线路上采用接驳甩挂方式，则可保证驾驶员及时返回又不影响货物运输。在欧美国家，采用此种接驳甩挂，还有利于减少驾驶员工资成本，避免驾驶员长途驾驶带来的各种加班费、劳保费用的增加。

二是不同方向的牵引车和挂车行驶至某一合适位置，通过牵引车和挂车的互换，实现精细化的运输组织，提高运输效率、避免不必要的空驶。这种模式一般适用于多挂组合的汽车列车，往往在一些具有规模性、网络化的卡车运输公司经常使用，或者在一些紧密合作、可以大范围实现牵引车和挂车互换的企业联盟内常常被采用，可称之为“网络多向行驶、中途按需换挂、重新集约组合”模式。典型流程如图 3 所示。

a)甲车（小型整车）拖带A挂至预定站场

b)甲车甩下A挂

c)乙车拖带B挂至同一站场

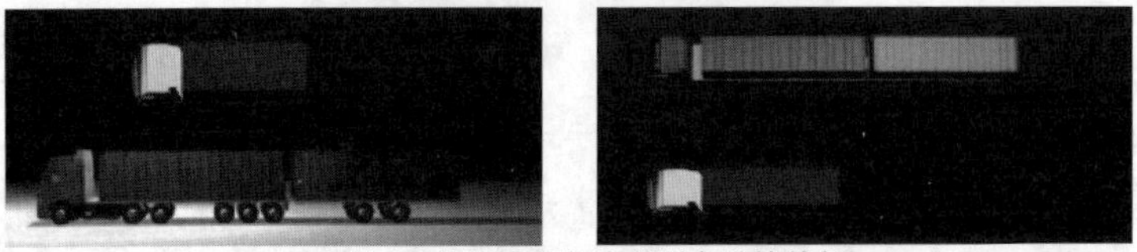

d)乙车挂上A挂组成新的汽车列车继续前行

图　3

e)丙车拖带C挂至同一站场，并摘挂

f)此时遗留C挂，改由甲车拖带继续前行

图3　多向行驶接驳甩挂流程

以上一系列挂车互换，结果是富余出乙车（牵引车），可以投入其他运输任务。如图4 所示。

图4　多向行驶接驳甩挂结果

上述接驳甩挂主要是为了集约利用运力资源，通过精细化的货物配载、车辆调度，途中选择合适地点进行牵引车和挂车的优化组合，以节省牵引车运力、最大程度提高运行效率。

欧美多式联运发展经验介绍

甩挂运输在国外起步于20 世纪40 年代，是为了配合多式联运中的驮背运输和滚装运输而出现。由于欧美国家强调多式联运是基于标准化运载单元的全程无隙运输，因此甩挂（甩箱）运输成为不同运输方式间快速转换的基本要求。

因此,本节对欧美多式联运发展经验进行介绍。

一、欧美多式联运发展特点

一是多式联运运量持续高速增长。近年来欧美国家的多式联运一直保持着高速增长势头,且未来持续发展的空间很大。在欧洲,2007 年全欧多式联运总量为 960 亿吨公里,2015 年增长至 1630 亿吨公里(增幅达 70%,其中铁路完成份额将由 21% 增长至 34%),预计到 2030 年将进一步增长至 3060 亿吨公里。美国 1997—2011 年多式联运货运量由 2.17 亿吨增加到 16.2 亿吨(增长了 6.5 倍),占货运总量的 9.2%;预计到 2040 年,美国多式联运的货运量将达到 35.75 亿吨,占货运总量的 12.5%,货运价值量将增加到近 10 万亿美元,占货运总价值的 25.3%。多式联运在长距离、高附加值的货运领域具有明显的优势。美国 500 英里以下的货物运输中多式联运占比仅为 1%,而 2000 英里以上的占比则达到 18%,其货运价值占比达到了 34%。像 UPS 这样的包裹快递企业是 TOFC 的主要用户,一般运距超过 400 英里则首要选择通过 TOFC 联运。欧洲各港口一直在积极拓展海铁联运业务,如不莱梅港近五年铁路联运集疏运量从 35.9% 上升至 45.7%,而公路集疏运量则从 61.1% 下降至 50.2%。

二是公铁联运成为主流方式。美国公铁、公水、铁水联运运量占全部多式联运运量比例分别为 53%、34%、13%,相应周转量占比分别为 57%、29%、14%,表明公铁联运(COFC/TOFC)是主要的联运方式。欧洲亦如此,以德国为例,其公铁联运量近年保持年均 7% ~8% 的强劲增长,德国政府希望通过各方努力,使铁路联运运量占铁路总运量的比例由 2010 年的 1/3 提高到 2025 年的 1/2。欧洲最大的物流企业德铁货运公司(DB Schenker)2011 年完成 290 万个标准运载单元(换算为 400 万标准箱),全部通过多式联运实现“门到门”运输,其中海铁联运量只占 34%,而内陆公铁联运量占 66%。欧洲近十多年来大力推行以公铁联运为主体的组合运输,其中以可脱卸箱体和集装箱为运载单元的联运市场份额占 78%,公铁整车滚装运输的联运市场份额占 14%,而以半挂车为运载单元的联运市场份额只占 8%。

三是水陆滚装运输受到高度重视。欧美国家都有良好的内河和近海运输条件,在促进多式联运发展中注重充分利用水运优势。欧洲发展组合运输的一个重要领域就是大力发展公水滚装运输,过去十年欧洲滚装运输运量占国内水运运量的比例从10%提高到13%，如荷兰自2009年起专门开辟了多瑙河鹿特丹—蒂尔—赞丹—霍伦之间的挂车滚装运输专线。在美国，尽管面临全球航运业不景气，但2006—2011年五年间滚装船的总吨位仍增长了5.4%，据悉美国正在开展依托内河促进滚装运输发展的公水快速通道研究(如M-55 Marine Highway Corridor，旨在创新密西西比河和伊利诺伊河的滚装联运模式)。

四是甩挂(甩箱)运输成为联运基础环节。由于欧美国家强调多式联运是基于标准化运载单元的全程无隙运输，因此甩挂(甩箱)运输成为不同运输方式间快速转换的基本要求。欧美大型物流企业超过70%的货运量通过甩挂运输完成，美国内陆多式联运枢纽主要靠甩挂方式实现越库作业。

五是多式联运站场及集疏运体系十分健全。美国不仅交通基础设施发达，而且由专用线、枢纽和终端节点组成的多式联运集疏运体系比较完善。以芝加哥为例，作为美国最重要的多式联运枢纽和货物集散中心，芝加哥汇集了1448公里铁路线、125处铁路交汇点，Ⅰ级铁路密度高于全美其他任何城市，每天到发1300次铁路货运班列、3.9万节货车、2500万吨货物，超过75%的美国铁路货运量途径此地。同时芝加哥也是美国最大的内陆港口和空运中心，多达十多条国家干线公路穿越此地。得益于独特的交通区位优势，芝加哥地区现已发展起多达28个大型多式联运枢纽站，吸引了全球众多大型物流运输企业到此经营。

BNSF公司的芝加哥物流园区占地面积3770亩，自2002年8月开始运营，现已成长为北美地区最大和最活跃的内陆公铁联运站之一。该园区主要提供两种公铁联运服务：一是往返于西海岸各主要港口的国际集装箱多式联运服务；另一种是北美地区汽车铁路联运服务。园区内有多式联运专用轨道5条(总长2.6公里)、铁路机车位440个，汽车联运专用轨道3条、铁路机车位108个，如图5所示。仅就该园区的多式联运功能区而言，其用于多式联运的停车场6个，面积达971亩，可停靠4800台挂车和堆存6000个集装箱，拥有进、出园区车道分别为16条、11条；集装箱装卸能力每月可达8万个(日均2666个)，2013年实际完成吞吐量90万箱，每天进、出园区的车辆可达5000辆。同时，园区还使用了自动门禁系统、集装箱自动识别和追踪系统、车辆和起重吊装设备GPS调度系统等先进信息管理技术，有效支撑了园区的装卸作业和交通运行的高效率。

图5　BNSF公司的芝加哥物流园区鸟瞰图

美国运输部对全国港口、机场、公路和铁路枢纽站场等进行了全面评估，最终确定了全国616个多式联运物流节点，见表1。为保证这些节点的集疏运，政府为616个节点建设了1222英里的公路专用线。其中，对于一些货运量较大的节点，确保有多条集疏运线路；而对于另外一些站点，则确保与国家公路网无缝对接。

美国多式联运节点的种类和数量　　表1

多式联运节点类型	数量(个)	公路专用线长度(英里)
江海港口	253	532
机场	99	221
公路铁路枢纽	203	354
管道公路枢纽	61	115
合计	616	1222

六是多式联运市场主体体系完善。在美国政府多式联运政策导向和放宽运输市场管制政策下，美国形成一批适应并推动多式联运发展的市场主体，全国有4.5万家多式联运企业，均可签发“联运提单”，提供全程联运服务，为客户选择优质的运输服务和最经济的运输方式。铁路方面，美国铁路货运形成了东西各2家和南北1家的五大铁路货运企业格局，成为美国公铁联运的开拓者和主要承运人；公路运输历经淘汰重组，形成了数家拥有数万辆车辆资产的大型企业，且基本成为多式联运承运人。全球最大的快递物流企业FedEx在全球375个机场开设空陆联运业务，拥有634架货机、4.7万辆卡车，在全球设有1200

个服务站及10个空运快件转运中心，提供次晨达、次日达、隔日达以及普达等多样化快递服务。

二、欧美多式联运发展政策

1. 欧盟

基于对可持续发展的考量，欧盟自跨入21世纪以来将多式联运视为主要战略目标之一。2001年12月欧盟委员会发布《面向2010年的欧盟运输政策：时不我待》白皮书，明确提出多式联运发展战略与方向。2006年欧盟对该白皮书进行了中期评估和修订，更加突出铁路和水运发展，着力于多式联运服务链整合。2011年3月欧盟出台了新的运输政策白皮书《迈向统一欧洲的运输发展之路：构建更有竞争力、更高能效的运输系统》，提出了绿色低碳交通发展目标，强调通过发展组合运输把更多公路货运转向铁路和水运，并提出2030年前转移30%、2050年前转移50%的目标。

围绕上述战略目标，欧盟相继推出一系列促进多式联运发展的行动计划，典型如PACT计划（Pilot Actions in Combined Transport）、马可波罗计划（旨在支持多式联运项目）、NAIADES计划（旨在支持航运与内河航道发展）。具体政策主要体现在：

一是对多式联运中转站建设进行资金补助。以德国为例，截至2016年年底，德国共有多式联运中转站122个，其中77个得到了政府的财政补贴。在联邦政府主导的物流园区（德国称Freight Village/ GVZ）规划建设中，将多式联运中转功能作为必要条件，联邦政府对联运设施设备的资助比例最高可达85%。

二是对发展组合运输给予补贴或税收减免。主要对运输企业从单一公路货运向组合运输模式转变中的经济损失给予补偿。如对新开的铁路联运线路，企业初期若负债经营，欧盟经评估后可给予经济补偿；为了支持卡车减少长途运输而增加短途接驳运输，欧盟要求各成员国为实施组合运输的始末端卡车运输给予税收减免或资金补贴，如德国对专用于接驳组合运输的卡车，法律规定免缴其公路使用税。

三是放宽对多式联运的运输限制。欧盟要求各成员国进一步放宽对从事组合运输的标准要求。在德国，法律规定公共道路上卡车总重不得超过40吨、周日不得上路行驶，但对参与组合运输的卡车，总重允许放宽至44吨、不受周日禁行限制。

四是鼓励发展内河运输。从事内河运输并达到规定标准的企业，可从欧盟得到为期3年每年20万欧元的补贴。

2.美国

以1991年12月颁布“冰茶法案”（ISTEA：多式地面运输效率法案）为标志，美国进入了以多式联运为主导的综合交通发展阶段。“冰茶法案”宣称旨在“建设高效环保的国家多式联运体系，以提升美国的国际竞争力，同时以高能效的方式运送人和物”，决定联邦1992—1997财政年度提供1550亿美元以发展多式联运系统，同时在运输部内设立“多式联运办公室”。此后美国运输部在每隔5年发布的战略规划（DOT Strategic Plan）中，均将提高多式联运效率作为主要目标和任务。其主要政策和举措包括：

一是放松对运输业的市场管制。1979年，美国州际商务委员会（ICC）放松了对COFC/TOFC运输方式的管制，使得铁路公司能够对公铁联运制定更有竞争力的价格，从而使联运量迅速增长。从20世纪80年代开始，美国国会和联邦政府通过了一系列法案，旨在减少政府对运输业的经营管制，鼓励通过市场竞争拓展跨运输方式的联运。放松管制被认为是美国多式联运加快发展、龙头骨干运输企业迅速崛起的主要推力。

二是改善枢纽站场集疏运体系。通过提升疏港铁路、公路转运能力，以提高港口集装箱多式联运效率，如著名的阿拉米达联运通道改善计划，成为美国推进海铁联运的典型范例。2013年8月美国运输部发布的新五年运输战略规划中，明确提出要加强对多式联运连接通道（Intermodal Connectors，是指将枢纽港站与国家公路网连接起来的最初或最后一英里公路）的投资，进一步提高港口、铁路、机场与公路之间的衔接水平。

三是构建多式联运技术标准体系。美国联邦运输法典中，对涉及COFC/TOFC系统、滚装运输系统以及标准化运载单元、快速转运设施设备等，均规定了详细的技术标准，奠定了多式联运良好的标准化基础。

四是改进多式联运设施条件。为了发展铁路双层集装箱运输，提出“双层列车净距改善计划”（Double Stack Clearance Project），通过立法修改列车垂直与水平净距标准，投资支持特定铁路通道的净空改造。同时，联邦及各州政府还通过各种方式，支持多式联运枢纽建设、公铁联运设施设备改造等。

第二节 美国甩挂运输的主要特点

美国大量研究和实践表明,采用甩挂运输,对于提高运输效率、节约物流成本、发展多式联运、促进节能减排乃至减少主干线公路交通流量、降低交通事故率等,具有显著的成效。

美国的研究报告称,组合式汽车列车比小型单体货车可带来的效益包括:节约运输成本20%~33%;减少对公路路面的磨损1/4~1/3;运送相同数量货物可减少路面交通量最多达85%。5轴半挂汽车列车和8轴全挂汽车列车的碰撞事故率分别只相当于3轴单体货车的17%和2%,单位油耗分别只相当于3轴单体货车的46%和31%。

甩挂运输可以大大促进公铁、公水联运,从而大幅度降低物流成本。美国以集装箱和厢式半挂车为基本运输单元的多式联运非常发达,满载厢式半挂车的铁路货运列车屡见不鲜,厢式半挂车水路滚装运输极为普遍。甩挂运输与铁路驮背运输、水路滚装运输紧密结合、相互促进,成为美国多式联运发展的一道亮丽景色。美国甩挂运输特点具体包括以下几个方面。

一、车辆标准化程度高

经过多年发展,美国已经建立起一整套较完善的车辆安全技术标准体系,对车辆分类及相应的外廓尺寸、轴载限值、总重乃至相关部件的生产,都有详细的标准规定,车辆标准化程度极高,为甩挂运输发展创造了有利条件。其中车型分类是标准化的重要基础,基于不同车型分别规定其安全技术标准和管理要求。美国的车型分类和分级标准主要有:联邦公路局(FHWA)的车型分类标准和联邦汽车运输安全管理局车辆分级标准。前者主要用于公路路面的设计与养护管理(规范轴重和外廓尺寸限值)、交通流量的统计、交通事故的记录、环境监测与保护、公路管理和投资的政策分析等。联邦公路局将车型分为13类,其中6类车辆都是牵引车与半挂或者全挂组合的汽车列车,都可用于甩挂运输。后者主要用于卡车承运商的分级许可、车辆运营安全管理、卡车驾驶员分级登记注册、卡车货运分级统计等。其按核定总质量分为8级,第8级基本为拖挂组合的重载汽车列车。

牵引车与挂车主要参数。牵引车大多为长头驾驶室和上排气管形式,普遍使用少片簧(前轴 3 片变截面簧)和复合悬架(驱动轴前端板簧后端一个气囊)如图 6 所示;牵引座结合面高度为 46 ~ 49 英寸(为 1.25 米),发动机功率多为 500 ~ 550 马力(1 马力≈735 瓦),轮胎基本为 11R22.5-25 和 29.5/80/R22.5 等形式,转向轴轮胎可与驱动轴不一致;ABS 下线性能检测,6 ×4 牵引车自重 14000 ~ 18000 磅(7 ~ 9 吨)。

图 6　美国的牵引车

挂车主力车型为 53 英尺厢式车,实测一台样车的内部尺寸 16 米 ×2.57 米(101 英寸) ×2.87 米(113 英寸),容积为 118 立方米。货厢底板高 1.27 米(50 英寸);7 芯电连接器接头、标准双色气管和握手式气制动管路接头,挂车每年维修检查一次,主要检查厢式半挂车及集装箱箱体的密封性。

二、"挂车池"运作效率高

美国物流系统非常发达,随处可见标准化的仓储设施和货运站场。美国甩挂运输作业站场大致可分三类:工商企业用作仓储的站场,运输企业专用于集散、中转货物的站场,用作挂车运力储备的停车场。

干线公路两旁随处可见停满挂车的仓储设施或停车场,挂车既作为运载工具,也作为临时周转"仓库"的功能得到充分利用。由于美国的带动,北美自由贸易区各国(另有加拿大、墨西哥)内陆干线卡车运输普遍采用甩挂运输模式,并构建起北美庞大的甩挂运输网络。

1. 工商企业仓储站场(货主站场)

此类站场一般为工商企业(货主)服务自身生产经营、商贸活动的仓储设施,依托生产基地,具有可供挂车装卸作业的标准月台,由货主自建自管。从事整车运输的卡车公司一般直接将挂车放在货主站场并进行甩挂运输作业,促进货主提高物流效率、降低库存成本。在美国,具有一定规模的货主一般都有自己的仓储设施,且停靠大量用作临时周转仓库的各类挂车。

2. 运输企业货运站场

美国从事零担运输的承运商一般都建有专用于集散、中转货物的货运站场,大型零担运输企业均构建起自己庞大的站场网络体系。以 UPS Freight 为例,基于零担货运特点,UPS 高度重视集散、中转货运站场建设,已经在北美地区构建起 200 多个用于干线运输的集散、中转货运站场。最成功的案例是 UPS 芝加哥地区包裹检索集散中心(CACH)。CACH 的站场作业普遍采用甩挂模式,每天有超过 1900 个牵引车操作 3500 个挂车。CACH 的一个显著特点在于充分利用多式联运。为了发挥铁路运量大、速度快、成本低的优势,CACH 依托紧邻的铁路,积极拓展铁路驮背运输,其集散中转的包裹一般 400 英里运距以上使用铁路驮背运输,400 英里以下主要依靠公路卡车运输。

3. 挂车停车场(挂车池"Trailer Pool")

为了更高效、更从容地调度运力,一般卡车运输公司都要根据客户分布情况在货主所在地或就近地区建设或租用停车场,其中专门用作挂车运力储备的停车场地被称为挂车池(类似于集装箱中转站),以满足货主对挂车尤其是空挂的需求,由卡车公司储备足够的挂车以备及时调用。挂车池在平衡和调剂运力、满足客户"零库存"的追求、吸纳小型个体承运商加盟等方面,体现出巨大的优势。

美国有研究认为,甩挂运输必然会对"挂车池"提出需求。挂车池的建设和管理应考虑下述因素:挂车数量应按 1∶3 配置,如客户有 1 部挂车的需求,卡车公司应按 3 部挂车配置运力,确保 1 部挂车在途运输、1 部挂车在场作业、1 部挂车随时准备调用;根据客户需要确定挂车类型,卡车运输公司负责管理和维护挂车池;部分分拨中心(货运站场)需配备转运空挂的设备(如场内小型拖车、拖力架),由客户选取待用空挂并拖至装载作业平台(否则,由卡车公司挑选空挂并送至作业平台);场地挂车核查,随时清点场地内挂车存量清单,客户可能会驻场协助核查,一般卡车驾驶员也会提供核查服务。

美国许多大型卡车公司均将挂车池作为进一步优化甩挂运输组织模式、增强自身竞争力的重要举措。以世能达为例，其在全国 18 个区域性运营中心及固定客户集中地设有许多挂车池，具体部分将在本篇下一章节进行详细介绍。

挂车互换协议

美国联邦政府部门为了促进甩挂运输的发展，用法规形式明确了"挂车互换协议"的规范内容，使各个运输企业之间可以相互使用挂车，明确法律责任，在发生质量事故或交通事故的情况下，避免出现责任赔偿纠纷。挂车互换协议由卡车公司与客户约定共用挂车的有关事项。

请查看以下合同的内容，确保你同意以下几点，请仔细阅读并在横线上签署"同意"，最后传真至(303)231-9991。谢谢。

1. 挂车的收集在 4 天内收到挂车信息开始，从 Nationwide Equipment Control 公司出发。__________

2. 挂车必须尽可能直接装载。如果偏离了路线，需要尽快通知 Nationwide Equipment Control。__________

3. 我们知道交货时间有可能会不同，但一个星期到 10 个工作日是最优的选择。__________

4. 如果挂车在外超过了 21 天，大篷货车和冷藏货车的租赁费用会分别积累到 25 美元/天和 40 美元/天。我们运行许多租赁公司的挂车，他们的规则被反映在了项目上。__________

5. 不少于每隔一天更新所有路线上的挂车需要 Nationwide Equipment Control 公司来提供支持。我们意识到你很忙，但我们必须每周几次报告设备的位置和状况。电话或电子邮件优先。__________

6. 运抵你方的挂车，根据运输部的要求是良好的状况。__________

7. 如果需要维修，在维修之前 Nationwide 公司需要通知来得到客户的批准。我们可以做到每周七天每天 24 小时来批准维修。我们没有意识到的时间越长，就越难让你报销。__________

8. 维修需要保持到最低限度。即在二手挂车上使用旧轮胎。新轮胎在二手设备上使用可能不能完全报销。__________

9. 承运人将负责赔偿一种挂车超过200美元的部分。__________

10. 收集和交付收据必须得到你的保护。挂车不被认为是没有签署交付收据。交付收据需要驾驶员的名字,提供公司的名称、日期和由接收方签名。良好的检查对挂车的收集/交付/接替等十分关键。驾驶员只需要得到通知这是不寻常的。如果他们收集一个挂车,不能得到赔偿批注收集的时间,你将负责在交付的赔偿。我们不希望这个发生。只要我们注意,就可以避免这种情况的发生。__________

11. 有效的平板/注册/临时将由我们的客户或通过 Nationwide Equipment Control 公司提供。我们在缅因州有一个账户,能够为我们的正在运行的任何设备订单登记。如果一个驾驶员偶然发现挂车没有标签,只是在年内让他打17位VIN号码的电话。我们可以有一个缅因州对他的登记在一个小时内让他出发。显然,在你的驾驶员来接设备之前,我们尽力有效注册到挂车驾驶员。__________

12. 挂车在数小时后不能获得、转发或交付,承运人负责,直到签署交付收据。__________

13. 承运人负责挂车在承运人占有时的损害或损失财产。这包括第三方损失。(即另一个货运公司支持在你拥有时我们的一种挂车)。你必须处理第三方,但我们需要从你收集。__________

载重汽车运输公司:____________________

联系人:____________________(打印的名字)

联系人签名:____________________

标题:____________________

日期:__________

正如上面所提到的,这种互换继续通过书面通知发生作用,直到一方或双方取消。

Nationwide Equipment Control 联系:Troy Eggers(打印)

Nationwide Equipment Control 签名:__________

头衔:董事长

日期:__________

附挂车互换协议原件如下。

NATIONWIDE
EQUIPMENT CONTROL, INC.

Continuous until cancelled in writing

TRAILER INTERCHANGE AGREEMENT

Please read the contract below. Make sure that you are in agreement with the following points. Please initial next to each point that you have read and agree. Sign and fax back to (303) 231-9991. Thanks.

1. Pickup of trailers needs to start within 4 days of receiving trailer information and "GO" from Nationwide Equipment Control, Inc. ________
2. Trailers must be loaded as direct as possible. If out of route, Nationwide Equipment Control needs to be notified as soon as possible. ________
3. We know that delivery times may vary but a week to 10 working days is optimal. ________
4. If trailers are out over 21 days, rental charges may begin accruing at $25/day for vans and $40/day for reefers. We move many leasing company trailers and their rules are reflected in this item. ________
5. Updates on all trailers in route need to be provided to Nationwide Equipment Control, Inc. no less than every other day. We realize how busy you are but we have to answer for the location and status of the equipment several times a week. Phone or email is preferred. ________
6. Trailers tendered to you are to be in good condition according to DOT requirements. ________
7. If a repair would need to be made, Nationwide needs to be notified prior to repair to get our customers approval. We can be reached 24/7 to approve a repair. The longer that we are unaware, the harder it is to get you reimbursed. ________
8. Repairs need to be kept to a minimum. i.e. used tires on used trailers. New tires put on used equipment may not be fully reimbursed. ________
9. Carrier will be responsible for damages to one way trailers in excess of $200. ________
10. Pickup and delivery receipts must be obtained for your protection. **Trailers are NOT considered delivered without a signed delivery receipt. Delivery receipt needs to have drivers name, delivering company's name, date and be signed by receiving party.** Good inspections are crucial for trailer condition upon pickup/delivery/relay, etc. Drivers just need to be notified that this is out of the ordinary. If they pickup a trailer and fail to get damages notated at time of pickup, you will be responsible for damages upon delivery. We do not want this to

happen. As long as we are all paying attention, this situation can be avoided. ________

11. Valid plates/registrations/temps will be provided by our customers or by Nationwide Equipment Control. We have an account with the State of Maine and are able to order registrations for any piece of equipment that we are moving. If a driver would happen to show up for a trailer that does not have a tag, simply have him call in the year, make, and 17 digit VIN number. We can have a Maine registration to him within the hour to get him going. Obviously, we do our best to have valid registration to the trailers BEFORE your drivers show up to pick the equipment up. ________
12. Trailers cannot be picked up, relayed, or delivered after hours. **Carrier is responsible until signed delivery receipt is obtained**. ________
13. **Carrier is responsible for damage or loss of trailer while in carrier's possession.** This includes 3rd party damage. (i.e. another trucking company backs into our one way trailer while in your possession). You must handle with the 3rd party but we need to collect from you. ________

TRUCKING COMPANY:________________________

CONTACT:________________________(print name)

CONTACT SIGNATURE:________________________

TITLE:________________________

DATE:________________

As noted above this interchange will stay in affect until one or both parties cancels by written notice(s).

NATIONWIDE EQUIPMENT CONTROL CONTACT: Troy Eggers (print)

NATIONWIDE EQUIPMENT CONTROL SIGNATURE:________________

TITLE: President

DATE:________________

延伸阅读:美国挂车租赁业务

在中国,牵引车租赁业务才刚刚开始,而在美国,挂车租赁业务已开展多年。以美国TNT租赁公司为例,该公司从事挂车销售、维修、租赁业务多年,提供多种类型挂车供用户选择,具有非常专业的业务能力。对于那些在短时间内需要使用某类型挂车的用户,自己不需要购买挂车,可以选择租赁的方式,待挂车使用完毕后归还给租赁公司。通过这样的租车模式,既能满足自己用车需要,又能降低用车成本。

以平板挂车为例(图7、图8),TNT租赁公司要求6个月起租,不进行短租。超过6个月后按每天210美金,每周650美金,每月1950美金进行收费。在美国,这样的收费标准对于客户来讲,具有一定吸引力。

图7　TNT租赁公司平板车

图8　TNT租赁公司挂车

挂车提供的轮胎一般磨损在10%以内,或者是全新的轮胎。交车前,TNT租赁公司会对挂车进行全方位检查、维护,用户租到车后可以直接使用,不需要自己进行维修。

交车前TNT租赁公司会对轮胎、刹车片进行测量,在用户归还挂车时再次测量磨损情况。TNT租赁公司从业多年,经验非常丰富,一般根据行驶里程就能计算出刹车片、轮胎的磨损程度。刹车片、轮胎磨损在一定范围内是免费使用的,超过磨损范围则会对用户相应地收取一定费用。

除此之外,在美国,有TRAC公司、Flexi-Van公司、DCLI公司、Ryder公司提供挂车租赁服务,且提供的型号全面(图9),通过平台规模化、集约化、专业化的运营维护,有效降低挂车的后期维修成本。租赁期限灵活,也是按照时间、距离来计费。

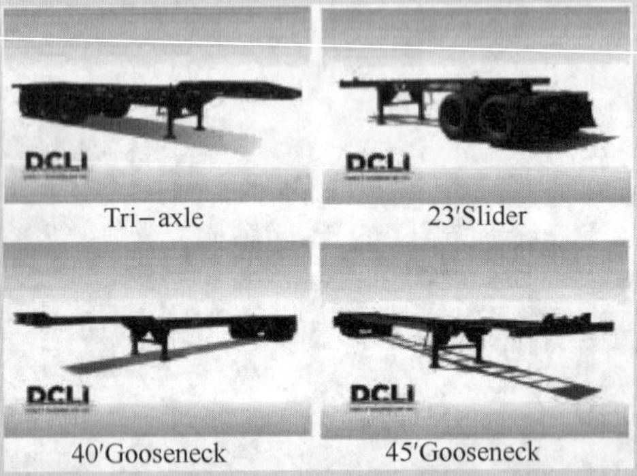

图9　DCLI公司租赁挂车型号

Ryder公司租赁界面(图10)和国内乘用车租赁相似,选择租赁时间、地点、用途,选择合适的型号,就可以预定使用。

图10　Ryder公司挂车租赁界面

Ryder 公司 53 尺挂箱租赁价格换算下来 351 人民币一天,1756 人民币一周,25.6 元/百公里,价格相对国内来说是比较高的。

美国挂车底盘的使用和处置

一、卡车运输公司不是挂车底盘所有者

如果卡车运输公司不是挂车底盘所有者,那么区域承运人使用的装备既是资产也是负债。使用非自有车轮必须预先计划好,以防自有挂车底盘失去平衡。区域运输中,很少有卡车运输公司在海港或集装箱堆场以外接收轮船挂车底盘的现象(除了 Horizon 公司)。铁路挂车或集装箱也具备这个特点,无论装载还是空载,都需要返回到初始铁路堆场以平衡平板车供应。

例外:如果挂车底盘的所有者就是卡车运输公司的老板[例如,马士基公司(丹麦一航运公司名称)和 Bridge 公司]或者是优质客户,就有可能出现调整,挂车底盘(集装箱)所有者可以通过调整单向运输的权限以平衡装备供给。很有可能该权限今天可用,而明天就不可用了。或者,海港的挂车底盘所有者可能需要特定尺寸的内陆载运单元,并准许内陆港进行特定的进口运输。当船公司从提高自身利益角度出发,将集装箱装载到自己的挂车底盘上时,就很少会出现问题。

卡车运输公司接收轮式集装箱进行运输时,并没有考虑挂车底盘归还时会有损害。如果承运人将轮船或铁路公司的装备移动到合适的位置以外且没有归还,船公司和铁路公司会非常生气。他们会利用未来业务和合同成本惩罚卡车运输公司(如以单独运输方式将载运单元运回到合适位置所产生的代价)。本地和区域卡车运输公司根据收据将载运单元送回到目的地,并会尽全力纠正发生的过失。

相反,如果装备重置对船公司和铁路公司有利,他们就会提供帮助。只要得到所有者许可,某公司的挂车底盘就可以放在另一个所有者的集装箱之下。在卡车运输公司运送的方向,挂车底盘所有者将其挂车底盘用于内陆运输的情况很常见。另一个例子:卡车运输公司运输一列进口箱,到达内陆后,卸下集装箱,将挂车底盘置于另一条集装箱线路上返回到初始地,此时需要平车载运集装箱运输(COFC)。2009 年,马士基航运效仿维吉尼亚港口联营的成功经验,在没有集装箱所有权的限制下，收取挂车底盘使用费。该做法与传统“回到初始地”的差异还不是很明确。

当铁路公司需要对挂车或集装箱堆场的存货负责时(此时这些存货占有一定区域且铁路部门缺乏将其运出的铁路车厢或相关业务)，铁路公司可以允许卡车运输公司在铁路站点之间使用其自有或控制的载运单元进行长途运输，过去巴尔的摩就采用该做法。铁路挂车数量的急剧下降减少了现代多式联运系统中的这些机会。

一旦通知下达，就要强制要求有轨或无轨控制装备从铁路货运站场进行运输，因此集货时要严格遵守时间限制，以避免产生存储费用，使货运站场保持通畅。

如前所述：因为结构坚固，所以集装箱很少需要维修。维护重点是挂车底盘和挂车；装备使用的电力装置、移动部件、轮胎等，能够保证车辆性能和基本安全。

2009年，针对可陆路行驶装备的所有者和提供者责任，美国国会编著了一则法典。法典指出，货车承运人应该避免产生巨额的道路维修费用和缺陷装备的援助费用。

轮船自有挂车底盘的维修使得水运承运人对维修系统的监督技术越发成熟，并且合同运营商在装备发生故障时可提供帮助且从中获益。这种做法使得卡车运输公司可以避免全部或部分的维修成本。卡车驾驶员在修理时必须要知道如何签章、该签什么。无论卡车驾驶员是自己运营还是受雇开车，为了保护承运人和自身利益，需要学会如何在收据上签字。装备出现故障时，已经越来越难以从铁路公司获得赔偿或报销。

如今，许多公路汽修公司通常可以直接为船公司和铁路公司工作。卡车运输公司和这些供应商之间的关系非常重要。除非在严格遵守换装协议的情况下，铁路公司才会支付维修费用。船公司在处理自身同承运人之间的事情上更加得务实。不论针对船公司还是铁路公司，货车承运人接收挂车底盘和挂车时，都应该对挂车底盘和挂车基本情况有所了解。

在故障、轮胎或修复问题的压力下，卡车驾驶员和调度员往往不会严格遵守报销程序。公路救援电话不力的情况下，如果卡车运输公司的卡车驾驶员或承包商不理解自己签署的到底是什么,则卡车运输公司无疑会是最终的支付者。卡车驾驶员必须正确签署,但这说起来容易做起来难。

如果做不到,就会出现金字塔式的报销问题:文件中存在违规操作时,装备所有者是绝对不会支付费用的。抢修企业会威胁卡车运输公司,如果这次不付费,以后将不再提供服务。最后,在这个至关重要的阶段,卡车运输公司顺势将责任推给卡车驾驶员,如果卡车驾驶员是自有经营者,就直接从他那里把钱要回来。出现事故时,某些承运人可以从承包商或卡车驾驶员那里获利,因此他们期待事故发生:小型承运人不会将获利点放在国道服务公司未回应其求救的赔偿上,或放在船公司、经纪人没有后续业务上。承运人不会默许船公司终止其换装合同,或为卡车驾驶员/配送人员的错误支付费用。这应该由卡车驾驶员支付。

二、承运人自有挂车底盘

承运人自有挂车底盘时,如果拥有挂车底盘的货车承运人不把挂车底盘看做是固定资产,不执行挂车底盘作为资本资产的生产力,而认为挂车底盘与厢式挂车和卡车挂车相同,这会使得多式联运的潜在利润边缘化。

如果挂车底盘装备所有者就是卡车运输公司,为了克服占用成本问题,挂车底盘装备的配置必须灵活,并给予最理想收入和/或更高的卡车生产力。例如,八销挂车底盘和可滑动连轴。如果卡车运输公司雇佣或承包卡车驾驶员且拥有挂车,那么就会让卡车驾驶员扮演“多种角色”。借助公司的挂车底盘,卡车驾驶员就能将一个集装箱抬起,并将挂车底盘直接转到下一个可用集装箱下。卡车驾驶员更倾向于拥有或租赁挂车底盘,如果不必在集装箱目的地归还挂车底盘,卡车驾驶员会寻求另一个挂车底盘以能够匹配下一次运输(无论在什么地方)。为了克服所有权、维护、审批和许可的成本,需要有更高的生产力。

给予适当的调度能力,卡车驾驶员的态度、卡车运输公司的底线和客户服务都会变得更好。

但卡车运输公司一般并不致力于多式联运,自有经营者尤为如此。他们的系统比较陈旧,如果本次运输结束时和下次集货时挂车底盘的使用是分离的,他们就会使用水运承运人的挂车底盘。不管是否合法,这个不利的现实使得卡车运输公司及其卡车驾驶员、承包商都会使用的挂车底盘和货箱的所有权并不匹配。

2009年马士基公司降低了在纽约地区港口使用其挂车底盘的每日费用。由于挂车底盘的归还要求并不清晰,所以任何集装箱所有者都可以租赁使用。为了适应业务量的下降,其目标是提高生产力、改善控制维护,并且减少泊位区面积。

给卡车运输公司支付额外搬运(转换)非自有挂车底盘(额外移动以获得挂车底盘和/或安排挂车底盘)的费用,并不比缴纳保证金以高效率地使用货运承运人的挂车底盘更好。运输费用可能会(也可能不会)使卡车运输公司更加了解非竞争定价。这个定价方法虽然简单,但经常会失败,因为一个人支付挂车底盘移动费用,而另一个人支付运输的装载费用,这并不是最好的营销方法。

卡车运输公司拥有(或持有)装备,能够根据轮船客户的需求提供可靠的服务。因此,卡车运输公司是轮船客户的首选承运人。即使卡车运输公司当时没有自有装备,基于其调度和客户服务水平,他们也会更容易获得运输业务。

在区域多式联运企业中,雇佣卡车驾驶员的情况并不常见。这似乎是自有经营者控制本地业务的结果,并且区域业务会随着承运人的增长而发展。此外,相较成本而言,低费率使得区域卡车运输公司很难在其支付工资的基础上对其员工(或路上住宿)进行有效的激励。卡车驾驶员的激励补偿工作很难监督。目前,对卡车驾驶员职业道德要求的降低以及相关竞争行业的薪资标准,使得受雇驾驶员的职业素养往往低于这个职业所要求的最优水平。

不使用雇员时,货车承运人会放弃控制架构和效益。对于容易量化且几乎不会产生其他外部收益的业务,他们经常交给承包商。受雇卡车驾驶员远离家乡,难以回程,这会产生相应的成本。与区域多式联运一样,卡车驾驶员在具体业务中会得到一定的补偿,而这部分补偿就是卡车驾驶员的收益。签约的货运成本是可控的。时常会出现“不利的状况”,如难以调度、无法保证自有经营者业务量或区域货车承运人效益差。

三、高效的信息管理系统

在美国,所有规模化的物流运输企业均拥有发达的信息网络系统,其成为甩挂运输必不可少的运作条件。各企业信息管理系统基本实现业务全覆盖,不同企业的个性化特点也很突出。世能达建立了一套基于 MCP200(用于牵引车)和 T2(用于半挂车)的卡车运输信息网络平台,具有完善的车辆(包括牵引车和挂车)跟踪调度、运行动态监测、在线交互式培训以及客户资源管理、市场供需分析、订单和财务管理等管理信息系统。

在过去十几年里,UPS 在信息技术上的投资超过 110 亿美元,并且还在以每年 10 亿美元的速度继续增加,包括信息主干网的建设、PC 机和手提电脑、无线通信和移动数据交换系统的建设等,并逐渐建立起全球最庞大、最先进的包裹分拣、检索、追踪、查询管理信息系统和客户服务系统。UPS 包裹分拣系统使用自行开发的"聪明码"(方形码、条形码),利用"5 面 16 个相机拍照识别"、人工指环扫描确认等技术进行检索,有挡板分拣、"跳蛙"分拣、特殊包裹分类传递分拣等措施快速实现包裹的分辨与传输。

四、积极吸纳社会运力

美国甩挂运输的主力是大中型卡车运输企业,其拥有一定规模的牵引车特别是数量众多的挂车,同时,通过加盟、合作等方式吸纳大量小型或个体承运商,整合社会运力资源,以便凭借自身强大的客户资源和网络运营优势,在更大范围拓展甩挂运输。

世能达在这方面就有很好的经验。世能达通过"独立承包商"和"STM 承运商"模式广泛吸纳社会运力,确保运力储备充足和均衡调配。世能达除了自有牵引车和挂车外,还有两种方式吸纳社会运力:一是固定加盟的个体牵引车(世能达称之为独立承包商),连车带驾驶员纳入世能达统一管理;二是广泛联系其他小型承运商建立业务联盟,寻求运力协作,以单次合约方式纳入世能达运输管理。

五、差别化管理牵引车和挂车

美国在多年实践中逐步建立起一套以牵引车为主体、"挂车有别于卡车(包括牵引车)"的法规体系。对牵引车和挂车实施差别化分类管理,有效降低了挂车的购置、注册、使用、管理等成本,极大地解放了挂车作为物流体系中基本装载单元的生产力。

在车辆定性上,明确挂车不属于卡车。根据联邦法典的定义,卡车包括单体货车和牵引车,但不包括挂车;挂车自身没有动力,只有与牵引车组合上路行驶才构成汽车列车。

在商用运输登记注册方面，只限于牵引车，挂车不用注册。所有获准从事州际卡车运输的承运商都会有一个唯一的联邦商用车辆注册码和一个州的注册码，法律规定必须喷涂在卡车或牵引车车门两侧，这是卡车获准从事州际运输的资格标志。但挂车则无需喷涂这样的注册码。

挂车管理简便，且税费比较低。美国在过去20多年时间内逐渐把车辆监管的重点从挂车转向牵引车，挂车作为“可移动载货工具”越来越广泛地被工商企业作为临时仓储设备使用。政府努力减轻挂车使用成本，以注册费为例，牵引车必须每年年检并缴纳注册费(3000美元/年)，而挂车只需在初次办理牌照时一次性缴纳手续费(约20美元)，之后在使用寿命期内不再缴纳任何规费。

挂车无需缴纳交通事故责任强制保险。美国的交通事故责任保险分为强制保险和自愿保险两类，大部分州实行强制保险。对于甩挂汽车列车的车辆强制保险，均以牵引车为主体，并覆盖到所牵引的挂车，挂车无需缴纳任何强制保险，所有交通事故责任及赔付均由牵引车承担。

第三节　美国经验对我们的启示

美国开展甩挂运输取得了十分显著的经济效益和社会效益。大量研究和实践表明，美国卡车采用甩挂运输，对于提高运输效率、降低物流成本、发展多式联运、促进节能减排乃至减少主干线公路交通流量、降低交通事故率等，具有显著的成效。一些公司的案例也表明，甩挂运输带来的经济和社会效益，最显著莫过于空驶率的减少，如世能达公司，由于普遍使用甩挂运输，车辆空驶率长期保持在5%的较低水平。此外，通过减少驾驶员的无效等待时间，可大幅度降低人工成本。

甩挂运输可以大大促进公铁、公水联运，从而大幅度降低物流成本。美国以集装箱和厢式半挂车为基本运输单元的多式联运非常发达，满载厢式半挂车的铁路货运列车在美国屡见不鲜，厢式半挂车水路滚装运输也极为普遍，甩挂运输与铁路驮背运输、水路滚装运输紧密结合、相互促进，成为美国多式联运发展的一大特色。

(1)发展甩挂运输是客观规律要求，也是一项十分紧迫的任务。甩挂运输是道路货运规模化、网络化、集约化发展的必然产物。无论是运输和物流企业抑或货主，都有发展甩挂运输的强大动力，政府应遵循客观规律，因势利导。

我国道路货运业长期存在运输组织方式落后、运输效率低、车辆技术差、能耗和物流成本居高不下、整体运行质量不高等突出问题。发展甩挂运输是解决这些问题的“一剂良药”。国务院和交通运输部对此高度重视，相关政府部门在促进甩挂运输发展上具有高度共识，初步形成了发展甩挂运输的良好氛围。

（2）公共挂车池是发展甩挂运输必经之路。甩挂运输挂车租赁市场在美国已十分发达，美国挂车租赁市场总规模约 15 亿美元，美国挂车租赁的挂车总量约 77.4 万辆，其中约 57.4 万辆服务于海运租赁，约 20 万辆服务于干线运输租赁。在我国，由于车辆标准化仍相对较低、网络化的甩挂运输站场短缺、运输设备共享程度低等原因，甩挂运输在中国发展受限，占整体货运量不到 1%。中国的公共挂车池才刚刚起步，同时也意味着，发展的空间巨大。因此，我国应通过打造公共挂车池，降低物流成本、提高运输效率、促进节能减排，实现安全、高效物流。

（3）调整法规制度是发展甩挂运输的当务之急。我国在车辆管理上将挂车与牵引车同等对待，挂车与牵引车适用同样的管理制度，挂车也要单独缴纳交强险、实行强制报废，同时对双挂和全挂汽车列车有诸多限制，制约了企业增购挂车的市场动力。

有必要抓紧修改《中华人民共和国道路交通安全法》及《中华人民共和国道路交通安全法实施条例》，参照国外立法实践，可增列一类“被牵引车”，补充规定其监管原则，包括车辆保险、检测、登记、牌照申领等；在适当时机取消有关对全挂、双挂汽车列车的法律限制，其安全技术要求通过强制性技术标准予以规定。同时相应修改《机动车交通事故责任强制保险条例》，应明确规定“被牵引车”无须单独投保交强险；交通事故责任的保险赔付主体是“牵引车”。

（4）车型标准化、站场网络化、管理信息化是基础条件。不同的牵引车、挂车之间能自由组合、便捷流转，是发展甩挂运输的基本前提，也是技术上的必要保障。为了解决我国货运车型复杂、标准滞后问题，应当抓紧制定汽车列车标准及厢式挂车型谱，引导汽车列车车型向标准化、规范化、系列化方向迈进。在技术上，要鼓励发展自重小、有效载重量大、代表先进技术发展方向的车型，让以超载为目的的车型退出市场，引导车辆技术进步以及道路货运产业升级。

目前，我国真正适合甩挂运输作业的站场不多，一方面站场数量少，另一方面已建的站场因功能缺失难以真正发挥作用。应加快以国家公路运输枢纽为龙头的运输站场建设，同时正确处理好基础性、公益性与经营性的关系，实现政府扶持与市场机制的有机结合。同时，甩挂运输是一种精细化运营组织模式，高度依赖信息化管理手段，应强化道路运输信息化基础建设，进一步扶持运输企业的信息化技术改造与升级，确保能有效支撑甩挂大范围运作的需要。

(5)车辆大型化是提高道路运输效率的有效途径。美国卡车运输的主力车型是53英尺厢式半挂汽车列车，其挂车标准总容积达到近120立方米，这种车型在北美地区畅通无阻。在部分州的部分主干公路还允许两挂甚至三挂的汽车列车通行。虽然美国对公路治超非常严格，但重载汽车列车很多，在长途干线运输中占据主导地位(8级重型卡车完成的周转量占卡车货运总周转量的92%)，实现了车辆大型化与严格治超的有机统一。

我国公路基础设施正在全面升级，加之提升运输效率、降低物流成本的客观需要，都为货运车辆大型化创造了条件，政府管理部门应该顺势而为。首要的是，应根据市场需求适时调整车辆相关标准，即在保证运行安全、促进环保的基础上，对车辆轴载及外廓尺寸标准进行科学合理的调整，同时通过推荐车型制度、税费调节等措施引导车辆大型化。此外，还要促进车辆大型化与公路技术标准的协调发展，在新建公路或对既有路网进行改造时，有必要考虑货运车辆大型化的发展趋势，对设计和施工进行适当技术提升。

(6)龙头企业引领行业发展方向。在美国，龙头企业具有非常突出的地位和作用。他们靠自己的竞争优势，掌握大量的货源，吸引其他企业加盟合作，能够起到整合社会车辆、优化资源配置的作用。世能达有2000辆加盟的牵引车，还与1.1万户卡车承运商建立了合作关系；罗宾逊公司与4.7万家有车承运商建立起长期合约关系。可见，美国一家龙头企业就能够整合上万家中小企业、个体运输户，对于提高全行业的运输组织化程度和服务质量起到了巨大作用。

目前，我国运输企业规模小，过于分散，经营结构雷同，经营范围相近。虽然市场上有些较大的企业(拥有几百辆，甚至几千辆车辆)，但基本上都采取单车承包、简单挂靠等方式，企业承担的生产经营组织管理的责任较弱。有必要加强政策引导，激励企业创新运营模式，改善运输组织结构。培育龙头企业的过程，其实就是促进行业管理水平、技术水平全面提高的过程。

(7)健全保险体系是道路运输健康发展的重要保障。道路运输属于高风险行业。为了保障货主和运输企业双方的利益，确保事故发生后能使受害人得到合理救助或足额的赔偿，同时也使运输企业免受巨额赔付责任，美国建立了非常健全的道路货运保险体系。无论是货主选择承运商，还是龙头企业选择加盟、合作伙伴，在进行严格的考察和评估时,均将安全、服务质量和保险等级作为主要因素。

我国的道路运输保险制度还很不健全。道条规定对旅客运输和危险货物运输实行承运人强制险,但落实并不到位,特别是危险货物承运人保险制度没有全实施。因此,应当建立健全道路运输险体系,进一步完善承运人责任险,其有必要在普货运输中推行保险制度;探索提高经营者赔付能力的其他方式,如企业互保、设立运输保证金制度、担保制度等,为行业稳定发展提供保障。

(8)质量是企业生存发展的生命。美国的企业不仅具有质量至上的意识,更重要的是落实到实际行动中、具体工作中。质量的形成主要靠四个方面:一是负责任、讲诚信的态度和意识。在市场经济条件下,诚信是企业的立足之本,经营者必须讲诚信,缺失诚信的企业在美国毫无生存空间。二是靠先进技术和科学试实验。在美国,企业的各类试验室、试验设备非常齐全,所有的产品、部件、材料,货物的包装、装载方法都需要经过千百次针对性的试验检验。三是对员工严格的培训。卡车运输的服务质量最终是由驾驶员的素质决定的,必须对他们进行严格的培训,尤其是安全培训。四是认真细致、一丝不苟、注重细节的作风。只有把细节都做好,才能感动货主“上帝”。

(9)自由竞争、规范有序是市场经济体制的核心价值。美国道路运输管理体制有两个主要特点:一是政府“放松管制”,市场化程度高,经营者自主经营、自由竞争。政府的监管集中在安全和公路“治超”两个方面,一旦经营者或驾驶员有违规行为,就要受到严厉处罚,整个行业活而不乱、规范有序。二是部门之间职责明确,由联邦和地方的交通运输部门负责道路交通运输的各项管理工作,包括车辆标准、车辆制造监管、车辆注册登记、牌照发放、检测检验、驾驶员考试以及商用运输企业的注册登记和安全监管等,真正实现了大部制的卡车运输产业化管理。

目前我国道路运输和车辆、安全管理的职能涉及多个政府部门,职责分散、要素分割。由于各部门的管理目标、着眼点不同,很难形成合力。有必要加快构建交通运输大部门体制,深化道路交通管理体制改革,实现交通运输诸要素和综合运输各方式的一体化管理。

第七章　美国企业开展甩挂运输典型案例

案例 1:J. B. 亨特运输服务公司

J. B. 亨特运输服务公司(J. B. Hunt Transport Services, Inc.)是北美最大的运输物流企业之一,为遍及美国、加拿大和墨西哥的不同客户群体提供安全可靠的运输服务。公司以客户价值为导向,主要采用多式联运的运输方式,提供高价值的货运服务和行业领先的运输解决方案。

一、公司简介

J. B. 亨特运输服务公司(以下简称"J. B. 亨特")1961 年 8 月 10 日在美国阿肯色州注册成立,于 1983 年首次公开募股成为一家上市公司。2016 年,J. B. 亨特的营业额达 66 亿美元。

J. B. 亨特主要提供横跨美国、墨西哥和加拿大的整车运输服务,并且签约了 1500 余个独立的承运商来协助承接业务和进行业务扩展。J. B. 亨特的主营业务包括整车集装箱货运、公铁联合运输,其他业务包括最后一公里配送、冷链运输、零担运输及由承运商负责的速运等。

作为一个大型的物流公司,服务模式单一不能满足客户需求,J. B. 亨特除了直接采用公司自有设备和驾驶员或者独立承包商进行整车货物运输,还为大多数北美铁路运营商提供集装箱挂车运输。J. B. 亨特还根据客户需求定制运输设备,提供定制货物运输服务及最后一公里配送业务,与客户建立长期合同关系。此外,公司还提供零担运输、平板车运输、冷链运输等业务。J. B. 亨特的客户大多数是美国财富 500 强企业。

截至 2016 年年底,J. B. 亨特已成为美国最大的整车集装箱运输公司之一,拥有员工2万多名、卡车13000台左右,公司牵引车和挂车之比可达1:3。J. B. 亨特拥有和租用货运站场42个,拥有提供最后一公里服务的分拨中心89个。

二、主营业务

(一)总体情况

J. B. 亨特在北美提供的运输和物流服务主要包括四个部分,即多式联运(JBI, Intermodal)、专用合同服务(DCS, Dedicated Contract Services)、综合能力解决方案(ICS, Integrated Capacity Solutions)和整车运输(JBT, Truckload),其中整车运输是J. B. 亨特的一大特点,在全球物流企业中,J. B. 亨特整车运输业务一直走在前列。

J. B. 亨特的四种物流服务分工明确,根据自身特点,充分发挥自身运输优势,共同构建了一个完善的货物运输体系,以下为J. B. 亨特四种运输服务的特点:

1)多式联运

(1)拥有最大的集装箱车队,全部为53英尺集装箱;

(2)是北美洲最大的短驳托运车队;

(3)优先在主要的铁路站场进行装卸。

2)专用合同服务

(1)运营规范的车队;

(2)设计和实现供应链解决方案。

3)综合能力解决方案

(1)提供厢式挂车、平板车、冷藏车和高效的零担运输服务;

(2)提供20英尺和40英尺的国内外集装箱和国际集装箱多式联运服务;

(3)服务范围涉及美国50个州,以及加拿大和墨西哥。

4)整车运输

(1)拥有北美最大的信息网络;

(2)通过互联网即时跟踪。

(二)多式联运

J. B. 亨特是行业多式联运经营水平与技术的佼佼者。从1989年开始,J. B. 亨特与铁路部门合作开展联合运输,经过多年的发展已经形成了一个完整的多式联运网络,与北美的铁路运营商合作,给美国大陆、加拿大和墨西哥提供货物多式联运解决方案。2016年,J. B. 亨特约60%的营业收入来自于多式联运。

J. B. 亨特拥有自己的货运站场(图 1),且货运站场全部都支持多式联运的装卸,配备有大型的龙门吊,并且在站场内部设有铁路运输线,提供双层集装箱平车,方便开展公铁联运。

图1　J. B. 亨特货运站场

在 J. B. 亨特多式联运发展过程中,不能忽略的一点就是与 BNSF 铁路公司签订协议,两者之间独特的伙伴关系成为业内的一个分水岭,这是第一次公路运输企业与铁路和航空公司共同签署联合运输服务协议,开创了运输业的先河,使得公路运输公司、铁路公司和航空公司共同出现在了一个运输体系中,这种合作为后来的运输带来了革命性的发展方向,这种合作关系不仅使 J. B. 亨特的业务得到了飞速的发展,更促进了多式联运的发展,这在当时意义重大。

J. B. 亨特提供从起点到终点的零担货物运输,大多数的货物运输都由公司自有的车辆运送,但是在第三方物流企业发达的地方,公司为了节省运力,会将货物交由第三方物流企业运送,这样可以平衡公司的运输资源。通过卡车运输,J. B. 亨特在公路和铁路之间为客户提供一个全程无缝衔接的货物运输服务,不仅保证了货物的安全性,同时极大提高了货物运输的时效性,在提供运输的同时也让客户感受到了运输的完整性。

J. B. 亨特通过双层集装箱运输和驮背运输(图 2)来提升运输的经济性,双层集装箱要比传统的单层集装箱运输更多的货物,运量的提高意味着成本的降低。通过双层集装箱运输,J. B. 亨特获得了巨大的利益,为公司的后续发展提供了充足的资金支持。通过甩挂运输,促进了卡车运输与铁路运输多式联运的发展,实现了以汽车甩挂运输为基础的铁路驮背运输等方式的联合运输,充分发挥各种运输方式的技术经济优势,减少货物装卸作业,提高铁路车辆装卸效率。

图 2　J. B. 亨特双层集装箱运输和驮背运输

J. B. 亨特专门设计专用的集装箱和底盘车(图 3),保障两者之间的有效衔接,避免了设备间不兼容造成的资源浪费,集装箱的类型主要是 53 英尺集装箱。

图 3　J. B 亨特厢式半挂车整车运输

(三)整车运输

J. B. 亨特是全球领先的整车运输运营商,整车运输高效快捷,其整车业务非常成熟,在公司发展整车运输的过程中,始终坚持为客户提供完整的运输服务,所以公司客户非常稳定。

整车运输提高了运输的连续性,适合于大型客户,因为大公司的货物可以足够支撑整车运输。一般情况下,对于货源稳定、货运量较大、装卸货地点比较固定、运输距离较短的"一线两点"之间的整批货物运输,适宜在装货点和卸货点两端进行甩挂作业。

J. B. 亨特将整车运输和甩挂运输有机结合,驾驶员将装载集装箱的挂车卸在客户站场,同时直接装载客户的货物,这样节省了装卸的时间,通过合理的运输组织,牵引车卸下货物的同时直接拉走已经装载好的另一个集装箱,这样也节省了等待装货时间,大大提高了运输的效率,节省了运输资源。从图4可以看到,牵引车在站场中将装载集装箱的挂车运到目的地后,将挂车直接甩在目的地,牵引车就可以进行其他作业。

图4　J.B亨特公路甩挂运输车辆

三、运输管理

J.B.亨特在信息网络建设中一直走在前列,这种高度的信息化在方便了客户的同时也提高了企业的竞争力,公司不仅高度重视运营网络的建设,也注重从客户角度出发,以客户为中心,开发方便客户使用的应用软件。

(一)高度信息化的管理网络

虽然J.B.亨特拥有大量的车辆,但是其管理却有条不紊,这得益于公司建立的信息管理系统。公司高度重视信息系统的建立,高效的信息系统不仅能够使管理变得简单,同时还能为客户提供实时的数据。

为了提供更好的服务,J.B.亨特还建立了货物全程跟踪系统,货主可以利用互联网实时查看自己的货物状态,合理安排自己的生产活动。

另外,J.B.亨特的信息系统是开放式的信息系统,该信息系统可以和任何企业的信息系统相连。

(二)移动应用APP

随着智能手机的发展,J.B.亨特又针对智能手机开发了一款移动的货物查询APP。APP是针对客户开发的移动信息平台,它的主要功能是让客户全方位掌握货物信息,同时也能够及时与公司进行交流。J. B. 亨特移动应用 APP 的优点是高度直观地将客户关注的所有关键信息整合在一个一站式的入口,方便客户在任意的电脑或移动设备上进行访问。通过 J. B. 亨特移动应用 APP,客户可以实时获得以下信息:

(1)零担、整车、多式联运等不同运输方式的价格;

(2)快速交货需要注意的细节;

(3)货物的实时数据;

(4)公司全国范围内的运输网点;

(5)与公司实时沟通。

四、经验借鉴

(一)重资产开展整车甩挂

J. B. 亨特从创始之初就是一个重资产的服务型企业,公司坚持一个理念,在没有重资产的情况下,要做高质量的服务是非常困难的。从 J. B. 亨特的运输发展中可以看出,整车甩挂运输在公司的发展中占据着很重要的地位。整车甩挂运输是点对点运输,中间不涉及其他站点的停靠,可以大大提高运输的效率,同时能够保持运输的连续性。发展整车甩挂运输要求公司要有足够的公路牵引车、挂车和集装箱,这些设备是支持整车甩挂运输的基础。整车运输一般都是大批量的货物,设备不足会严重地制约整车甩挂运输的发展。甩挂运输要求运输公司具备良好的协调性,在货物运输过程中,各个环节都需要同时进行,最好的效果就是牵引车到达目的地后,卸下挂车,可以短时间内拉上另一辆挂车,整车运输与甩挂运输相结合,可以充分发挥甩挂运输的优势,即减少装卸的时间,加快货物的运输效率。国内的大型物流企业可以借鉴 J. B. 亨特的做法,通过投入大量自有车辆开展整车甩挂运输业务。

(二)发展多式联运

J. B. 亨特很早就对多式联运进行了尝试,它是一个卡车运输公司,也是一个公路运输公司,提供集装箱拖车服务、铁路两端的接驳服务和市场营销服务。J. B. 亨特把客户直接带到铁路端,而铁路运营商负责铁路的枢纽端操作以及铁路网点的铺设。J. B. 亨特把这两种优势合并在一起,直面客户进行推广。在市场上把海运箱转到美国的内陆箱,通过把长途公路运输转为公路和铁路的联运来开展多式联运服务,带动甩挂运输的发展。多式联运除了要求公司了解各种运输方式的特点以外,还要熟悉各种运输方式之间的衔接过程,包括操作方式、单证、手续等。J. B. 亨特可以提供多式联运完整的运输服务,只要客户将货物交给公司,公司就会全程负责,这种模式是多式联运发展的必然趋势。

以集装箱半挂车、厢式半挂车甩挂运输为基础,形成以公路运输与铁路、水路运输等多种运输方式相结合的多式联运,充分发挥各种运输方式的优势,提高综合运输效率,可以改善我国的物流运输结构,推动我国综合运输体系的发展。在了解各种运输方式的特点后,运输公司应该根据自身主要的运输货物制定符合自己的多式联运运输线路,要注重与铁路部门的合作,J. B. 亨特与铁路公司签订了合作协议,在多式联运中占得先机,正是这项协议帮助公司取得了巨大的成功。

(三)发展第三方物流

借鉴 J. B. 亨特的零担货物运输服务,运输公司还应该与第三方物流公司保持良好的合作关系,在运力紧张的情况下,或者自身运输薄弱的地区,可以与第三方物流公司进行协作,通过信息管理系统,对牵引车、挂车等运输设备信息进行管理,共同完成货物的运输。运输企业应该真正做到以客户为中心,为客户提供方便,这样才能持续发展。

案例 2:世能达物流公司

世能达物流公司(Schneider National Inc.)是北美最大的整车运输企业,是美国领先的整车运输、物流和多式联运服务提供商。在运输行业提供广泛的产品服务组合,主要包括整车运输、大宗货物运输、多式联运、供应链管理服务和港口物流服务等业务。

SCHNEIDER

一、公司简介

世能达物流公司(以下简称“世能达”)创始于 1935 年,总部设在美国维斯康星州的格林贝,同时在加拿大、墨西哥、欧洲和中国设有子公司,是北美最大的整车运输企业,是领先的公路运输、物流、多式联运服务提供商。世能达主要业务包括整车运输、大宗货物运输、多式联运、供应链管理和港口物流服务等。2016 年,世能达的营业收入达到 40 亿美元。

截至2015年年底，世能达拥有超过1万辆卡车、12500辆牵引车、11650多名驾驶员、45500余个集装箱，在28个国家和地区拥有16800余名员工。世能达除了自有车辆以外，每年还从全球13900多个运输承包商采购运输服务，世能达80%以上的客户是世界500强公司。

世能达以整车运输为主，基本上没有自己的货运站场设施，采用先进的信息、通信设备与技术，整合社会上其他运输企业的车辆资源，同时还与1.1万户卡车承运商（其中绝大部分是小型承运商）建立合作关系，以便在业务繁忙时能够及时寻求运力支持。

世能达主要采用甩挂运输模式，将挂车甩在客户端，待客户装满货后，及时安排牵引车将载货挂车拉走。这种运输方式极大地方便了货主，实现了货主零库存的要求，同时也保证了世能达牵引车和驾驶员的运输效率，在市场上具有很强的竞争力。世能达牵引车和挂车之比可达1∶2.7。

世能达1935年成立，1971年购买跨国卡车开展跨国业务，1974年开展全国范围内冷藏运输业务，1980年美国通过1980汽车运输法案，其中对货运业全面松绑，这为世能达的发展提供了保障。1986年世能达安装双向卫星通信系统，并开展电子数据交换（EDI）交易。1990年世能达打开加拿大市场。1991年世能达开始开展多式联运服务。1992年世能达首次实现10亿美元收入。1997年世能达打开荷兰市场。2004年世能达收入达到30亿美元。2006年世能达打开中国市场，并提供供应链咨询服务。

二、主营业务

（一）卡车运输服务

1. 加急运输服务

世能达在卡车运输服务方面形成一个分配均匀的庞大运输网络，公司能够提供加急运输服务。世能达专家根据客户具体情况制定方案，由受过专业训练的驾驶员队伍进行运输操作，能够在短时间内完成加急运输任务。

在加急运输中，世能达客户服务团队7×24监控记录运输车队，制定相关安全计划，对牵引车和挂车实行卫星跟踪，对驾驶员进行严格的背景审核和药物检测。

2. 专用运输服务

成本控制是每个企业成功的关键。在专用运输服务中，世能达着力于控制成本。世能达根据80余年的运输经验和车队管理知识,在实际运作中将成本控制到最低。

世能达先进的网络设备和硬件配置使得专用运输成本大为降低,专用运输服务在行业内保持良好的记录。

3. 专用设备

世能达拥有专业的卡车车队以及相关设备(图1),包括冷藏设施、平板车、电梯设备等,这些专业化设备能够优化运输过程,并通过信息化管理与创新性解决方案降低运行成本。

图1　世能达厢式半挂车

4. 最后一公里+

世能达"最后一公里+"包括住宅、商业区、零售(定制服务)三个方面,世能达能够将货物直接运送到客户家门口,或者是在商业区与对方驾驶员进行无缝衔接交货,能够为客户定制相应的零售方案,以适应客户库存和补货系统的需要。

5. 槽罐车运输

世能达利用自有设备为客户提供高标准的槽罐车运输服务(图2),特别是化工产品的长途运输,主要使用40英尺联运拖车和ISO 20英尺集装箱进行运输,世能达为其配备专业化工液体运输专家以保证运输服务的安全性和持续性。

(二)多式联运服务

世能达开展多式联运业务,提供门到门服务,可以实现上门取货。世能达使用GPS跟踪拖车和集装箱,确保货物移动的连续性,并保证其安全性。

在美国境内,世能达拥有自己的卡车、集装箱和驾驶员队伍,并将更多的控制权交给客户,为客户提供最为便捷的运输路线。世能达能够实现对货物的实时监控,以便客户随时查看其确切位置。

图2　世能达罐车半挂车

世能达多式联运服务能够为客户提供灵活性的物流服务，在保证运输效率的同时控制运输成本，包括时间成本和经济成本，可以实现美国与加拿大、美国与墨西哥的无国界运输，并为客户完成出境所有必要的文件，跨境交易不需要像传统运输一样逢站必停，而传统运输中每停一站就是对时间、金钱的浪费，同时也加大了安全风险。世能达无国界运输为跨国运输提供了便利，使之能够无缝且及时地运输。

世能达多式联运可以随时随地快速调货并且实现最多两天出境。先进的集装箱配备能够节省空间、优化铁路运输效率，进而降低运输成本，而多式联运也为铁路与卡车的过渡配备了相应的集装箱。世能达多式联运的开展大幅度提高了运输服务效率。

（三）物流服务

1. 港口物流

世能达持续为客户寻找降低成本和提高效率的方法，在以港口为中心的解决方案中，公司保持国际和国内供应链的同步，合理降低运输成本，并实现环境的可持续发展。世能达建立了港口站场，该站场能够提供全套的服务，并为货物的存储提供了600万平方英尺的仓库空间，有效地降低了成本并提高了供应链效率。在该站场中，如若零售商需要寻找能够长期储存和分配的批发商，或者批发商需要合格的零售商，世能达能够实现零售商与批发商之间的衔接，为双方交易创造便利。港口物流服务的可靠性和安全性，为世能达保持了核心竞争力。

2. 转运和分拣

世能达尽力减少航班延误、港口拥挤与集装箱空间不足等状况，由此避免在转运和分拣环节中昂贵的集装箱停滞费用。国内分拣环节中，世能达通过集装箱转运货物进入美国港口，进行实时的分拣操作，同时依据供应链的动态转移抵消国内分拣成本。

转运所创造的利润超过了原有供应链的效益，这为世能达运输网络提高了可持续性。其中，减少空驶里程和利用高效燃料的运输模式是世能达采取的主要措施。世能达能够帮助客户减少三分之一的陆路空驶里程、几乎全部的海运空驶里程与返程港口空驶里程。

3. 港口托运

世能达能够提供港口到客户仓库的短距离区域服务，如图 3 所示。其为每个港口到客户仓库的短途配备专业团队，帮助客户浏览相关网点和市场知识，并为客户提供汇率报价和其他相关服务。

图 3　世能达港口拖运业务

三、运输管理

(一) 在线小工具

世能达能够为客户提供查询工具了解如何减少空驶里程，并为客户记录货物碳足迹。客户可以通过 transload 计算器查询世能达如何减少英里数、客户运输的碳足迹以及这一切所节约的成本。

世能达为客户制定了一个全方位服务的零担在线预定工具，该工具能够简化设置过程、跟踪与管理运输货物、7 × 24 提交订单，工具界面友好，适合客户使用。同时，世能达与零担运营商合作，为客户提供实时的全面整合，以电子邮件的形式更新运输状态，以形成完整的可视性。

(二) 运输网络管理

世能达可以针对客户具体情况制定货运管理方案，能够通过运营管理、专门运送、载体管理、工程设计和逆向物流等方面制定相应方案，大大提高客户运输效率。

世能达可以为客户优化物流网络，包括解决客户需要更改、分销网点冗余、服务水平低下等问题，为客户量身定做分拣网络模型。

世能达可以通过结构化的专业测试与诊断，为客户评估并简化运输流程，优先考虑从物流网络流量、订单管理、运输管理流程载体等方面节省成本，最大限度提高客户运输效率。

由于配送中心的大小和位置直接决定了物流成本，世能达使用先进的分析工具和数学方法为客户计算出相应方案，其中包括：干线/支线定位分析、车队的设计、货运整合模式的选择、运输过程的跟踪分析，涉及区域包括北美、南美、欧洲以及亚洲。

（三）信息化管理

世能达为客户提供安全的信息平台来满足货运管理需求。该系统能够帮助客户获取所需信息，降低运输成本并提高客户公司知名度。在该平台上，客户可以获取特定信息服务，对订单进行即时且方便的追踪，平台能够建立个性化订单跟踪搜索，并提供打印、电子邮件发送等操作。同时，该平台还可以请求和接收现货报价定价。运输服务供应商能够获取所需信息，并快速进行付款收款。世能达是行业领先的 EDI 实施货运公司，在该平台内，世能达客户通过价值增值网络（VAN）进行沟通与交易，该平台保证了交易的安全性，每月交易额超过 100 万美元。

四、经验借鉴

（一）建立甩挂运输挂车池

美国许多大型卡车公司均将挂车池作为进一步优化甩挂运输组织模式、增强自身竞争力的重要举措。世能达在美国 18 个区域性运营中心及固定客户集中地设有许多挂车池。由于普遍使用甩挂运输，世能达车辆空驶率长期保持在 5% 的较低水平。此外，通过减少驾驶员的无效等待时间，可大幅度降低人工成本。

世能达通过“独立承包商”和“STM 承运商”模式广泛吸纳社会运力，确保运力储备充足和均衡调配。世能达除了自有牵引车和挂车外，还有两种方式吸纳社会运力：一是固定加盟的个体牵引车（世能达称之为独立承包商），连车带驾驶员纳入世能达统一管理；二是广泛联系其他小型承运商建立业务联盟，寻求运力协作，以单次合约方式纳入世能达运输管理。

（二）提高用户体验

相对我国对牵引车进行 GPS 跟踪而言，世能达在运输过程中对集装箱安装 GPS

来进行货物跟踪能使得客户对货物运输有更为全面且及时的掌控。

世能达通过使用先进的设备为客户节省运输成本,以提高自身硬件来吸引客源,达到企业可持续发展的目标。同时,世能达对运营商、供应商均加大投资,来为客户提供更多的优先权和优惠。

世能达对安全和专业的重视程度值得我国物流公司学习。世能达在设备、驾驶员队伍、货物、运营商等方面均设置较高的安全门槛,对公司员工加以培训,高价聘请物流专家以及特殊种类货物方面专家来为世能达客户服务,尽最大努力减少客户成本,提高用户体验。

世能达通过加盟车辆来整合社会上其他运输企业的资源,即由卡车驾驶员通过世能达担保贷款购买,资产属于卡车驾驶员所有,但纳入世能达统一管理。这不仅使得社会资源得以集中,世能达的担保也提高了加盟车辆的安全性。

世能达为客户之间提供沟通与交易的平台,其中包括零售商与批发商等,在世能达平台基础上,信息的相互交流为更多种类的交易创造了条件。

(三)注重环境保护

世能达一直以环境友好型的方式开展物流运输业务,积极寻求可持续发展方式,其中主要措施包括:减少温室气体的排放,提高燃油效率,提升相关设备的效率。在多式联运和物流业务中,世能达使用节能车队,以最为节能的方式进行运营。世能达秉承为客户降低成本原则的同时,也为环境保护做出了贡献。美国环境保护署对世能达表示认可,同时,世能达也是美国卡车运输协会可持续发展工作小组的一员。

案例3:斯威夫特运输有限公司

斯威夫特运输有限公司(Swift Transportation Co. Inc.)是北美最大的卡车承运商,公司根据客户需求,提供最佳的运输解决方案。为满足客户对货物跟踪的需求,公司积极开拓网络化服务,建立网络终端,以便随时随地了解运输信息,既提高运输效率、减少管理支出,又为客户提供了便利,实现双赢的效果。

一、公司简介

斯威夫特运输有限公司(以下简称"斯威夫特")于1996年在亚利桑那州的凤凰城成立,主要为美国西部地区提供短程至中程的服务。斯威夫特拥有庞大的车辆系统,可以采取多种运输方式,为货运提供多样化的服务。公司充分利用地域优势,提供跨境运输,尤其是对墨西哥、加拿大地区,主要运送的货品包括制造业产品、纸质产品、不易腐蚀的食品、饮料及饮料容器,以及建筑材料等。北京时间2017年4月10日斯威夫特与骑士运输(Knight Transportation)通过换股方式合并,二者的总市值超过50亿美元。

截至2015年年底,斯威夫特职工人数超过10000名,拥有的牵引车数量为18000辆、挂车数量为65000辆,牵引车与挂车数量比为1∶3.6。此外,公司有9150个多式联运集装箱、20000辆货运卡车,资产总额超29亿美元,收入超40亿美元,总市值达26.74亿美元。斯威夫特公司概览图如图1所示。

图1　斯威夫特公司概览

斯威夫特在整车市场上通过广泛的运输服务和先进的设备,为客户提供快速的运输方案,不仅仅局限于铁路联运,还包括厢式挂车、专用运输、跨境运输(美国、墨西哥、加拿大)、冷藏运输、车队服务、多式联运、甩挂运输服务等,在交通运输行业占据重要地位。

自1966年成立以来,斯威夫特为迎合市场的需要,根据自身经营情况,不断扩大其规模。1990年,车辆迅速增长至800辆,卡车运输所带来的收益共计1亿2500万美元,由于现有客户以及收购增加,其收入显著增长。

其在交通运输服务领域获得了质量的肯定,并以卓越的声誉,成为北美地区最大的整车运输载体。现公司规模庞大,数量众多的牵引车、挂车以及多式联运集装箱,为其运输提供了便利条件。

斯威夫特获得2015年智能公路卓越奖(SmartWay Excellence Award),如图2所示,这是EPA对斯威夫特货运供应链和运输环境、性能的最大认可。

图2　智能公路卓越奖(SmartWay Excellence Award)

二、主营业务

斯威夫特主营领域包括整车运输、多式联运、专用运输、冷藏运输、车队服务、跨境运输、紧急运输等。

(一)加拿大跨境货运

其主要特点如下:

(1)北美覆盖面广。针对加拿大、美国和墨西哥的各大城市。

(2)提供广泛的运输服务。提供个人和快速长途运输服务,致力于冷藏及多式联运服务。

(3)拥有加拿大国籍的驾驶员与码头。斯威夫特公司有500多名合格的驾驶员,提供最良好的服务并且掌握安全知识,公司在加拿大拥有5个边境码头和5个安全码头。

(4)地域优势。最大的优点是美国北部和东部、加拿大西部的整车运输由本地管理。

(二)专用运输:定制专用车队解决方案

斯威夫特根据供应链需求的独特性,定制特定解决方案以满足不断变化的经营环境。从精密设计到无缝执行,其专用运输的专业人员工作的各个环节,在运输行业是最准确、最经济的。斯威夫特经营4000多辆专用牵引车,如图3所示。

图3　专用牵引车

斯威夫特专用车队的优点如下：

(1)降低成本。专用车队在成本管理方面可以提供一致性和可预测性的信息，进而利于企业管理和避免市场波动。在一个专用车队中可以提高资产利用率，同样，对客户服务进行管理，可以减少罚款、损坏货物的赔偿以及丢失货物的概率等，达到降低成本的效果。

(2)高效率服务。货物不需驾驶员辅助卸货，大大提高效率并降低人力成本。

(3)保证交付能力。斯威夫特没有季节性或市场执行能力的问题，没有紧张的货运市场约束，因此可以保证客户交付能力，获得竞争优势。

(三)厢式挂车运输：全国最大的货车车队

斯威夫特联合本行业最全面的终端网络，运营着全国最大的货车车队。每天的运营里程超过600万英里，其在24个州中拥有40个网络终端，这为斯威夫特货车成为世界上最强大的运输载体提供了有力条件。公司可提供冷链厢式挂车和普通厢式挂车，如图4所示。

图4　冷链厢式挂车和普通厢式挂车

(1)装运方式：长途、团队快速服务。

转运：拥有17000辆牵引车、48000辆挂车和分散经营网络以满足需求。

(2)装运方式：短途、团队快速服务。

门到门服务：通过 GPS 跟踪货物运行安全。

（四）平车运输：平车运输中的领导者

作为行业最具活力的载体，斯威夫特继续扩大多元化的服务，以满足专业操作的独特需求。斯威夫特的客户需求都是特定的，在厢式挂车与平车产品中是不兼容的。为提供无缝的服务，斯威夫特的平车装置可以提供挂车多样化选择，以满足顾客多样化需求。斯威夫特平车如图 5 所示。

图 5　斯威夫特平车

其拥有的具体设备如下：

(1)475 辆专用牵引车；

(2)1300 辆挂车；

(3)48′×102″下沉底板挂车；

(4)53′×102″下沉底板挂车。

（五）多式联运：标准和快速运输服务

斯威夫特可以根据客户对货物的不同需求来选择运输方式，进而提高运输效率，降低物流成本；经过 50 多年的运输服务，其在多式联运市场运营已超过 10 年，主要服务对象为美国北部（美国、墨西哥和加拿大）的客户。

结合铁路和公路运输优势，斯威夫特实现无缝连接的门到门服务，达到节约经济的效果。公司根据顾客的货物运输需求，铁路或是公路服务、送货上门或跨境运输，斯威夫特提供各种多式联运解决方案。

(1)平车载运集装箱运输。

美国铁路集装箱运输业发达，是关节式集装箱车、双层集装箱车（图 6）的发源地。斯威夫特平车载运集装箱运输（COFC ，Container On Flat Car）是利用吊具或者叉车将集装箱从牵引车装到铁路平板车上，由铁路运送到目的地，再由吊具或者叉车从平板车上卸载到牵引车的运输方式。

图6　双层集装箱运输

斯威夫特对所有的集装箱业务提供完整的门到门服务。国内的8800个集装箱都是53英尺的，其拥有最现代化的集装箱队伍，并且配有卫星跟踪用于实时跟踪货物。

斯威夫特通过与北伯林顿铁路公司（BNSF，Burlington Northern Santa Fe）合作，创建了一个e-cofc网络，可以通过此网络对集装箱生产线提供运输时间的服务。

（2）驮背运输。

平车载运公路挂车运输（TOFC，Trailer On Flat Car）又称驮背运输，它是利用牵引车或者吊具将公路挂车连同集装箱一起装到铁路平板车上，在铁路上运行到达目的地后，再由牵引车或吊具将挂车和集装箱卸下平板车，用牵引车进行集散，该方式减少了集装箱在平板车和挂车之间的装卸，提高了运输的效率。

斯威夫特拥有超过56000个53英尺集装箱，因此可以开展铁路驮背运输，在行业中，公司有最新的牵引车车队，并且配备完整的卫星跟踪用来实时跟踪货物。

（3）轻型短驳网络。

斯威夫特拥有全国最大的轻型短驳车队，是开展甩挂运输不可缺少的组成部分。这样的车队可以为客户提供集装箱运输和驮背运输短驳服务。一个集装箱运输的加载装置最大负荷为47500磅，驮背运输的加载装置最大负荷为51000磅。

（六）物流：以资产为基础的物流服务商

斯威夫特作为一个单独的快速运输实体，为客户提供全套的运输解决方案。斯威夫特的使命是成为业绩领先的以资产为基础的物流和经济业务提供商，以高质量、优服务为宗旨，提供高效率服务。

（七）冷藏：拥有行业中最大的温度控制车队

斯威夫特运营着最大的温度控制车队，通过规模、实力和服务的结合来满足客户的需要，并且拥有多功能温度控制的厢式挂车服务，能够远程极为精确地控制车厢内温度。公司可以携带几乎任何类型的温度敏感的产品，然后运输交付给美国北部任何地方，使得货物可以完整运输。其服务的对象很明显，如沃尔玛、美国科思科连锁企业。斯威夫特公司深刻地认识到时间的重要性、易腐烂货物的敏感性，因此其冷藏物流运输车一年365天、一天24小时都在不停地运营。

（八）跨墨西哥服务：保证货物安全

对于跨墨西哥服务，斯威夫特可以实现供应链和行业之间的门到门运输服务。这意味着为货物安全提供更好的和及时的服务。美国政府已向斯威夫特和其他运输公司提出了墨西哥供应链安全漏洞，特别是第三方物流（3PL）。因此其与合作公司建立了高度的审核制度，用于选择墨西哥第三方物流标准。

斯威夫特经营跨墨西哥运输已有多年的历史经验，在墨西哥有750多辆货车（图7）、1200辆挂车、200多个冷藏机组；其规模庞大，人员充足，有至少1000名员工。

图7　跨墨西哥货车

三、运输组织特点

（1）斯威夫特以信息技术为支撑，通过整合货源信息建立了一套现代化的集装箱运输物流平台，并在技术上、经济上和社会效益上都已显现明显优势，其建设提升了市场竞争力。

（2）拥有科学先进的集装箱及货物运输管理经验，从而为客户提供安全可靠的运输保障。同时斯威夫特具有完备的电子商务系统和资深的驾驶员，能为客户提供全方位的物流服务。通过信息系统的建立实现了业务流程重组，精简了重复机构及人员，整合了资源，降低了人力成本。通过信息化网络跟踪服务，斯威夫特建立了客户交流和跟踪的监控平台，可对挂车的运行状态进行全过程实时跟踪，并查询货物的装载情况。

(3)其在跨境运输中，具有40多个网络终端，主要遍布在加拿大、美国、墨西哥。

(4)运输可持续性(Sustainability)。斯威夫特通过各种不同的方案和必要措施来推动运输的可持续性，并且其是智能创始会员：这意味着斯威夫特与其他公司通力合作，致力于发展清洁、节能高效的运输途径。EPA智能交通项目重点在于改进温室气体的排出，同时提高运输水平。

四、经验借鉴

(1)斯威夫特最为显著的特点是提供多样化的运输服务，一方面可以满足客户不同的需求，另一方面可以提高企业竞争力、迎合市场的需求。斯威夫特开展集装箱运输，是缓解运力紧张和运输市场供不应求的有效方式，也是降低运输成本、提高经济效益的重要手段。斯威夫特根据顾客的货物运输需求，可提供铁路或公路服务、送货上门或是跨境运输服务。通过发展集装箱运输，其充分发挥了铁路的运输能力，同时也获得了巨大的经济效益。我国应该结合自身发展特点，可以进行跨地区的运输，并实行门到门的服务。

(2)在开展驮背运输中，斯威夫特拥有最新的牵引车车队，并且配备完整的卫星跟踪设备，进行实时货物跟踪。因此，我国应充分借鉴其发展方法，大力发展驮背运输，加强设备的研发与标准制定工作，在实际工作中不断发现问题，并及时地进行优化改进，建立完备的驮背运输设备体系。

(3)由于斯威夫特位于美国北部，其充分利用地域优势，开展跨境运输。而考虑到我国地区交通运输发展现状，可以借鉴其运营经验，开展跨区域的运输服务。结合地区优势，整合资源，可以提高运输效率，扩大运输规模。

案例4：耶路全球物流公司

耶路全球物流公司(YRC Worldwide)是全球最大的运输和物流服务供应商之

YRC Worldwide

一，拥有一系列成功的子品牌。公司拥有美国最大的零担运输组织网络，以美国、加拿大为核心，业务网络遍及全世界，提供全球运输、运输管理方案和物流管理服务。

一、公司简介

耶路全球物流公司(以下简称“耶路全球”)最初成立于1924年，总部位于美国堪萨斯州奥佛来花园市(图1)，是在美国纳斯达克(NASDAQ)交易所上市的零担(LTL)载货汽车公路运输公司和全球最大的运输与物流服务供应商之一，公司拥有66000余名员工，为财富500强企业。

图1　耶路全球公司总部

耶路全球由私营小企业起家，成功发展为综合性物流服务公司，业务专精是公司独有的优势，强大的技术创新能力支撑耶路全球成为世界物流企业巨头。

耶路全球拥有北美地区规模最大、最全面的零担货运网络，通过其经验丰富的专业服务团队，为客户提供行业领先的专业技术和个性化的供应链解决方案，确保满足包括船舶工业、商业和零售商品等的客户需求。

耶路全球是多家运输企业历经多次兼并重组，才发展为如今的国际化综合物流公司。首先是YRC Freight，它成立于1924年，其前身是俄克拉荷马市的企业家A. J. Harrell创立的Yellow Cab运输有限公司，早期从事公交车和出租车服务，1926年改名为Yellow运输有限公司；其次是Roadway，由俄亥俄州阿克伦的Galen和Carroll Roush兄弟于1930年建立；第三是YRC Reimer，于1952年在马尼托巴省成立，当时公司名为 Reimer Express Lines,从事加拿大东西方向的交通运输,随着公司规模的扩大,至 1969 年,Reimer Express Line 开始从事由加拿大东海岸到西海岸的运输服务。经过多年发展,Yellow 和 Roadway 已经分别成为美国的两个主要运输公司,而 Reimer 也是加拿大最大的公共承运公司。1997 年,Roadway 收购 Reimer,由此加拿大到墨西哥的运输网络达到完全畅通。2003 年,这三家企业共同成立了 YRC 公司,但这三家公司在市场上仍然保持独立。这一战略性举措为三家企业带来了新的优势,公司利用协同效应迅速发展。在合并后一年内,该公司节省了 100 万美元的开支,取得了约每股 4 美元创纪录的营利。图 2 所示为耶路全球位于加拿大的卡车停靠站。

图 2　耶路全球位于加拿大的卡车停靠站

2005 年,YRC 收购了竞争对手 USF 公司,2006 年 YRC 公司的名称正式变更为 YRC Worldwide Inc. ,名称的改变也反应了公司日益扩大的国际市场业务,事实上该公司当时已在 70 个国家开展物流业务。此外,2007 年,YRC 收购了上海佳宇物流 75% 的股份。上海佳宇物流是中国最大的零担运营商之一。2009 年,随着市场环境的变化,YRC Worldwide Inc. 正式进行了融合重组。

YRC Freight 主要负责美国国内运输业务,提供准时、快速、专业的运输服务,帮助客户提高供应链的灵活性和可靠性,其业务范围已全面覆盖整个北美地区。YRC Reimer 主要经营 YRC 在加拿大的货运网络,是加拿大领先的工业、零售、交通和商业服务供应商,提供一站式的运输服务。YRC Regional Transportation 由 Holland、Reddaway、New Penn 三家公司组成,专门负责需要 2 ~ 3 日送达且对时间敏感区域的市场运输服务。Holland 为整个中美洲、美国中西部和加拿大东部提供服务。Holland 的主要任务是定制运输服务,其按时送达的特点一直被认为是行业标准。Reddaway

是 YRC Regional Transportation 的一家组成公司，经营网络遍布美国西部和加拿大。该公司提供有保证的时间敏感型货物运输服务，基于互联网、集成交通管理系统的在线操作，以此简化了通关手续。

二、核心竞争力

耶路全球作为世界运输巨头，其业务和运输能力毋庸置疑，在众多的业务中，最为成功的就是对零担货物的运输和服务。与整车运输不同，零担货物运输是指货主需要运送的货物不足一车，作为零星货物运输，承运人将不同货主的货物按同一到站凑整一车后再发运的服务形式。除了零担运输，耶路全球的运输组织、物流信息管理以及优质的运输服务也是公司的核心竞争力。

（一）全球领先的零担运输企业

耶路全球经营着美国20%的零担货物运输业务，它不像整车运输，同一批次的货物可以装满一辆卡车，卡车可以实现点对点的运输。对于零担货物，相对复杂很多，涉及中途换装，或者到站后分批卸装，因为涉及很多不同的货主，所以耶路全球在北美拥有庞大的运营网络，这也使得它在运输零担货物时有足够的站点进行零担货物的装卸。

耶路全球在运营网络上投入了巨大的资金和精力，通过分析可以发现，耶路全球运营网络的发展与公司零担货物的运输量呈现正比的关系，公司在发展运营网络的同时，还特别注重对运营网络进行科学的优化，并没有盲目进行扩张，而是根据客户的需求，在客户需求大的地方设立功能设施齐全的站点，能够为客户提供大量的、完善的运输服务，但这并不代表在客户需求少的地方耶路全球就不会建立站点，或者建立的站点功能不完备，这只是其科学管理的一部分。需求少的地方，货物运输量就相对较小，没有必要投入大量的资源，将有限的资源用到最需要的地方一直都是公司科学管理运营网络的理念。

所谓运营网络的科学性，就是耶路全球会利用大数据来规划自己的运营网络，这样就保证了运营网络始终保持一个相对完整的状态。同时通过数据来建立运输网络的另一个优点就是，站点之间的运输距离更为科学合理，这样就可以在运输的时候节省更多的时间，同时节省更多的运输资源，提高运输的效率。通过网络化的管理，各个网络之间可以做到互联互通，进行实时信息交流。耶路全球通过数据的支撑对站点进行运输量的设计，这样就可以科学合理地对站点的资源进行分配，可以避免在运量小的站点投入过多的运输资源，而在运量大的站点投入的资源无法满足货运量的问题，科学化的网络管理可以真正做到物尽其用。

耶路全球之所以耗费巨大的精力在运营网络的建设上，就是因为作为零担货运企业，科学合理的运输网络是货物运输的基础，只有运输网络科学合理，公司才能进一步组织运输，而一个个站点就是运输网络的核心，因为它可以辐射周围区域，无数个点辐射的区域构成了耶路全球运输范围。

这些站点最基本的功能就是承接和发送货物，并为当地提供运输服务，包括承接别的区域运送过来的货物并进行配送，以及在接收货物时对货物进行分类整理。就像大多数的零担货运公司一样，站点的工作人员会在白天将客户的货物进行收集，在结束一天的工作后，将货物运送到站点，站点在一定程度上还具备货物储存的功能，所以公司在建设站点的时候就想到了这一点，几乎每个站点都有一定面积的储存仓库，以解决大批量货物无法及时运送时的堆放问题。在将白天收集的货物运到站点后，站点会根据地区或者货物的种类，对货物进行分拣整理，并进行包装，零担货物有的比较少，所以很多时候，站点会将同一地区的货物进行包装，这样做的好处：一是将零散货物集中化，可以方便运输；二是将零散的货物进行包装后，可以实现机械化的操作。

（二）甩挂运输

耶路货运是耶路全球的全资子公司，截至 2015 年年底，耶路货运拥有 8500 辆牵引车，包括 7300 辆自有牵引车和 1200 辆租用牵引车，大约 32000 辆挂车，包括 27300 辆自有挂车和 4700 辆租用挂车。不难发现，耶路货运的牵引车和挂车比达到了 1∶3.8，这样的比例在进行甩挂运输时是非常有利的。

通过子公司的车辆分配可以看到，耶路全球在经营中非常注重基础设施的购置，同时也租用了一部分的挂车和牵引车来增加自己的运输能力，租用的车辆一般都是以合约的形式进行管理，这些车辆会在公司车辆紧张的情况下来缓解运输的压力。

零担运输对网络化运输要求较高，运输站场等节点设施较齐全适宜采用甩挂运输。零担运输一般是按地理位置和物流吞吐量将运输点分成不同级别，大城市和重要枢纽位置的一级站点，一般物流吞吐量较大，站点与站点之间多为高等级干线公路连接，适宜采用甩挂运输。在具体的运输服务中，耶路全球会以站点为中心，在站点的基础上建立更大的枢纽点或者运营中心，经过站点分拣的货物，会集中运送到枢纽点,枢纽点集中了附近所有站点的货物,所以货运量非常大,然后再通过集装箱运送到目的地枢纽点,进而通过分拣送到相应站点,最后送到客户手中,这样的运营模式可以促进物流配送中心和货物站场物流节点的建设与发展,促进卡车运输行业实现网络化经营,不断提高物流服务能力与水平,如图3所示。

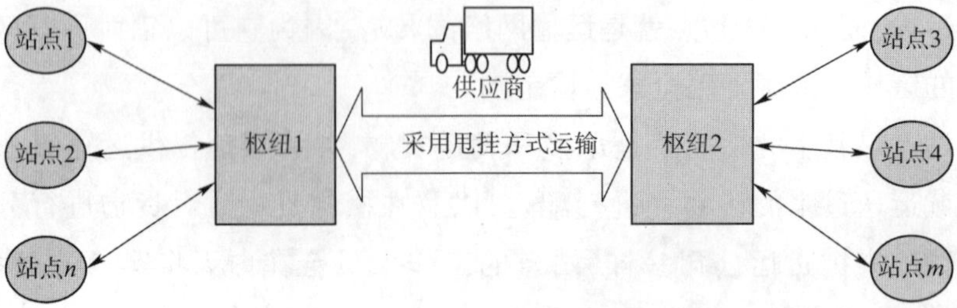

图3　耶路全球零担运输运营模式

耶路全球可以提供"门到门"的运输服务,即客户发货时,只需要拨打固定的电话,公司就会派业务员上门取货,同时公司也会根据客户的要求将货物运送到指定接收点。在整个运输过程中,有一点需要注意,就是耶路全球对公司的车队和运输产品进行了投保,这一点非常值得关注,这样的保险模式不仅会大大打消客户的后顾之忧,同时在发生货物损坏的时候耶路全球也会得到相应的赔偿,即使发生大的运输事故也不会对公司的运营造成太大的冲击,这样对公司的运营起到一个保护的作用。

耶路全球所有的零担快运都采取甩挂作业模式,但是由于是零散货物,所以耶路全球的甩挂运输采取的是全密封的厢式车(图4),这样的挂车可以保证货物的安全性,不会出现货物大量破损的现象。

图4　全封闭厢式车

作为运输业的巨头，在与其他公司进行竞争时，耶路全球有着很大的竞争优势，但这并不意味着没有竞争对手，相反，运输业的竞争非常激烈，不同公司在货源的争夺上都尽心尽力。但是我们发现一个现象，耶路全球在货源方面与各大公司进行竞争，但是在运输方面，耶路全球却与别的公司进行合作，共同配送货物。看起来不可思议，但是这种合作确实为公司带来了不小的好处。第一，与耶路全球竞争的公司也都是运输业的巨头，同样掌握着大量的运输资源，在运输方面有着很成熟的体系，所以将货物交给他们可以完全保证货物的安全性和运输效率；第二，公司虽然拥有庞大的运输资源，但有时也会出现业务量太大超过公司承受范围的情况，临时组织运输车队进行运输会出现很多的问题，这时与竞争对手进行运输合作既可以消化自身的业务，同时也可以保障运输的质量；第三，及时安全地将货物运送到客户的手中也有利于公司的形象。

（三）汽车“列车”（三节挂车）

耶路全球在运输设备上也投入了大量精力，购置了公路三挂车（图5），这种挂车的特点很明显，就是由一辆牵引车拖着三辆挂车在公路上运输，这就相当于提高了三倍的运输量。这种三挂车的运输方式可以大大节省公司的运输资源，因为公司的牵引车和挂车的比例几乎达到了1:4，所以牵引车和挂车的数量完全满足这种新型的运输方式。

图5　汽车“列车”（三节列车）

汽车“列车”可以最大程度地发挥甩挂运输的优势，三节挂车运输的不一定都是同一地点的货物，因为可以在中途目的地直接将该地区的货物卸下，然后拖着另外两个挂车驶向下一个目的地。在实际的运营中，耶路全球通过优化运输组织，可以大幅度减少资源的浪费。例如,在枢纽站的牵引车拖着三节挂车,到达第一个目的地后,将最后一个挂车卸下,如果该站点有需要运送到下一个站点的货物或者下一个站点附近的的货物,则牵引车就直接将挂车拖走,运到下一个目的地,或者全部运送完毕后,在回来的途中将需要运送到起始枢纽点的货物运回,这样就大大减少了空驶里程,增加了运量,降低了运输成本。

三、运输管理

作为全球最大的零担货物运输商,耶路全球管理着庞大的运输网络和运输车辆。公司的发展壮大,除了得益于先进的管理思想之外,也离不开管理信息系统,还有就是不断更新公司的管理制度以及不断发现公司存在的问题。

(一)物流信息管理

耶路全球利用先进的信息管理系统,管理着运输车辆和运输线路,对于像耶路全球这样的运输公司,拥有一套适合自己的信息技术管理系统至关重要。耶路全球应用了 Power TMS(运输管理系统),这套系统不仅可以规划出合理的运输路径,同时可以选择运输载体,这样就大大节省了时间,同时还可以与客户系统进行有效对接,帮助客户了解自己货物的运输信息,包括运输状态,以及货物的位置和还有多久到达目的地,这样就可以方便客户安排下一步的生产工作。

耶路全球与 Dollar Tree 合作,在 Dollar Tree 的管理系统上植入了耶路全球的运输管理系统,使其成为一张"供应商伙伴选择卡"存在于其系统中,这样的合作方式对双方都是有利的,既方便了 Dollar Tree 下达指令,同时也有助于耶路全球掌握客户的库存、运输信息等,这种透明化运输大大提高了物流的效率,如图 6 所示。

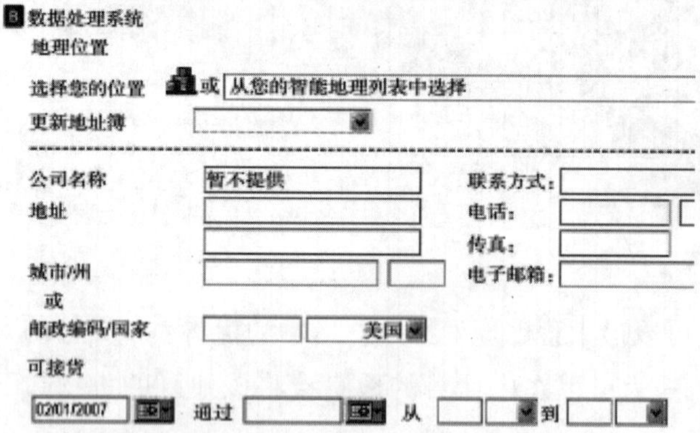

图 6　Dollar Tree 应用的 YBC 的 Power TWS

(二)发展战略管理

耶路全球在管理中会遇到很多的困难,有些困难是显而易见的,而有些困难则是潜移默化地影响着公司的发展,对于公司的管理,应该时刻保持清醒。

在经历了 2008 年的金融危机后,耶路全球对车辆进行了重组,来提高营业收入,面对产能过剩和利率及税费的增加,公司高层并没有坐以待毙,而是积极对公司进行改革,先后采取了重组运营网络、减少装卸搬运处理和加快货物运输的措施。

在公司遇到困难的情况下,公司高层尝试减少了运营的站点,虽然站点减少了,但是效率却比以前更高了,而且公司将站点多数调整到了运输走廊上,由于运输走廊上的运输设施比较完善,这就为公司节省了很大的资金,而且还减少了站点的维护费用。

耶路全球还对站点进行了系统的审查,发现很多的操作都是重复的,特别是运输上的重复会增加资源的浪费,所以公司在经过调研后将货物处理中心的数量进行了缩减,这样就减少了重复的操作。同时通过对运输线路的优化,大大减少了运输时间。公司的零担运输按照距离划分了 4 个等级,根据距离的不同,提供不同运输时间的运输服务,这样就提高了运输产品的层次感,丰富了客户的选择,加大了公司的竞争力。

四、经营借鉴

耶路全球拥有美国最大的零担运输组织网络。由于零担运输对应站点数量庞大,耶路全球在进行运输服务时经过大数据测算、科学规划来合理布置站点,运输网络即由这些站点组成,这为零担运输的顺利进行创造了前提条件。

耶路全球积极推进零担货运与甩挂运输的结合,实现运输过程中的无缝衔接。在运输过程中,耶路全球采用全封闭厢式车和“一车三挂”运输方式,大幅度提高货物运输效率和安全性。其中,零担运输货物分散、种类繁多、不便管理,相较于整车运输来讲,安全风险较高,全封闭厢式车的使用降低了耶路全球零担运输的安全风险;采用“一车三挂”运输方式使得运输效率大幅度提升,运输成本也有所降低。与此同时,耶路全球积极寻求与其他公司的合作,推进区域性零担运输的发展。

保险制度的建立,可以保证运输业务的顺利发展,解除运输过程中的后顾之忧,耶路全球在运输保险方面已经趋于成熟。由于耶路全球主营零担运输,所以风险相对要高很多,为了保障货主和运输企业双方的利益,耶路全球对所有货物均进行投保,并建立完善的保险体系。耶路全球在对合作企业进行考察和评估时,均将安全、服务质量和保险等级作为主要因素。我国的货运保险制度还有待完善,道条规定对旅客运输和危险货物运输实行承运人强制险,但落实并不到位,特别是危险货物承运人保险制度没有全面实施。因此应当建立健全运输保险体系,进一步完善承运人的责任险,为行业稳定发展提供保障。

案例5:C. H. 罗宾逊全球物流有限公司

C. H. 罗宾逊全球物流有限公司(C. H. Robinson Worldwide, Inc.)是全美最大的第三方物流企业之一,公司通过优秀的人才和先进的技术,不断完善全球运输和供应链,从而为客户和供应商提供优质的服务。公司拥有全美最大的卡车运输网络,以“无车承运人”模式实现高速增长。高效的信息系统和庞大的运输网络是该公司核心竞争力,其通过运费差价和服务收入营利。C. H. 罗宾逊全球物流有限公司的发展和壮大,得益于美国建立了一整套较完整的无车承运人经营许可、运输保险、服务保障制度。

一、公司简介

C. H. 罗宾逊全球物流有限公司(以下简称“罗宾逊物流”)是全球最大的第三方物流公司(3PL)之一,是美国财富500强企业之一,也是在美国纳斯达克证券交易所公开交易的一家上市公司,拥有超过一万名专业员工,却没有自有车辆,全部利用其他公司的卡车、火车、轮船及飞机安排运输服务。

罗宾逊物流创建于1905年,公司总部位于明尼苏达州,通过在北美、南美及欧洲的办公网络,它提供全球多模式的运输服务及后勤解决方案。通过与卡车运输公司签订合约,罗宾逊物流拥有全美汽车运输能力最大的运输网络。

罗宾逊物流经营范围遍及美国、加拿大、墨西哥等国以及南美、欧洲和亚洲地区,覆盖陆海空三栖运输。罗宾逊物流每年处理近400万货运批次,为食品饮料、制造业和零售业客户服务,同时也提供供应链管理服务,还在美国范围内采购、销售及运送生鲜农产品。

罗宾逊物流提供贯穿全世界的多种运输服务,作为非资产物流供给商,投资于人和系统。本着以客户为尊的信念和高度的机动性,其各地的员工能够解决当地的任何后勤问题。专业技术,加上北美最大的承运人网络,还有高科技和连锁供给治理的知识可以为全世界的客户提供货物运输服务。

二、发展历程

罗宾逊物流于1905年成立,起初是一家农产品和一般商品经纪公司,以经营水果和蔬菜为主。之后罗宾逊物流将业务拓展到水果和蔬菜的保鲜运输业务,并在1919年将总部搬到明尼苏达州明尼阿波利斯。

1980年的"汽车运输法"放开货运业,允许更灵活的定价以及承运人和托运人之间的服务安排,这为罗宾逊物流的业务扩宽提供了基础。到了1997年,罗宾逊物流将其在海运服务领域的"无船承运人"思想,移植到公路货运服务领域,开始向"无车承运人"转型。这次大胆的转型,使得罗宾逊物流抛弃了自有运输车辆,建立了整合社会运输商的信息系统。为扩大国际货运代理网络,罗宾逊物流收购了一家总部位于德国汉堡的国际货运代理及第三方物流公司—— Frank M. Viet GmbH Internationale Spedition。2014年罗宾逊物流收购Freightquote公司。Freightquote公司是美国最大的基于互联网的货运公司,这家公司从零担交易平台发展到覆盖多式联运、拼箱、报关、整车等业务,并在其平台上提供了比价功能的公司,客户可以把自己的合同给到平台,平台根据自己的数据来进行比价。

罗宾逊物流经营空间与范围不断拓宽,其经营范围遍及美国、加拿大、墨西哥等国以及南美、欧洲和亚洲地区。为了满足客户的运输需求,其在全球拥有超过66000个承运商,涵盖卡车运输、铁路运输、空运运输和海运运输,建立了北美最大的合同运力池,可用的运力超过100万辆车,并且85%的承运商自有车辆规模在100辆以内。

三、公司运营组织特点

罗宾逊物流是轻资产运营的无车承运人,主要依靠货源组织、委托拥有车辆的承运商完成运输,这需要有强大的组货能力、完善的网络化物流运营经验和信息化管理水平。作为轻资产基础的无车承运人,其非常重视信息技术的开发与应用,经营特点如下:

(一)轻资产运营

罗宾逊物流的服务范围覆盖美国、加拿大、墨西哥以有南美洲,并不将大量的资金投资建设物流地产,而以强势的资本和强大的信息平台,遥控签约合作企业的物流仓库。例如,罗宾逊物流在各地设立技术型主导分支网点,也是轻资产的线下网点,这些网点像从罗宾逊物流庞大信息平台上连接到区域的神经末梢。不过,这些分支不需要车辆、库房等重资产,而是只要技术性服务人员,以了解当地客户的需求和信息,从而成为区域信息枢纽。作为全球规模最大的公路运输巨头,截至 2015 年年底仅有 1.2 万员工,却创收了 135 亿美元。这种轻劳力的模式也大大减少了员工的工资支出。

(二)信息互通互联

现代物流的生命线在于信息化,而信息化的目的是实现互联互通。有了互联网高速公路,就能打破传统物流的藩篱,实现高效快捷的物流。罗宾逊物流的物流信息平台上有两条互联互通的信息高速路,能给他们分别带来最大化的商业价值。第一条高速路是 TMS 信息平台,用于联通运输企业;第二条高速路是 Navisphere 信息平台,用于联通货主企业,同时这两个平台实现了无缝对接。

(1)运输管理系统(TMS, Transport Monitor System)帮助优化供应链管理,其通过 TMC(Transportation Management Center)提供服务,亦是首个 TMS 软件加托管服务的全球平台。当地专业人士精通客户语言,且在上海、孟买、阿姆斯特丹及芝加哥等地的全球控制站(GCT)进行操作。通过管理 TMS,可实现节省开支、提高效率的目的,并且做出更具战略意义的供应链管理决策。

(2)在当今全球商业环境中,可扩展的全球供应链技术是大势所趋。罗宾逊物流的 Navisphere 技术平台提供端到端的透明化运送服务,并将世界各地经营业务的所有客户和服务供货商串连起来,方便管理开支和风险,同时提高效率。Navisphere 能快速地与其他 ERP 系统结合,灵活地满足客户独特的业务需求。凭借行业最佳实践和该公司全球贸易及合规经验,Navisphere 系统有助于把握机会建立一致的流程,使得该流程与客户的网络无缝接轨,其提供的服务如下:

①通过查询能够清楚地掌握即时运输实况;

②配置 Navisphere 技术可以满足特殊商业模式并提高效率;

③客户的技术系统连接至该公司的单一全球平台时,将自动化业务流程并提高数据质量;

④当地专家们有求必应,他们可帮助执行货运任务,确保全球物流服务的合规性,并可为客户联系 10 万余名托运人、契约承运人及其他服务供货商;

⑤每日、每周、每月提供货运或交货报告、每日装运状态报告、应计货运费用、补充报告（包括燃油附加费）、每磅成本报告、基线节省报告、平均交货期报告。

货主通过 Navisphere 系统提交需求，包括价格、服务、车型、时限等，Navisphere 系统对运输资源库进行分析后为货主推荐满足其需求的且性价比最高的几种方案供其选择；与此同时，通过与 TMS 的无缝对接，货主的需求迅速真实地反馈给被选择的承运商，承运商依靠 TMS 系统将订单需求转换为优化的运输执行计划。在承运过程中，承运商通过 EDI（电子数据交换）实时反馈货物的状态，货主也可以根据各种组合条件进行查询，从而让客户轻松掌握运输的全过程。系统还能够根据用户的设定，对已发生的事件或预测事件（What-If）发出警报，并通知指定的供应链相关方，如生产制造商、分销商、第三方仓储服务商等。

公司拥有近 600 个 IT 工程师，技术人员比例远超其他物流企业。罗宾逊物流还通过在线教育等形式，强化科技主导服务型的团队建设，保证信息系统高效运行。公司每年还投入大量资金用于信息系统建设，基于罗宾逊物流强大的 IT 能力，一些企业甚至与罗宾逊物流达成了战略合作，通过罗宾逊物流的 TMS services 管理其物流业务。

罗宾逊物流能通过信息平台把物流供应和需求双方过去无序的环节进行规范，冗繁的环节进行压缩，暗箱的环节进行透明。货主企业能在罗宾逊物流的信息平台上，清晰地了解自己的货物处于运输环节的哪个地方、哪个时间段。

（三）重视资本和人才

罗宾逊物流的核心竞争力是科技和人才等软实力，而软实力也需要资本撬动。所谓轻物流企业的轻，只是行走时的轻松，维护时并不轻松。信息平台是建设的重心，为保障先进性，其每年投入 7000 多万美元进行维护，其中 TMS 平台维护费每年就达 5000 万美元。

罗宾逊物流不是劳动密集型的公路物流企业，却是人才密集型的巨头，拥有近 600 个 IT 工程师，看起来更像一家科技企业，主要靠科技型人才整合服务资源，靠科技创新引领企业发展。为抢占人才战略制高点，公司每年都广招精英人才加入，新人加入后要进行系统的课堂培训（包括经理培训课）。在罗宾逊物流还可以通过在线教育等形式，建立正式和非正式的多渠道学习，强化科技主导服务型的团队建设。此外，公司会帮助每个人建立职业发展规划和目标等，建立“人人皆精英”的团队。

四、主营业务

作为全球最大的第三方物流公司,公司主营业务包括运输、采购和支付三大部分。运输业务是公司收入的主体,占比超过 80%,其中又以道路整车和零担运输为主。公司凭借与超过 6.6 万个运输商合作组建起来的全国运输网,高效地为客户安排装运工,成为货车车主与货主之间的"运输协调员"。公司主要业务有:整车运输、零担运输、船舶运输、航空运输、多式联运等。不同货运方式收入占比如图 1 所示。

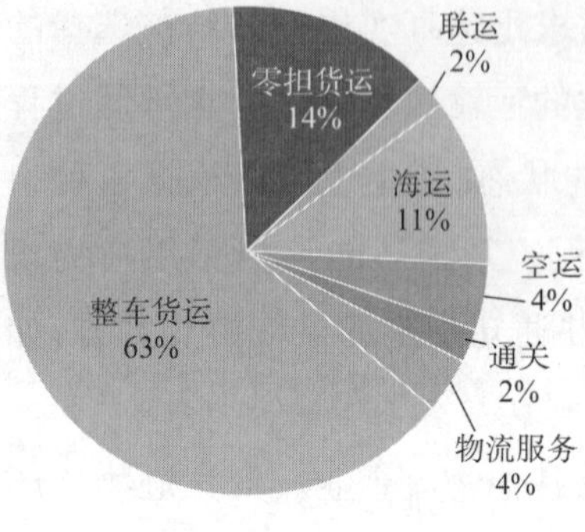

图 1　罗宾逊物流不同货运方式收入占比

除了货运服务,罗宾逊物流还从事新鲜农产品采购、运输管理、报关等业务。多样性的服务为公司提供了多种收益渠道,保证公司营收的稳定增长。

(一)整车运输:针对计划和紧急货物运输的整车货运

根据目标来选取专业道路交通运输公司,不论客户公司规模的大小,各地区运输专家都能提供可靠的卡车运输方案以便运送货物。客户可以享受个性化服务和及时账户管理服务以解决运输问题、利用先进的技术工具报告货运状况,如根据不同的需求,将货物转交给运输服务供应商。通过 Navisphere 技术进行在线访问以获取货物跟踪方案;卡车连接到全球整车货运网络,在北美、欧洲、南美和中东拥有优质供应链整合能力。罗宾逊物流双层集装箱运输如 2 所示。

图 2　双层集装箱运输

(二)零担货运:便捷的零担货运服务

(1)所谓零担货物,是指一张货物运单(一批)托运的货物重量或容积不够装一车的货物(即不够整车运输条件);或指托运一批次货物数量较少时,装不足或者占用一节货车车皮(或一辆运输汽车)进行运输在经济上不合算,而由运输部门安排和其他托运货物拼装后进行运输。运输部门按托运货物的吨公里数和运价率计费。

(2)零担托运规定:为便于配装和保管,每批零担货物不得超过300件,每一件零担货物的体积最小不得小于0.02立方米(一件重量在10千克以上的除外)。

当货物少于整车装载货运量时,选择零担货运(LTL,Less Than Truckload)和货物拼装服务。当地货运物流专家提供道路货运解决方案,整车及零担货运的货物装运、平板卡车运输或温控运输服务的货运能力卓越,先进的Navisphere技术可供查阅货件状况并提供详细的查询及跟踪服务。

(三)温控货运:冷藏货物运输

如果运输的货物是易变质的、对温度要求较高的产品,则需要冷藏货物运输服务。该公司在冷藏货物运输方面有悠久的历史:

(1)冷冻食品、药品或其他需要温度保护的物品运输服务;

(2)专门的当地联系人负责温控货件运输;

(3)使用Navisphere技术便于查询货物。

五、经验借鉴

(1)罗宾逊物流公司以"轻资产"模式实现高速增长,通过运力整合和增值服务创造价值,通过运费差价和服务费获利。罗宾逊物流取得成功的原因在于他们真正看清了市场,从客户角度出发审视服务产品,嫁接其在海运上的成功思维,在美国公路运输的红海中开辟了基于信息化的"轻物流"蓝图,集结优秀的服务资源,给企业提供集成化服务。罗宾逊物流作为平台商,能与承运商共生,既能作为服务商提高服务议价能力,同时也能给货主客户提供更多优化选择、更集约化的服务。

我国部分企业仍未改变发展观念。中国公路市场已有约270万家企业,2000多万名货运驾驶员,大量弱小资源亟待整合。但部分所谓轻物流整合平台,却关注重资产企业的事,即吸收运输商加盟,同时,通过向运输商收取加盟费、管理费等获益,而不是通过集成服务实现收入。这类平台本质上是挤压加盟运输商来获利,而非向物流服务要利润。此外,从罗宾逊物流的承运商看,它签约面向承运商企业,而不是个体驾驶员,这可能是跟国内的车货匹配信息平台不一样的方面。所以罗宾逊是一个第三方物流类别的轻资产型公司,上接货主,下接运输商。

(2)IT 系统整合货主和运力,网络产生用户粘性。公司一直将科技、流程和人才看作三大核心支柱,也正是凭借这样的支柱,罗宾逊物流的无车(船)承运人模式更像是一家 IT 企业,比的是服务的"准头"。针对货主和运输企业,公司分别构建 Navisphere 和 TMS 信息平台,实现对 4.6 万客户、6.3 万承运人和 100 多万辆卡车的整合,保证运输过程透明、可控。海量的运力和高度整合的运输服务,使罗宾逊物流在服务与价格方面有着极大的掌控力和时效性。

我国物流信息化建设也取得了一些成绩,但物流行业仍处于起步阶段,整体发展水平还较低。普通物流企业物流信息技术水平较弱,我国企业应充分借鉴像罗宾逊等国际化公司的信息技术,构建适合自己的信息系统,以便于提高运输效率和客户满意度。

罗宾逊物流挂车设备指南

罗宾逊物流为客户提供不同型号的挂车设备,包括厢式货车、冷藏车、集装箱、大宗散装货物车和专用车辆,客户可以根据挂车的性能和所运送货物的特征,选择合适的车型运输。

下面列举几种常见的挂车类型(表1)。

表1

厢式挂车		
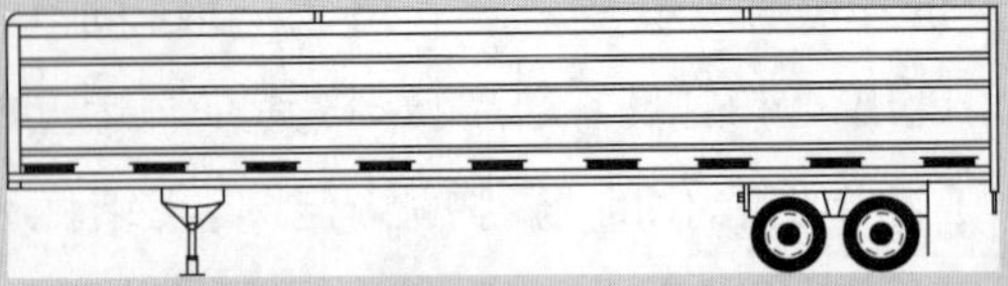		
最大货物尺寸	重量/容量	44000 ~ 45000lb(1lb = 0.4536kg)
	最大托盘数	26
	体积	约 3500ft^3
挂车规格	长度	28 ~ 53ft
	宽度	96 ~ 102in
	高度	12.5 ~ 13.5ft
常见运输物品	电池、饮料、建筑用品、化学品、服装、食品、油墨/涂料、草坪/花园用品、包装、纸类、种子等	

续上表

零担运输挂车		
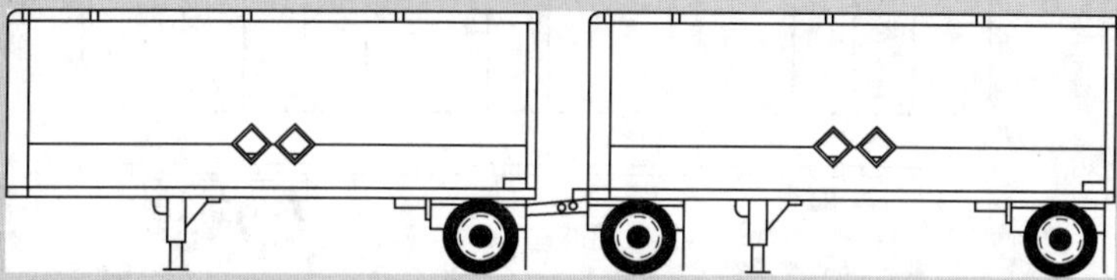		
最大货物尺寸	重量/容量	22000lb
	最大托盘数	14
	体积	2000ft^3
挂车规格	长度	28ft
	宽度	96 ~ 102in
	高度	12.5 ~ 13.5ft
常见运输物品	应用广泛	

冷 藏 挂 车		
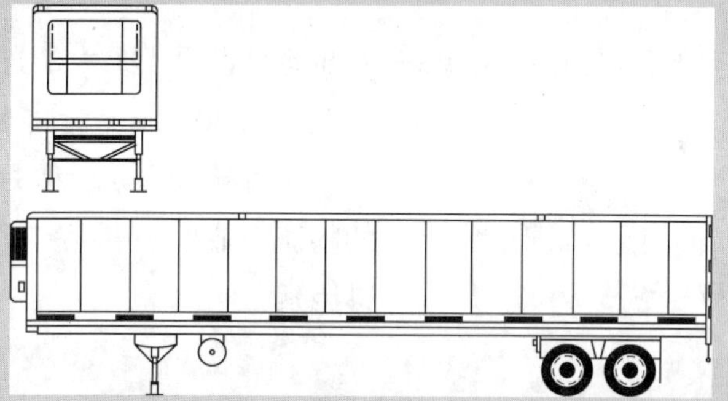		
最大货物尺寸	重量/容量	44000lb
	最大托盘数	26
	体积	3700 ft^3
挂车规格	长度	28 ~ 53ft
	宽度	96 ~ 102in
	高度	12.5 ~ 13.5ft
常见运输物品	新鲜产品：肉、饮料、花卉/苗圃、乳制品/熟食； 冷冻产品：冰淇淋、冷冻水果/蔬菜、冷冻食品； 温控产品：饮料（汽水/葡萄酒）、巧克力/糖果、计算机配件、润滑油	

续上表

集装箱挂车		
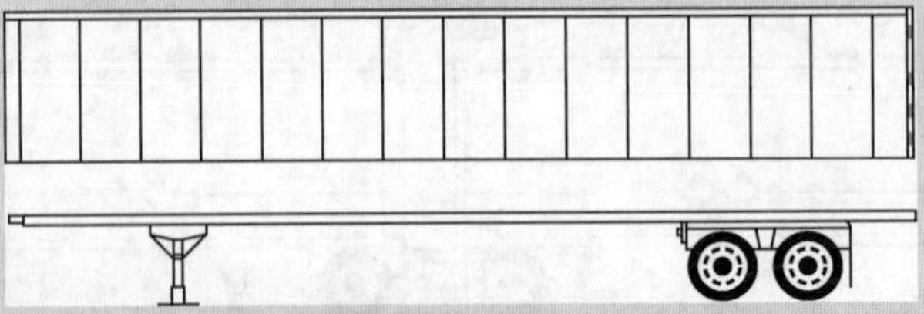		
最大货物尺寸	体积	$3800ft^3$
挂车规格	长度	20 ~ 53ft
	宽度	96 ~ 102in
	高度	8.5 ~ 9.5ft
常见运输物品	应用广泛	

案例6:沃尔玛公司

沃尔玛百货有限公司(Wal-Mart Stores Inc)是世界上最大的连锁零售企业,多年来在全球500强企业排名中位居榜首。沃尔玛一直被业内人士称为“伪装成零售企业的物流企业”,其供应链管理是其成功的关键因素。

Walmart
Save money. Live better.

一、公司简介

沃尔玛百货有限公司(以下简称“沃尔玛”)由美国零售业的传奇人物山姆·沃尔顿先生于1962年在阿肯色州成立。经过五十多年的发展,沃尔玛已经成为美国最大的私人雇主和世界上最大的连锁零售企业。沃尔玛在全球27个国家开设了超过10000家商场,下设69个品牌,全球员工总数220多万人,每周光临沃尔玛的顾客2亿人次。沃尔玛主要涉足零售业,是世界上雇员最多的企业,连续4年在美国《财富》杂志世界500强企业中居首位。沃尔玛主要有沃尔玛购物广场、山姆会员店、沃尔玛商店、沃尔玛社区店等四种实体门店营业方式,并提供网络超市购物服务。

二、供应链管理

作为世界上最大的零售商,沃尔玛被认为是一个一流的供应链管理案例。沃尔玛供应链管理中至关重要的竞争优势在于,沃尔玛致力于通过沃尔玛网络中的“物流”和“配送”这两大核心环节来提高运作效率以及满足消费者需求,使得成千上万的商品能够持续不断地供应给消费者。

沃尔玛供应链的成功发展归因于三个要素:分销规范;经营自己的卡车和有相应技术的舰队;更经济有效的库存管理、提高产品效益预测。

沃尔玛供应链管理的主要组件包括:采购、操作、分布和集成、零售商精制的方法。供应链是从采购经理确定哪些产品将销售,到寻找产品供应商和安排交易。供应链的操作部分侧重于需求规划、预测和库存管理。预测是基于历史数据估计消费者对产品的需求、销售和促销活动的变化趋势或竞争。需求规划是用于创建精确的预测,从而进行有效的库存管理,预测库存水平,确保仓库有足够的库存。沃尔玛的供应链管理方法在于降低产品的成本,进而为客户提供最低的价格。

“顾客满意是保证未来成功与成长的最好投资”,这是沃尔玛数十年如一日坚持的经营理念。在美国,只要是从沃尔玛购买的商品,无须任何理由,甚至没有收据,沃尔玛都无条件受理退款。沃尔玛每周都有对顾客期望和反映的调查。管理人员根据计算机信息系统收集信息,以及通过直接调查收集到的顾客期望及时更新商品的组合、组织采购、改进商品陈列摆放、营造舒适的购物环境。

沃尔玛通过网络和数据交换系统与供应商共享信息从而建立伙伴关系。沃尔玛可以使得供应商通过零售链接直接进入沃尔玛的系统,供应商通过这个系统可以了解他们的产品销量如何,不管是日销量、周销量还是年销量。供应商可以据此来调整供应量。沃尔玛不仅仅是等待供应商的供货与配送,而且可以直接参与到供应商的生产计划中去,与供应商共同商讨和制定产品生产计划和销售计划等,这意味着沃尔玛能够最早得到符合需求的新品种货物。

沃尔玛供应链管理中,配送中心起到了核心作用,沃尔玛第一间配送中心于1970年建立,占地6000平方米,负责供货给4个州的32间商场,集中处理公司所销商品的40%。在沃尔玛公司整个物流中,配送中心起中枢作用,将供应商向其提供的产品运往各商场。从工厂到上架,实行“无缝连接”平滑过渡。供应商只需将产品提供给配送中心,无须自己向各门店分发。这样可以大大降低成本并提高效率。而现在沃尔玛的物流系统不仅包括配送中心,还包括采购系统、自动补货系统等。物流系统的灵活高效是沃尔玛成功的关键之一。

先进的信息技术是实现供应链的基础,供应链的协调运行是建立在各个环节主体间高质量的信息传递与共享的基础上。沃尔玛投资4亿美元发射了一颗商用卫星,实现了全球联网。这种大规模的技术投资保证了沃尔玛在零售业的信息化进程中一直处于领先的地位。许多信息技术的商业应用都是首先出现在沃尔玛。最早使用计算机跟踪存货(1969年),最早使用条形码(1980年),最早使用EDI(1985年,Electronic Data Interchange 电子数据交换平台),最早使用无线扫描枪(1988年)。先进的信息技术和高度共享都大幅度提高了沃尔玛资本生产率和劳动生产率。

三、配送中心

沃尔玛物流基础设施首次仓库操作于1970年进行,至2016年年初,沃尔玛在美国已经拥有166个配送中心,包括沃尔玛配送中心和山姆会员店配送中心,其总面积达到1.242亿万平方英尺。

沃尔玛配送中心包括区域百货配送中心、杂货和易腐物品食品配送中心、进口/再分配中心、时尚品配送中心、山姆会员配送中心、专业货物配送中心等。

在2015年,沃尔玛大约81%的库存货物是从沃尔玛配送中心发出,山姆会员店中将近64%的非燃料商品是从山姆会员店配送中心送出。沃尔玛通过DSD(直接存储交付)分销渠道来实现销售平衡。直接存储交付即指制造商/供应商绕过零售商的分销网络,直接送货到门店,通常用于零食、饮料、啤酒、面包、牛奶等食品的配送。沃尔玛采用传送带的无缝连接运输方式,有效地降低了成本。沃尔玛采用了非常大的开放平台,研发了自己的配送系统,使用传送带、产品代码、激光识别系统等,这些无一例外都给沃尔玛节省了巨额的人力成本。沃尔玛每个星期可以处理的产品是120万箱。沃尔玛公司各个商店的需求都不一样,而且商店数量极其庞大,但是沃尔玛的配送中心总能够根据不同商店的需求,将不同的产品自动分类到不同区域。这样,负责人员就能直接在传送带上取到自己负责的商品。

沃尔玛在美国的区域性一般商品配送中心遍布42个地区,平均每个配送中心雇佣了1000个以上的工作人员,平均配送距离约124英里。当进入一个新的区域,沃尔玛首先会判断该区域是否拥有足够的需求来支撑一个配送中心。每个配送中心能够支持250英里范围内75～100家零售店的需求。配送中心与周边零售店将逐渐形成一个效率最大化的饱和分销网络，这将形成一个“涓滴效应”，即较短的配送距离可以减少运输成本和交货时间，而较短的交货时间也就意味着能够持有较少的库存量。如若确实出现了货物短缺，也可以很快地补给。

涓滴效应(Trickle-down effect，又译作渗漏效应、滴漏效应)也称作“涓滴理论”(Trickle-down theory，又译作利益均沾论、渗漏理论、滴漏理论)。涓滴效应是指在经济发展过程中并不给予贫困阶层、弱势群体或贫困地区特别的优待，而是由优先发展起来的群体或地区通过消费、就业等方面惠及贫困阶层或地区，带动其发展和富裕，这被称作是“涓滴效应”。

基于其在美国3000多个连锁店庞大的配送服务需求，沃尔玛建立了属于自己的运输体系，包含了5万余个大型集装箱挂车、6500辆大型卡车，这个庞大的体系每天24小时不停地进行配送服务。这样下来，沃尔玛每年的配送量可达5亿箱，总路程可达6.5亿公里。为了配合这么大的配送工作量，沃尔玛公司建立了能够对配送实行实时安排和监控的配送管理系统，具体包含了电脑管理系统、电视调度系统和卫星定位系统。这也是沃尔玛能够完成如此大规模的商品采购、库存、配送和销售管理的技术支撑。沃尔玛是世界上第一个具备私人通信卫星的企业，并且在这个卫星的6个频道的支持下，沃尔玛建成了全球最大的民用数据库。这样规模的数据库和通信系统使得信息在沃尔玛各个分公司之间流畅安全地传输。这样的信息流通对沃尔玛的物流业务无疑是有巨大帮助的，各种物流信息通过这个渠道得以快速传播，十分便捷地将各分店与配送中心联系在一起，也方便了各分店对总部调控建议的接收。从外部来说，卫星系统也联通了沃尔玛和各个供应商，各种销售信息也能通过卫星转达到供应企业。由此，配送中心、各分店、沃尔玛总部以及每个外部供应商联系起来，极大地提高了信息传播的效率和准确性，在很短的时间内就可以实现对各分店的订单实行汇总。此外，全球定位系统也是沃尔玛配送过程中常用的一个技术手段，随时随地都能在调度中心通过全球定位系统实现对配送车辆定位，再配合先进的卫星系统和电脑追踪系统，就能实现全球范围内的商品快速配送，进而保证沃尔玛各分店的运作。

沃尔玛配送中心的主要职能有：

(1)调剂商品余缺、自动补进：沃尔玛超市的销售商品都需要一定的库存，不管是日用品还是蔬菜水果。沃尔玛的配送中心可以在极短时间内根据数据分析做到各种商品的进补。

(2)转运:沃尔玛的配送中心每天都有大量的转运任务,这些相关的商品集中和转运任务大都需要在当天完成。

(3)订单配货:在沃尔玛集团有新的门店开业之前,都要对相应的商品及库存情况进行检查,之后才能运送到新开业的商城。

(4)提供适当的增值服务:比如在部分商品销售之前,贴上相应的标签,这是要在保证不能损害商品本身质量的前提下完成的。所以大多采取手工操作的方式进行。

沃尔玛配送中心的一个重要特性是其快速响应运输系统。配送中心是由3500多个公司提供的卡车进行配送服务。这些专门的卡车车队允许每两天从配送中心运货到零售门店,门店可以每周一次补充货架。沃尔玛超市卸货平台如图1所示。卡车车队是实体商店和配送中心之间的联系。沃尔玛对驾驶员有严格要求,只雇用有经验的、无事故路程达三十万英里、没有重大交通违章的驾驶员(图2)。沃尔玛的卡车驾驶员一般用商品专用(merchandise-loaded)拖车由每个配送中心向零售店提供配送服务。这些零售商店可以看作是基于客户的配送中心。驾驶员通常会从配送中心装载卡车拖车到零售商店,然后返回一个空的拖车。沃尔玛对驾驶员的配送活动进行严格的管理和记录。"私人车队司机手册"包含一整套行为准则,若不服从将导致失去在沃尔玛的工作资格。

图1　沃尔玛超市卸货平台

图2　沃尔玛卡车驾驶员

四、自营物流

沃尔玛一直被很多专业人士称为“伪装成零售企业的物流企业”，这是因为它的“天天低价”，不仅来自于郊区选点和规模化采购，更来自于它在运营过程中的成本节约，尤其是在物流过程中的成本节约。沃尔玛是最早通过“配送中心”将门店物流集中管理的零售商，即由配送中心送货到门店。由供应商将货物运送到指定的配送中心（这个过程被称为“入站物流”），再由沃尔玛自己的运输团队将配送中心的货物分发到零售门店（这被称为“出站物流”）。这种模式被称为“集中配送模式”，也叫“轴辐配送模式”。沃尔玛80%的货物，都是由配送中心集中发货的。而其主要竞争对手凯玛特，这一比例仅为50%（另一半由供应商直接配送）。全球化扩张中，沃尔玛沿用了这一模式，只是会将部分配送中心和出站物流外包给第三方物流公司。经验表明，与供应商直供的物流体系相比，“集中配送模式”能更好地发挥规模效应，并通过信息化、电子化管理降低物流成本，缩短存货周期和加强货品控制。结果，沃尔玛的物流成本仅为销售额的1%～1.5%。其主要竞争对手凯玛特则一度高达8%～9%，西尔斯百货也达到5%。集中配送还使沃尔玛门店的仓库面积压缩了10%～25%，从而可以最大限度地增加零售面积。

沃尔玛集中配送模式经历了以下两次升级：

集中配送模式初次升级：供应商控制。沃尔玛为进一步强化对物流体系的控制力，2005年推出了物流体系重组计划：采用更频繁和更小额的订单系统，以追求“零库存”的目标。由于频率高了、单批货量小了，结果供应商被迫放弃重卡而改用轻卡，将小批量货物先运送到沃尔玛指定的“第三方物流集散中心”，在那里进行短时储存后,再由第三方物流改用重卡发送到沃尔玛的配送中心。与配送中心相比,第三方物流集散中心规模更大。如第三方物流服务商汉森 Hanson 在芝加哥的集散中心总面积达 135 万平米,可向沃尔玛 41 个配送中心分发货物。近年来,沃尔玛期望进一步加强入站物流的控制,和主要供应商沟通,期望他们能够将入站物流全部交给沃尔玛来做(相关物流费用从供应商的售价中扣除)。沃尔玛给出的理由是"相比于供应商,沃尔玛的物流成本更低、更具规模效应,从而可以将节约出来的物流成本转移给消费者"。但更深层次的理由还在于如果供应商将入站物流也交给沃尔玛来做,则其对沃尔玛的依赖程度将进一步提高,沃尔玛对供应商信息的掌握也将更为充分,对于供应商的谈判能力将获得相应提升。

集中配送模式再次升级:衍生价值创造。当集中配送已经成为一项核心竞争力时,它的价值还延伸到品牌营销、模式创新,乃至社会责任等多个层面,为企业创造更多衍生价值。比如,卡特丽娜飓风后,沃尔玛是第一批将救灾物资运送到灾区的机构,比美国政府的救援队伍还快。也正是因为这样,美国政府将全美 9 个赈灾物资储备中心交给沃尔玛管理。而沃尔玛也充分利用这一点,以"高效物流"作为广告重心,以强调因此为客户节约了成本。

高效的物流还成为沃尔玛在电子商务时代的有力竞争工具。沃尔玛认为,亚马逊的客户主要是那些对价格敏感度较弱,但更在乎网上购物便利度的人群。于是沃尔玛网店强调低价,并推出"网上下单、实体店就近取货"(Site to Store)的服务——客户在网上下单、付费后,沃尔玛网店免费送货至客户指定的门店。这个模式具有双赢的效果:对于消费者来说,消费者可以既享受网上购物的便利,又省去运费成本(沃尔玛网店商品种类更加齐全、价格也通常更便宜,还可以省去在偌大的商场里来回奔波寻找商品和排队结算的麻烦)。而对于沃尔玛来说,它能够将在线销售体系与门店销售体系结合起来,从而最大限度发挥现有门店配送体系的优势,降低在线物流成本。推出这个服务后,2008 年沃尔玛关闭了网上商店的配送中心。目前,沃尔玛网上商店 40% 的订单都选择了就近门店取货的模式,而这些客户的人均消费额比只在店内购买商品的客户多 38%。所以,尽管沃尔玛的电子商务起步较晚,但成熟的配送网络为电子商务的发展奠定了坚实的基础。

五、借鉴意义

(一)完善的基础设施配套

国内的商场往往位于城市中心地带,稀缺的场地和有限的道路资源往往限制了甩挂运输车辆的作业。而美国沃尔玛超市和物流配送中心选址一般位于郊区，往往拥有较多的场地用于仓储和装载卸货，非常适合甩挂运输车辆直接对接仓库进行装载或者卸货。一般的超市仓库往往可以对接 2 ~5 辆甩挂运输车厢（包含冷链挂车厢），其装卸载平台高度一般与卡车集装箱的高度一致，叉车可直接进入集装箱内进行作业。

（二）完善信息系统

随着数据采集技术、处理技术和通信技术飞速发展，物流信息可以及时地、大批量地获得并能安全可靠地存储和快速地处理、传输。物流产生信息流，信息流控制物流。信息化是现代化的重要标志，发展物流业的关键是实现物流信息化，快捷的信息反馈和高效信息技术支持能够加快资金周转，降低经营成本。

（三）整合物流系统

所谓物流系统整合是将原本相互联系却被分割开来进行管理的各种物流活动更新整合为一个整体。包装、保管、运输、仓储等原本是一些相互联系紧密的活动。然而，在实际的生产活动中，这些活动多数情况下都是分开进行管理的。而在沃尔玛的物流系统中，“无缝连接”贯穿于物流循环的全过程。

（四）开展绿色物流

高效物流还是公司宣传可持续增长理念的重要支点。2009 年以来能源价格持续攀升，沃尔玛趁势提出要做绿色物流的理念，即在物流全程实现绿色节能，包括将旗下货车车队改用混合动力、将仓储系统光源改为节能光源、将冷藏设施改用环保材料，以及通过更优化的流程设计来节约运输里程、减少油气耗用等。上述措施不仅是社会责任的宣传，对于沃尔玛自身节约能源成本也有重要意义，对于沃尔玛如此庞大的企业来说，1% 的能源节约也将是一个巨大的数字。

参考文献

[1] 李亚茹.提高道路运输效率的有效途径——甩挂运输[J].公路交通科技,2004(04):119-122.

[2] 蔡翠.甩挂运输站场的建与改[J].交通建设与管理,2011(03):41.

[3] 陈建文.甩挂运输:现代物流"黏合剂"[J].运输经理世界,2007(06):27.

[4] 杜文.物流运输与配送管理[M].北京:机械工业出版社,2006.

[5] 范云兵.甩挂运输萌动生命力[J].中国物流与采购,2013(03).

[6] 高洪涛,李红启.道路甩挂运输组织技术及其应用实践[M].北京:中国物资出版社,2011.

[7] 高洪涛,李红启.道路甩挂运输组织理论与实践[M].北京:人民交通出版社,2010.

[8] 何墨池.让"甩挂运输"实至名归[J].物流技术与应用(货运车辆),2011(05):81.

[9] 刘丽坤.道路货物甩挂运输节能减排影响分析[J].物流工程与管理,2013(03):49-50.

[10] 刘书岭.甩挂运输简介[J].科技创新导报,2009(04):63.

[11] 龙泉.甩挂"甩"成试点明星——福建盛辉物流集团董事长刘用辉谈甩挂运输[J].运输经理世界,2011(01):53-54.

[12] 曲衍国,张振华,张全忠,等.道路物流运输企业开展甩挂运输的探讨[J].物流技术,2008(10):15-18.

[13] 万旭,林健良,杨晓伟.改进的最大——最小蚂蚁算法在有时间窗车辆路径问题中的应用[J].计算机集成制造系统,2005,11(4):572-576.

[14] 吴宇,曾传华,杨伟.道路运输组织甩挂运输策略研究[J].物流工程与管理,2010,32(8):83-85.

[15] 徐亚华,谢家举,谭小平.美国卡车货运及甩挂运输发展的经验与启示[J].交

通建设与管理,2011(03):36-40.

[16] 薛成.智能物流系统开发平台的研究[D].上海:华东师范大学,2007.

[17] 杨进,马良.蜂群优化算法在车辆路径问题中的应用[J].计算机工程与应用,2010(05):214-216.

[18] 杨晓,张谦.甩挂运输发展的影响因素的影响度分析[J].物流科技,2012(07):82-84.

[19] 罗茂堂.浅议甩挂运输行业的科学发展[J].科技创新导报,2008,32(11):206-207.

[20] 马国强.甩挂运输信息平台建设方案[J].集装箱化,2009(07):31-32.

[21] 李发鑫.货运站场是甩挂关键——访交通运输部公路科学研究院高级工程师蔡翠[J].运输经理世界,2011(05):42-44.

[22] 吴融华.国外汽车挂车列车发展现状[J].汽车与配件,2006(26):49-49.

[23] 李晴.甩挂运输经济效益的定量计算[J].物流工程与管理,2011,08:19-22.

[24] 刘兴源,王景晟,徐静野."甩挂运输"下牵引车与半挂车的匹配设计[J].商用汽车,2011(2):50-53.

[25] 中华人民共和国国家质量监督检验检疫总局,中国国家国家标准化管理会.GB/T 18354—2006 物流术语[S].北京:中国标准出版社,2006.

[26] 荣朝和.交通——物流时间价值及其在经济时空分析中的作用[J].经济研究,2011(08).

[27] 吴美丽.浅谈企业零库存管理[J].社科纵横,2007(22).

[28] 陈钟.我国综合运输一体化发展研究[D].北京:北京交通大学,2010.

[29] 董千里.交通运输组织学[M].北京:人民交通出版社,2008.

[30] 施俊庆.集装箱无缝运输理论与方法的研究[D].北京:北京交通大学,2006.

[31] 李明才.汽车甩挂运输最佳运距的研究[J].南京林业大学学报,1993,17(4).

[32] 董宗然,陈明华,李迎秋.最短路径问题的禁忌搜索求解方法[J].计算机工程与应用,2010,46(33):36-38.

[33] 赵威.基于多目标优化的公交车调度问题的模型与算法[J].交通信息与安全,2010,01:79-83.

[34] 邬跃.论精益物流系统[J].中国流通经济,2001(5):11-13.

[35] 耿蕤,张世华.甩挂运输最佳挂车配置数量计算方法[J].公路交通科技,2013,

06:127-130.

[36] 习江鹏. 道路货物运输网络化理论与应用研究[D]. 西安:长安大学,2011.

[37] 杨博. 禁忌搜索算法在冷藏供应链配送网络中的应用研究[D]. 上海:上海海事大学,2005.

[38] 董宗然,周慧. 禁忌搜索算法评述[J]. 软件工程师,2010,Z1:96-98.

[39] 鲍香台,何杰. 运输组织学[M]. 东南大学出版社. 2009.

[40] 张丽丽. A 集团 Wal-Mart 运输项目服务策略研究[D]. 上海:复旦大学,2007.

[41] 徐亚华. 交通运输部积极推动现代物流和多式联运发展[J]. 大陆桥视野. 2015(12):41-42.

[42] 王涛,王刚. 一种多式联运网络运输方式的组合优化模式[J]. 中国工程科学,2005,10:46-50.

[43] 徐亚华. 完善道路货运市场管理有关政策问题的思考[J]. 公路交通科技,2011(02):154-158.

[44] 刘秉镰,林坦. 国际多式联运发展趋势及我国的对策研究[J]. 中国流通经济,2009,12:17-20.

[45] 徐亚华. 培育龙头企业是发展现代道路运输业的重要途径[J]. 公路交通科技,2011(04):136-140.

[46] 熊燕舞,陆静,谭小平,等. 甩挂运输挺进纵深[J]. 运输经理世界,2013(6):30-31.

[47] 谭小平. 甩挂运输发展的法制障碍与对策[J]. 中国道路运输,2011(2):25-26.

[48] 李弢,谭小平. 我国现阶段发展甩挂运输的条件及重点[J]. 交通建设与管理,2011(10):82-84.

[49] 李弢,谭小平. 现阶段甩挂运输发展契机剖析[J]. 交通建设与管理,2011(5):48-51.

[50] 靳志宏,朴惠淑,杨华龙. 集装箱多式联运系统装卸与运输一体化优化问题[J]. 系统工程,2005,23(11):1-6.

[51] 孙其博,刘杰,黎羴,等. 物联网:概念、架构与关键技术研究综述[J]. 北京邮电大学学报,2010,33(3):1-9.

[52] 孙家庆,唐丽敏,孙倩雯. 基于"四流合一"的 LPG 企业物流管理体系研究[J]. 物流技术,2014(5):413-415.

[53] 互联网+,百度百科[OL]. http://baike. baidu. com/.

[54] 长安大学区域与城市运输经济研究所. 中小物流企业联盟发展经验与探索[M]. 北京:人民交通出版社股份有限公司,2015.

[55] 董娜. 无车承运人的优势分析和发展建议[J]. 交通标准化,2011(24):87-90.

[56] Clark G. Wright. Scheduling of Vehicles from A Central Depot to A Number of Delivery Points[J]. Opens, Res, 1964(4): 25-30.

[57] Jesper Larsen. Parallelization of the Vehicle Routing Problem with TimeWindows. [D]. DTU Technical University of Denmark, 1999.

[58] L. Bodin, B. Golden, A. Assad, et al. Routing and scheduling of vehicles andcrews: The State of Art[J]. Computers&Operations Research, 1983(02).

[59] M. O. Ball, T. L. Magnanti, C. L. Monma, et al. Handbooks in OperationsResearch and Management Science, Volume 8: Network Routing[M]. Amsterdam: Elsevier Science,1995.

[60] M. Derochers, J. Derosjers, M. M. Solomon. A New Optimization Algorithm for the Vehicle Routing with Time Window, Operations Research 1992(40).

[61] M. Solomon. Algorithms For The Vehicle Routing And Scheduling Problem With Time Windows Constrains. Operations Research, 1987(35).

[62] Olli Braysy and Michel Gendreau. Route Construction and Local Search Algorithms for the Vechicle Routing Problem with Time Windows. SINTEF Applied Mathematics, 2001(12).

[63] Paolo Toth, Daniele Vigo, et al. The Vehicle Routing Problem. Society forIndustrial and Applied Mathematics[M]. Philadelphia, USA, 2002.

[64] Tan KC, Cheong CY, Goh CK. Solving multi-objective vehicle routing problemwith stochastic demand via evolutionary computation[J]. European Journal of Operational Research, 2007(177).

[65] Gerdessen. A Heuristic Algorithm for the vehicle dispatch Problem[J]. Operation Reasearch, 1996, 22: 340-349.

[66] Jan Dethloff. Vehicle routing and reverse logistics The vehicle routing problem with simultaneous delivery and pick-up[J]. OR Spektrum, 2001, 23(1).

[67] Shi-Wei Lin, Chung-Cheng Lu. A simulated annealing heuristic for the truck and

trailer routing problem with time windows[J]. Proceedings of the 9th Asia Pacific industrial engineering and management systems conference, Bali-Indonesia, 2008: 60-65.

[68] Billy E. Gillet, Leland R. Miller. A Heuristic Algorithm for the Vehicle Dispatch Problem[J]. Operation Research, 1974: 340-349.

[69] Willard J. Vehicle Routing Using P-optimal TabuSearch[D]. M. S. thesis, Management School, Imperial College, London, 1989: 35-40.

[70] Barbarosoglu. G, Ozgur D. A. TabuSearch Algorithm for The Vehicle Routing Problem[J]. Computers and Operations Research, Vol. 26, 255-270, 1999.

[71] Stephan Scheuerer. A. Tabu Search Heuristics for the Truck and Trailer routing Problem[J]. Computers & Operations Research, 2006(33): 894-909.

[72] Cheng Y. R., Liang B., Zhou M. H. Optimization for Vehicle Scheduling Routing Problem [J]. Computers & Operations Research, 2006, 33(4): 894-909.

[73] Vlk, F. Handling. Performance of Truck-Trailer Vehicles: a state-of-the-art survey [J]. Int J of Vehicle Design, 1985(3): 323-361.

[74] Braysy. Five Local Search Algorithms for Vehicle Routing Problem with Time Windows. Working Paper, SINTEF Applied Mathematics, 2001(01).

[75] G. B. Dantzig, J. H. Ramser. The truck dispatching problem[J]. Management Science, 1959(06).

[76] J. Malmborg. A Genetic Algorithm for Service Level Based Vehicle Scheduling[J]. European Journal of Operational Research, 1996(01).

[77] Pflug, H-Chr. Lateral Dynamic Behavior of Truck-Trailer Combinations due to the Influence of the Load[J]. Vehicle System Dynamics, 1986(11): 305-324.

[78] Kallberg. Traffic Accidents Involving Truck-Trailer Combinations: Case Study AccidentSurvey[J]. Valtion Teknillinen Tutkimuskeskus, 1987(4): 53-57.

[79] Dantzig G, Ramser J. The Trunk Dispatching Problem[J], Management Science, 1959(6): 80-91.